北京天主教与文化研究所◎编

JOURNAL OF CATHOLIC STUDIES

天主教研究论辑

（第十二辑·二〇一五）

赵建敏◎主编

当代中国出版社
Contemporary China Publishing House

图书在版编目(CIP)数据

天主教研究论辑. 第 12 辑, 2015 / 赵建敏主编; 北京天主教与文化研究所编. -- 北京:当代中国出版社, 2016. 3
ISBN 978-7-5154-0667-1

Ⅰ. ①天… Ⅱ. ①赵… ②北… Ⅲ. ①罗马公教—文集 Ⅳ. ①B976.1-53

中国版本图书馆 CIP 数据核字(2016)第 040225 号

出版人　曹宏举
策划编辑　任小平
责任编辑　任小平
责任校对　康　莹
装帧设计　当代永佳
出版发行　当代中国出版社
地　　址　北京市地安门西大街旌勇里 8 号
网　　址　http://www.ddzg.net　邮箱:ddzgcbs@sina.com
邮政编码　100009
编 辑 部　(010)66572264　66572154　66572132
市 场 部　(010)66572281 或 66572155/56/57/58/59 转
印　　刷　北京润田金辉印刷有限公司
开　　本　720 毫米×1020 毫米　1/16
印　　张　18.5 印张　2 插页　237 千字
版　　次　2016 年 3 月第 1 版
印　　次　2016 年 3 月第 1 次印刷
定　　价　48.00 元

目 录

CONTENTS

序　言

21 世纪的人类面临着新的问题，有些问题甚至危及人类存在自身。这些问题前人从未经验过，所以需要现代人的智慧来面对。无论什么问题，归根结底都需要从人类自身的视角来审视。这种审视不仅是为了人类生存和发展的需要，而且也是解决人类面临问题的必然。简而言之，人类面临的问题需要人类自己来解决。显然，这是一个最为基本的立足点。在此，我们暂且不论人类所面临的问题，仅仅来审视一下这个最基本的立足点。事实上，我们的视野在很大程度上取决于我们的立足点。故此，探讨立足点就成为我们探讨人类面临问题并试图解决问题的肇始。这样的立足点自然而然带来如下的问题：人是什么？人类学要研究什么？宗教与人类学的关系如何？就天主教研究而言，问题还可以更深入一层：天主教的神学与人类学的关系如何？

正是带着这些思考和疑问，我们编辑了这本《天主教研究论辑》第 12 辑。在编辑中，我们秉承了《论辑》一贯的做法，用三分之一强的篇幅来探讨本辑拟就的主题：天主教神学与人类学的关系。故此，本辑甄选了 8 篇有关神学与人类学的文章以飨读者。这 8 篇文章既有现代天主教神学家对此问题的探讨，又有中世纪天主教神学家对此问题的思考。显然，仅仅 8 篇文章无以就天主教神学与人类学关系这个如此宏大的主题给予全面介绍。毫无疑问，这种全面介绍也并非一本或两本论辑可以竟功的。我们仅仅希望这 8 篇文章能起到对天主教神学与人类学的管窥之用，能引发人们对自己立足点的审视而已。现代天主教神学家卡尔·拉内的两篇文章《神学与人类学》和《绝对奥秘存在中的人》应该是这种管窥之用中的点睛之文，值得读者细读。通过细读这两篇文章，我们或许可以管窥现代天主教神学家对神学和人类学的思考，可以瞥见他们对天主教审视人类问题的立足点。

本论辑的另外三分之二篇幅则是学者们的投稿和“天主教研究青年学者论坛”的论文。我们只是择优选刊，并无为本论辑特别目的之用的考虑，所以涉及内容较为宽泛。这样或许也可以令人开阔视野，引发新的思考。

赵建敏
北京天主教与文化研究所

天维显思：神学与人类学

神学与人类学

绝对奥秘存在中的人

斯塔尼洛埃神父的共融人类学

独一理智论

何谓中世纪的唯名论？

教宗若望·保禄二世论人性尊严

从《人类救主》通谕看基督徒的社会责任

文学媒介、基督奇幻与隐藏的上帝：网络时代神学传播的人类学反思

神学与人类学

□卡尔·拉内 著 □芮 欣 译

Abstract: This short paper is intended to show that dogmatic theology today must be theological anthropology and that such an "anthropocentric" view is necessary and fruitful. The question of man and the response to this question may not be regarded, therefore, as an area of study separate from other theological areas in its scope and subject-matter, but as a constituent part of dogmatic theology itself. This statement does not contradict the "theocentricity" of all theology as expressed, for instance, in St. Thomas' doctrine that God is as such the formal object of the theology of revelation. As soon as man is understood as the being who is absolutely transcendent in respect of God, "anthropocentricity" and "theocentricity" in theology are not opposites but strictly one and the same thing, seen from two sides. Neither of the two aspects can be comprehended at all without the other.

本文意在表明：今天的教义神学（dogmatic theology）必定是神学人类学（theological anthropology），并且这样一种“人类中心论”（anthropocentric）的观点是必不可少的而且富有成效。因而，就其研究范围与研究主题而言，人的问题以及对于这个问题的回答并不是与神学完全分离的研究领域，恰恰相反，它构成了完整的教义神学本身。这样的主张与所有神学表现出来的“天主中心论”（theocentricity）并不矛盾，例如，在圣托马斯（St. Thomas）的学说中，天主就其本身而言是启示神学理所当然的研究对象。只要人被理解为存有，从天主的角度来看人是绝对超越的存有，因而，“人类中心论”与“天主中心论”在神学中并非是对立的而是同一事物的一体两面。这两方面无论失去了哪一方都无法对另一方进行真正地理解。然而，尽管神学中的人类中心论并不与最严格意义上的天主中心论相反，但它确实与这样的观念形成对照：在神学中，人在例如天使、物质世界这些主题中是一个特殊的存在；或者说，我们可以以神学的方式谈论天主，但并不能不假思索地以此方式谈论人，反之亦然；或者说，这两种主张就它们的研究对象而言是彼此相关的，但是它们认知研究对象的过程却并不相同。

同样，在神学中，人类学关注的焦点并不与基督论关注的焦点相对立，或者与之一较上下。在这里，我们无暇更加详细地证明这一点，仅仅想要集中考察：如果我们可以正确地理解人类学与基督论，那么人类学与基督论在基督宗教教义学中可以彼此相互影响。只有了解到人可能具有一位二性（Hypostatic Union）的潜能，基督宗教的人类学才能实现自身的全部目标。而基督论只有从这种先验的人类学观点出发才有可能被接受；因为在今天为了说明什么是一位二性，同时又避免人们怀疑这样的论述仅仅是重述过去盛行的“神话”，我们需要在人的存有中、在恩典之下的历史中[①]寻找一个先验的方向，以此来证明神－人二性的观点。一种完全后验的（posteriori）基督论无法将基督论正确地融入进化论的整体世界观中，[②]很难打消人们对于一直以来盛行的神话学的怀疑。

一

这样的人类学自然而然地被理解为一种先验的人类学。一种先验研究（transcendental investigation）是根据必要的前提条件对一个问题进行考察，而这条件即是主体本身认知与行动的可能性。这样的研究预先假设了认知主体不只是众多“事物”（thing）当中的一个，可以随意成为一个陈述的对象，包括成为其他客体的对象，相反，主体在关于客体的纯粹陈述中完全不在场——实际上是以暗示的方式在场。如果我论及澳大利亚（Australia），那么我对爪哇（Java）什么都没说，甚至没有以暗示的方式提到它。但是，在这样的陈述中（从它的内容与涵义来看），我已经暗示了人是这个陈述的主体（就陈述而言，为了使陈述成立，必须预先假设人的各种情况）。我已经通过主体性的暗示表达、肯定了这一点。因而，如果一个人希望将教义学作为先验的人类学来对待，那么这意味着每当他面对一条教理时，需要探寻神学主体怎

① “On the Theology of the Incarnation”, *Theological Investigations* IV (London and Baltimore, 1996), pp.105-120.

② “Christology within an Evolutionary view of the World”, *Theological Investigations* V (London and Baltimore, 1966), pp.157-192.

样才可以理解这个教理，这即是客观知识得以成立的先验（priori）条件，而它们无疑影响着认知的模式、方法与局限。

总之，先验研究并没有理所当然地认为人们讨论的物质客体内容完全可以从先验条件中推演出来，它因此而能被主体所认知；也没有假设物质客体内容——被认为是后验的——对于主体的存在（他的“救赎”）、对于主体知识的真实性而言并不重要。先验研究并没有将内容本身仅仅视为无关紧要的物质客体，因而主体体验到自身是一个先验的、必要的存在。从根本上来看，这样的观念当然也同样适于一种神学的先验研究与方法。例如，先验研究不仅对于人理解一种真正的基督论是重要的，人作为存有朝向一个“绝对救主”（absolute Saviour），他既是先验的又是真实存在的（实际上人的本质已经被恩典举起并且以超自然的方式安置在这个方向中），而且对于理解人的救赎（salvation）同样重要，人面对纳匝肋的耶稣（Jesus of Nazareth）这个救主——当然，这不可能以先验的方式被“推演出来”。

另一方面，将整体的教义神学解释为先验的人类学，这意味着每一项教义的条款也必须从它的先验角度来加以考量，因而，一个人必定面对这样的问题：在一个特定的神学陈述中蕴含着神学主体的先验结构，那么现实存在的物质内容在什么程度上存在于神学主体的这种先验结构中？换句话说，这意味着知识的超越性方面一定不能被忽视，而是要被严肃对待。我们提到了超越性的、先验的神学与描述性的、历史的、后验性的神学之间的关系，当然，这个问题无法通过我们刚刚所说的内容得到解决。它只是显示出自身的深刻性与紧要性，在这里，一个人认识到在神学中主体性神学知识得以建立的先决条件，也就是说，恩典（grace）是真实存在的，或者更确切地说，恩典（从根本上来讲，自我－交流的天主在历史中自由地行动）是人们在历史中所知、所感的后验性知识的客观基础。一个人发现，主体的先验特征与历史客体的后验性质享有一种独一无二的关系。但是，我们必须晚一点回到这个问题上来。

让我们随机选择一些例子来对前面抽象概括的内容进行说明。

神学讨论天使。它以旧约和新约作为自己的基础。传统的经院神学对天使进行谈论，仿佛谈论某些客体与现象。圣经的启示对此进行讲述；因而，有天使存在。通过对圣经的资料进行整理与分类，形成了一种天使学（angelology），这与一个人谈论其他事物的方式相同，而他在某种程度上已经获得了关于这个事物的知识。如果情况是这样的，那么天主并没有对此进行启示，也就不会有什么天使学；但是，因为天主很高兴将它启示出来，那么他可能已经将那些对我们来说保持隐蔽的无以计数的事物启示出来（例如：是否存在着身体－灵魂的创造物，拥有神圣化的恩典，在另外的星球上），我们的确拥有一种天使学（但是在我们的认识中并没有关于外星人的神学）。一个现代人首先会问，这种完全陌生的天使传统与他有什么关系，因为天使并没有出现在他的科学经验层面；而由于天主的意图被认为是传递这样的知识，那么它是否真实可信。令人震惊的是，当人被迫对这所谓的启示历史的发展过程进行考察时，很容易得出这样的结论：旧约（新约基于旧约）中关于天使的谈论并没有给人留下与天堂交流的印象，反而陷入旧约神学家们的想法中，而这些想法是源自他们的文化与宗教环境。现在，正是在这种传统天使学与对其产生怀疑的张力结构中，一种先验的神学人类学被介绍进来。也即是说，有一个问题必定被提出：当人对自身进行神学理解的时候，这样的天使学可以处在什么位置？换句话说，如果我们尝试这样假设：启示告诉人他从何处来，他在当下与未来为何，那么如果只是这样的话，我们可以认为这是源自属于启示的天使学吗？或许，在启示中真正被表达出来的根本不是什么天使的存在与本质，而是人与天使的关系。天使被认为是给定的（此刻，我们可以仍把它视为一个问题：是否这样的假设在人类学的启示中被确认为一个命题，或者作为一个假说被提出来）。在这里，我们并不关心天使学如何从这样的起点发展而来，也并不关心天使学中存在的局限之处。①我们唯一的意图是通过一个从根本上来讲微小而隐秘的例子来说明，在教义神学中对于这种天使学的强调与关注具有什么样的意义。

让我们再举另外一个例子。如果一个人精确地研读圣经神学，他并不能轻易地从中推导出三位一体（Trinity）的教义。②当教义以纯粹客观的方式呈现出来，倾听者通常想要了解它的意思，他怎样才能完全理解它，它为何被启示出来以实现对人的拯救；由于三位一体的教义对他而言似乎像是一个难以理解的、辩证的概念游戏，在这里，每一个假设似乎都在取消另一个假设；在这里，如果每一个假设都无法用语词来诠释，那么人基本

---

① 关于天使学的开端，可参见“Angelogogie”, in *LThK* I (Freiburg, 1957), cols. 533-538。

② 最近对于 F.J.Schierse 著作的理解，可参见“Die neutestamentliche Trinitätsoffenbarung”, *Mysterium Salutis* II (Einsiedeln, 1967), pp.85-131。

无法从中推断出完整的命题（如果一个人想要了解一个假设，他不能忘记另外一个假设所包含的主要内容，因而人要从有争议的辩证法的角度来对一个假设进行理解，这通常是一种不为人所接受的方式）。在这里，人对一个奥秘进行关注，为了使基督论的说法成立，三位一体的教义是必需的条件，像这样的声明不足以帮助我们摆脱辩证游戏的困境。因为，甚至在一个奥秘中，在面对一个明显难以用可理解的言辞进行表达的公式时，人也必须了解为何会存在更多的“知性牺牲”（sacrificium intellectus）。[①] 倘若一个人认为，自从奥古斯丁开始经院神学已经毫不犹豫地假设，每一个神圣的人都可以在人的本质中产生一种神性的作用，那么这样一来，基督论就不再是令人信服的教义；在言说天主的道成肉身时，我们强调道成肉身通过逻各斯而产生，也即是神性本身的作用，但倘若基于前面的前提，逻各斯本身的神性作用与其他神圣之人可能产生的作用无论如何也不可能有什么差别。[②]

然而，如果将人类中心论的观点用于三位一体的教义，许多事情就变得更加容易理解，与此同时又不破坏奥秘。我们只需作出一个相当合理的假设，由于天主在“永存的”恩典中是完全自我－交流的，内在性的三位一体（the immanent trinity）与救世系统的三位一体（the economic trinity）完全一致，反之亦然，[③] 因而，我们可以用“人类学的方式”解读三位一体的教义同时又不对它进行篡改。换句话说，如果我们假设我们与天主的关系——这种关系源自恩典（包括它在救赎历史中的具体表现）——具有一种直接性的三位一体的结构；假设人总是与不可思议的天主产生一种关联；天主完全将自身委身于耶稣在历史上显露出来；这种自我委身使我们认识到爱深深地扎根于我们的存有中，同时完全没有失去天主的神圣特征；通过恩典我们与天主直接产生关联，随之产生了三位一体的结构，这也正好专属于天主，原因在于天主真实的自我交流——如果我们这样假定，因而，

① 关于“奥秘”这个概念的正确理解，可参见“The Concept of Mystery in Catholic Theology”, *Theological Investigations* IV (London and Baltimore, 1966), pp.36-73。

② 更详细的论述，可参见 K. Rahner, “Current Problems in Christology”, *Theological Investigations* I, pp.149-200, 尤其是注释 2 提到的那篇文章。

③ 更详细的论述，可参见“Remarks on the Dogmatic Treatise ‘De Trinitate’”, *Theological Investigations* IV (London and Baltimore, 1966), pp.77-102。

“内在性”三位一体的永恒奥秘成为可能。[①] 这将我们从概念的微妙引起的辩证关系中释放出来，使我们可以理解为何奥秘需要在启示历史中的特定时刻被揭示出来，在这样的时刻，启示开始表明：完美的救赎礼物不仅仅是由天主赠予的、来自天主的礼物，而且还是天主本身。这也并不是一件坏事，根据对于三位一体的这种理解，在恩典中我们与三个神圣位格的关系并不仅仅是一种“挪用”（appropriation）[②]，通过恩典，道成肉身与人的神圣化之间的关系比士林神学通常宣讲的那样更加密切。这种理解三位一体的方法更大的可取之处在于，它从一开始就排除了这样的印象（尽管它明显被抛弃了，但这样的印象一直存在于士林教义当中）：就知识与自由而言，每一个神圣的“位格”具有一种独特的意识中心，这是三位一体教义中“位格”这个语词的真正意义。[③] 在这里，我们的意图并不是想要发展一种三位一体的教义。我们所举的例证只是意在说明，一种先验的人类学方法在所有教理的主题中具有什么样的意义，尽管在这些领域中人们或许会对它的成效产生一些怀疑。

二

我们一定对这两个例子感到满意，现在回过头去问问，为何神学中的这种人类学转向是必须的。从这种情况的性质来看，例如：从神学以及它的对象来看，存在着两个根本的原因。除了这一点，还有源自当前形势的原因，基本的神学与护教学的原因。

（一）首要原因源自这种情况的真实状态

每一种智性知识（也包括神学知识）的出现都会产生这样的因果关系：认知客体的问题同时也是关系到认识主体的问题。当然，一般来说，知识的“客体”与“主体”之间难以分开的相互关系并不需要被讨论，它们在研究的

① 思考三位一体结构开始于一个更深的基础，作者指出他更深入的论述，可见 *Mysterium Salutis* II (Einsiedeln, 1967), pp.317-401。

② 基本的问题可参见 “Some Implications of the Scholastic Concept of Uncreated Grace”, *Theological Investigations* I, pp.319-346。

③ 包含在“位格”这个概念中的问题，可参见 *Theological Investigations* I , pp.156ff.; 而在第一个例子中，我们已经指出了对于 *Mysterium Salutis* II 的贡献，尤其可见 pp.385ff.。

每一个层面也并非同样重要。自然科学中的一个具体准则也并不一定要对它的哲学基础进行考察：后者关系到存在的模式与具体进行科学研究的主体的结构。但是，当一个特定领域的研究在具体意义上真正地成为"哲学性的"研究——神学必须触及它的本质问题——每一个与客体相关的问题无论如何在形式上也都暗示了认识主体的问题。

一个问题首先以哲学的方式得到陈述，从形式上来看，在整个现实与真理的世界中，问题的提出必定与一个具体的对象相关联，因为只有以这样的方式，我们才能探寻到最高的原因、哲学的原因。如果的确如此，主体也会被考察，这不仅因为它是构成总体的"物质"组成部分，还因为总体只能存在于这样独一无二的主体中（人先验地朝向总体）。关于一个具体对象的哲学问题必定是一个关于认知主体的问题，因为一个先在的主体决定了知识的可能性限度。于是，客体的"先验"结构已经被一个先在所决定。然而，倘若神学的问题同时也可以在我们刚刚所说的意义上被理解为一个哲学问题，那么只有一个真正的神学问题能够被提出来。而之所以这是唯一的神学问题，原因在于它看到了个体对象的起源在天主那里，并且个体对象朝向天主。

但是，天主并不是人类后验知识王国中的一个认知对象，而是所有现实的根本基础与绝对的未来。[①]

就其本身而言，天主只能被理解为人先验取向的绝对目标。因而，每一种这样的神学都必须是先验的人类学；每一种本体论都是存在论。

如果一人想要避免落入一种异端的、实证主义的信仰主义，那么我们在前面已经讨论的内容必须也适用于启示神学。启示神学将人精神上的超越与无限维度作为它的内在动力与存在的先决条件。只有凭借这种超越的视域，某种像"天主"这样的存在才能被理解。"自然的"、"哲学的"神学总的说来并不是一个能够与启示神学等量齐观的研究领域，人们可以分别对它们进行独立的探寻，而启示神学本身具有一种内在的要素；[②]但是，如果说哲学化的神学是先验的人类学，那么启示神学也是如此。

但是，我们在这里讨论的问题被赋予了一个更加直接的神学基础。首

---

① 关于绝对未来的概念，参见 *Theological Investigations* VI (London and Baltimore, 1966), pp.59ff.。

② K. Rahner, "Philosophy and Theology", *Theological Investigations* VI (London and Baltimore, 1966), pp.71-81; H. Bouillard 对于这个问题的研究也是至关重要的。另外还有他对于巴特的重要研究和他对 Blondel 的介绍，参见 *Logik des Glaubens* (Freiburg, 1966)。

先，启示是救赎的启示，因而从根本上来讲，神学是救赎的神学。在神学中被启示出来的、被思考的并非是随意的问题，而是为了人的救赎。鉴于某些客体起初被排除在可能被启示之外，我们并非通过这样的陈述来暗示某种原理（如“基要主义”），因为真正的救赎在启示事件中最初是以物质性的方式被确定下来的。但是，我们必须严肃对待前面那种陈述。只有那些一旦缺乏就会对人的“存有”与整体性造成损害的事物才属于人的救赎。不然，人就会远离救赎，但并不会因此而陷入失去救赎的危险。我们并非将人进行一种纯理性的、非历史的还原，将他还原为一个抽象的超越性存有，这仅仅是他形式上的结构，倘若这样，仿佛那些历史性的、不可被推演的事物、具体被经验到的后验性事物对于救赎没有任何意义。这无疑表明，每一个对于救赎而言有意义的事物只有与这种超越的存有产生关联才能得到阐明（但这并不是从超越性存有中推演出意义）。在这种意义上，“还原”并不意味着减少，而是通过反思性的研究建立关系的过程。举一个例子来说明还原的意义：具体被爱的人是我爱的对象，在他身上，我的爱得以实现（没有他也就没有爱存在），他不能从人的潜在价值方面被推演为一个先在，而是一个历史中的存在，这是必须被接受的牢不可破的事实。但是，尽管如此，这种对于具体人的爱只有在将人理解为存有时才可能实现，一个人必须在爱中履行自身以期真正地成为一个人，这是他的本性。甚至是最无法预见的、发生在历史中的具体的爱也必须因此而以这种超越的方式来理解，以使爱成为它本应成为的样子。这一点尤其体现在救赎中。因为，尽管这是一个历史的事件，但它关心的恰恰是人的真实本性，他的本性在救赎中得以实现或者失去。如果启示与神学从根本上来讲关心的是这样的救赎，那么神学的结构无论面对什么样的客体都必定指涉人的本性问题，这样一来，本性很容易“保留”客体所包含的影响。换句话说，只有了解了人对于客体的接受能力，才能考察一个神学对象对于救赎的意义（在任何神学对象当中，救赎都是一种必要的因素）。然而，我们不能仅“以抽象的方式”来考察这种接受能力，或者仅在它最普通的方面上对其进行假设。我们必须将接受能力与其相关的具体对象结合在一起进行思考，从神学上来看，这样做的是有意义的，因为这是接受救赎的结果，也是接受救赎的目的。因而，在某种程度上，客体对象为接受能力制定了条件。

除了这些更多形式上的考虑，还存在着一个具有决定性的、十分纲要性的问题。关于普世教会主义，委员会的法令强调：在“等级化”的真理中，并非所有信仰的条款都同样是基督信仰的“基本原理”。[①] 因而，根据委员会的说法，在真正的信仰中有一个基础、一个内在的核心，所有其他真理（信仰的条款）都与之相关。就这种情况而言，“基础”只能是天主本身，他通过绝对自我－传达来实现对我们的救赎，在神学中我们通常将其称之为“永存的恩典”（uncreated grace）。救赎仅仅在这恩典中、通过这恩典来传递。因而，恩典至少必须是救赎/启示真理的核心。如果恩典与三位一体可以被理解，那么关于三位一体的天主（the triune God）的真理同样可以实现。为了充分理解这种恩典，必须预先假设另外一个重要的条件：这种恩典是基督的恩典（基督不只是外在于恩典，是他给予了恩典），甚至在人类堕落前的恩典中也是如此。与此同时，这意味着，在恩典的历史中（正如自我－传达的天主在历史中自由地行动），人类的历史在基督中达到了它自身历史上的、末世论意义上的顶点，不可挽回地显露出来。如果三位一体与道成肉身在恩典的奥秘中得以显明，那么我们可以理解，恩典不仅属于救赎/启示真理的核心，而且它就是核心的真理。（当然，三位一体同样也是如此，尤其是作为“救世经济”的三位一体，相同的论述也可以用于基督，他是天主向世界自我－传达的顶点，正是因为这样，这三个真理彼此互相暗示）。

现在，只有在先验的人类学语境中，我们才可能以一种有意义的方式来谈论这种恩典。因为，这样不会破坏这个事实：恩典是处于自我－传达中的天主本身，恩典不是一个“事物”，而是——作为被传达的恩典——灵性的、智性的主体与天主产生关联的条件。即使最客观的救赎真理同时也必定是最主观的真理：通过天主本身，主体与天主产生直接的关系。如果说，我们不能仅以一种神话色彩的言辞对“恩典”进行表达——因为这样的言辞无法传递经验，那么，我们只能从主体的角度，以主体的先验本性对恩典进行理解，恩典可以被经验到，这是一个存有与绝对真理、与自由无限的完全正当的爱产生关联。恩典只能在一个人最内在的领域中被理解为与绝对神秘的天主面对面，这是人自身超越性本质的完全实现，而只有通过天主的自我传达，恩

---

① 《笛卡尔论普世教会主义》，No.II.

典才有可能发生。[①]

一旦失去了先验主体的本体论，恩典的神学（因而所有神学无论如何）就被固定在一种前神学的图像–语言中，无法证明超越经验从何而来。今天，如果神学对于现代人而言并非是不证自明的，有关“神圣化”、“人子身份”、“天主的内化”等问题的所有讨论不仅仅是诗性的概念与无法证明的神话，那么这样的超越经验就成为不可或缺的要素。让我们再次强调，恩典神学中的这种超越倾向意味着整个神学都具有这样的倾向。因为，今天，甚至实体的基督论本身（不顾它永久的合法性）也迫切地需要转化为一种本体–逻辑的基督论，一个人最初对“自然”（nature）的理解并非将其视为一个事物，而是具有先验精神的特性。由于自然与存有不仅仅“具有”真实性与超越性，而且还是真实与超越，所以，与逻各斯本质上的合一必须从根本上根据真实性与超越性得以表达。它必须被翻译为这样的术语，以使“一位二性”的涵义真正得到充分清晰的表达，同时保护它不被误解为神话学。所有神学都迫切需要这种先验的、人类学的转向，因为所有神学都建基于三位一体、恩典、道成肉身相互之间的确定原则，这三项基本教义在当今从根本上来讲需要一种先验的方法。

（二）对于上述所说的内容提出引人深思的异议：如果这种先验的人类学计划与研究方法对于所有神学而言是必需的，那么它一直都存在吗？

——因为迄今为止，好的神学还未出现。不管怎么样，由于一直以来显然并没有这样的研究出现过，所以提出这样的要求并不是合乎常理的。

首先，我们必须注意宣告（proclamation）与神学之间非常基本的差异，尽管在原则上宣告一直包含一种神学反思的因素，[②]但与之不同，神学从来都不能充分地将宣告变为神学的反思。[③]例如，现代的神学末世论几乎完全是前神学阶段的宣告遗留下来的产物。总的说来，梵二会议的教会学仍旧停留在将圣经图像–语言进行某种系统化的阶段，远远没有达到宪法的具体部分。从这样的观点来看，迄今为止仍没有什么真正的科学，也就是说，在许多领

---

① 可参见“Gnade”, *LThK* IV (Freiburg, 1964), cols. 991-1000；也可见“Selbstmitteilung Gottes”, *LThK* IX(Freiburg, 1964), cols.627。

② K. Rahner/K. Lehmann, *Mysterium Sabutis* I (Einsiedeln, 1965), pp.634ff., 661ff.; K. Rahner, *Handbuch der Pastoraltheologic* II/I (Freiburg, 1966), pp.135-142.

③ 福音传道的概念，参见 *Mysterium Sabutis* I (Einsiedeln, 1965), pp.622ff.。

域与主题中仍没有超越性的反思神学。为何会这样呢？在神学中有许多这样或那样的思考、谈论、书写、“系统化”（并且这本身是好的并且值得称赞的），但这个事实并不能证明神学已经达到了概念化与反思的阶段，使神学与宣告相区分。然而，只有当超越性的思想被表达出来，神学与宣告在性质上的差别才会显现，也即是说，只有当一个人认真地思考了认知的先验假设、具体的信仰怎样才能实现，他才能为神学客体选择表达的术语。

与此同时，我们提出这样的异议，并非暗示迄今为止先验的人类学方法完全在神学中缺席。毫无疑问并不是这样。在这里我们无法给出详细的例证表明这种先验的方法怎样在神学的各个地方产生作用（尽管以不同的强度），虽然这种先验的人类学方法并没有完全意识到自身的作用，也没有将自身视为一种主要的原则，但至少从圣托马斯开始，它已经被运用于神学中。①

但最后，无论历史的事实是怎样的，我们必须说，当前的形势要求一种先验的人类学计划与方法。柏拉图、亚里士多德、托马斯始终是我们必须学习的不朽人物。但是，这并没有改变事实（尽管在教会中的哲学研究只在过去的四十年左右注意到这个事实）：今天的哲学与神学完全无法并且必定不能回到现代哲学的先验人类学转向之前的阶段，这样的转向从笛卡尔、康德、德国唯心主义（包括它的对手）开始，直到现代的现象学、存在主义与基础本体论。鲜有例外，如：布隆代尔（Blondel），在他看来整个哲学从根本上来讲是非－基督宗教的，因为哲学是追求自律主体的先验哲学，这样的主体远离超越性的经验，而在超越性的经验中，人总是感觉自己从属于天主，感到自身起源于天主并且始终朝向天主。但是，同样的哲学从根本上来讲也是基督宗教的（除了传统的批评，现代的经院神学也这样认为），因为，按照典型的基督宗教的理解，人从根本上来讲并不是万物宇宙中的一个因素，屈从于宇宙本体论概念体系，人是一个主体，他自身的自由紧紧地与整个宇宙的命运联结在一起，否则，救赎－历史与世俗历史将没有任何宇宙论的意义，而基督论式的宇宙论是早期的概念－诗（concept-poetry）。然而，这种内在的分裂并不仅仅是现代哲学的征候，还是所有人工产品的征候，因而也是历代哲学的征候，我们一定不能让它成为我们在现代文化中了解基督宗教的阻碍。我们必须在哲学根本的意义上接受它的这种内在分裂状况，在现代的基督宗

① 对于托马斯的概述，可参见 J.B.Metz, *Christliche Anthroporentrik* (Munich, 1962)，“我的介绍”，pp.9-20。

教哲学中，同样在现代的基督宗教神学中，这都是必不可少的因素。

或许可以这样说，这种先验的人类学尤其适合“现代”，而现代已经是过去的事物，或者同现代哲学一样处于下降的过程中。① 在那里可能蕴含着一些或大量的事实。但是哲学并非像时尚那样变化；每一种哲学消失在新的历史时期接续产生的哲学中同时又保持它最突出的特征。② 如果的确如此，基督宗教的新经院哲学连同神学一道在现代一直沉睡着，它们无法承担现代哲学的任务，因为现代哲学从它的当代形式来看正在衰微：如果神学可以真正恰当地对待伴随着“现代”而产生的时代精神，那么至少已经失去的根基必须被弥补。由于未来的哲学被猜想将与明日世界的建构相一致，它扎根于德国唯心主义、左派的黑格尔主义及其对意识形态的批判，因而神学在这样的状况中将特别能够发挥自身作用。如果未来哲学讨论的话题是希望、社会、对于意识形态的批判、在一种新的社会关系中新的自由形式、人在规划自身的经验中对于天主的感受，等等，那么，人、人的存在将再次成为哲学的主题，人既屈从于规划也屈从于不可预见的未来。③ 因而，从明日哲学具体的、本地的形式观之，转向先验的人类学这种改变将对今天与明天的神学构成挑战。

（三）最后，我们必须从护教学或神学的基本原理出发努力探寻这种挑战的基础

在新教神学以及其他神学中，“解神话”的趋势源于一种严肃的考虑，对于未来我们应该需要的那种神学（并且到目前为止我们对它没有充分的把握），如果说古老而永久的福音是以一种足以值得信赖的方式被宣讲，④ 那么，解神话具有完全不成熟的、异端的、不受欢迎的特征。可以这样说（部分是恰当的），解神话的神学是古老的神学自由主义与理性主义的新版本。但是，我们全身心地致力于这种理性主义与自由神学真正关心的主题了吗？这是一个现实的问题。我们与正统的新教神学都非常容易满足于这样的观念：巴特

---

① 当然，R.Guardini 的这篇文章在这里不能被讨论，见 *Edne der Neuzeit* (Würzburg, 1950)。

② H.Rombach 很好地说明了具有现代特征的哲学里产生的这一系列事件，*Die Gegenwart der Philosophie* (Freiburg, 1964)。

③ 我更加详细地处理了这里提出的问题，见 “Experiment Mensch. Thelogisches zur Selbstmanipulation des Menschen”, *Die Frage nach dem Menschen. Festschrift für Max Müller zum 60. Geburtstag*, ed. H. Rombach (Freiburg, 1966), pp.45-69, 可见同卷，pp. 105ff.。

④ 关于信仰简单性的讨论，可参见 K. Rahner, *Im Heute glauben* (Einsiedeln, 1966), pp.32ff.。

学派已经将自由派的思想注入进新教神学中。尽管巴特（K. Barth）伟大著作中许多单独的主题仍然在产生影响，但是在欧洲的新教神学中，从总体上来看，布尔特曼（Butmann）已经胜过巴特。[①]在观念史上，这不只是一件不公平的、悲剧性的事故。

现代人感觉到在神学中有成千上万的陈述是神话的形式，因而不再以完全严肃认真的态度相信它们。当然，这从根本上来讲是错误的，但是在这种印象背后蕴含着真正的原因。这不仅仅是由于主体的骄傲与愚蠢，从客体的角度来看，真理的神秘性与信仰的真实性也是导致这种印象产生的重要原因。让我们冷静地审视今天真实存在的文化情形：如果一个现代人，他并不是作为一名基督徒成长起来的，那么当听到"耶稣是天主成为人"这种说法时，他马上会排斥这样的解释，认为这不过是一种神话学的讲述，他无法严肃地接受它，也不能认真地讨论它，正如当我们听到达赖喇嘛（Dalai Lama）将自身视为佛陀转世时的反应。如果这个现代人听说两个人在相似的境遇中死去，一个人直接去了天堂，因为他是受到了教宗的赦免，而另一个人在炼狱中度过了许多年，因为天堂钥匙的保管者没有马上为他打开门；那么这个现代人会认为，以这种方式表现出来的赦罪是一种神职人员的发明，而他自身的天主观念完全反对这一点。他很难相信天主想要拯救所有人，包括正在死去的无法为自身负责的孩子们，甚至在堕落之后，也不能允许正在死去的未受洗礼的孩子们接近天主的面容，因为天主不能放弃自身所要求的必须接受洗礼的原则。

一个人可以不断列举出这样的例子。但是不应该有这么多例子。而且，在我看来神学并没有以充分的智性方式处理这些数不尽的困难；尤其，神学为了实施宗教教育而放弃了许多许诺。让我们再次重申，护教学很少或者说并没有以一种实证主义的方式来处理天主实际启示出来的"奥秘"。如果言语启示的事实会引起人心理上的绝对信服，那么就完全不可能有怀疑，一个人可以以这样实证主义的方式将启示的内容接受为一个奥秘，它在所有讨论之外。但是，如果现代人发现由于神学的不足致使启示的内容并不值得相信，那么他会认为自己有理由——并非是无逻辑地——进一步怀疑启示的事实。顺便提及，这些言论表明，我们需要付出努力以使基本的神学与教义学适用

① 这种过于简单化的说法是对已经发生现象的粗略观察：结果这并不能排除两种神学建立友好关系的可能性，尤其是它们都朝向一个更大的整体性发展。（例如 E.Jüngel 与其他人的研究）

于更多的情形。[①] 现代人之所以对于信仰的理解有这样那样的困难，主要源于一种常见的形式结构：现代人通常认为，对于命题的陈述一定与人对自身的理解有着某种关系，而且陈述可以在人自己的经验中得到见证，但神学命题的陈述无法以这种常见的方式得到明确的表达。

当然，人不能要求（具有异教色彩的现代主义会这样做）仅仅从人自身的经验中完全推演出所有的神学陈述，这样的尝试太过简单，好像这些陈述不过是将主体的想法进行对象化的概念处理与表达。尽管问题比大部分传统的现代主义反对者想象得更加困难，[②] 但这绝非神学陈述的意义之所在，因为还存在一种恩典的经验[③]，这是基督宗教本身真正的、根本的现实内容。如果在这我们留下这个问题，必须牢记：人对自身的经验与教理陈述内容之间的关联不能被简单地理解为逻辑推演的关系或解释的关系。[④] 它们之间具有对应的关系，尤其是根据这样的事实："本质"——被理解为个体的、智性的、超越的——是一种内在的、必需的因素，它不是恩典本身的抽象化表达，而是恩典发生的事实与过程。一旦这些关联被揭示出来，它们被作为教理的主题来思考、被正确地理解，那么从宗教教育与宗教教义的角度来看，教义的陈述不仅似乎更加值得相信，而且通过对这种相应关系进行沉思，人可以更加深入地、更有效地洞悉具体陈述的意义，可以消除潜在的误解、不合适的陈述方案与未被证明的结论。无论如何，事实上，想要发现教义内容与人对自身经验之间的关联，只有求助于一种先验的人类学方法，这是神学中必须发生的变革。因而，今天对于人类学的要求从根本上来说是基于神学与护教学的原因。[⑤]

三

通过先验的人类学来实现神学的要求会对神学产生怎样的影响？最后，我们将根据几个例证来回答这个问题。首先，运用先验人类学的方法，启示的接受者最终会更加相信启示的过程。因为，在今天的人们看来，对于先知本人身

---

① K. Rahner, *Theological Investigations* VI (London and Baltimore, 1969), pp.123-131,132ff.; *Int Heute glauben*, pp.39ff.; "Intellectual honesty and Christian faith", *Theological Investigations* VII (London and New York, 1971), pp.47-71.

② K. Rahner/K. Lehmann, *Mysterium Sabutis* I (Einsiedeln, 1965), pp.657ff.

③ *Theological Investigations* III (London and Baltimore, 1967), pp.86-90.

④ 具体的解释参见 K. Rahner/K. Lehmann, *Mysterium Sabutis* I (Einsiedeln, 1965), pp.756ff.。

⑤ "The Second Vatican Council' s Challenge to Theology", 在这一卷，pp.3 ff.。

上呈现出来的启示过程的本质，基本神学的解释是模棱两可的，所以，启示是一种令人感到非常奇怪的事情，启示的过程作为一个“奇迹”（miracle）而非一个“迹象”（sign）表现出来，因而在人们来看启示是无法了解的，在宗教历史上有许多与启示类似的现象。我们建议的先验人类学方法可以更多地应用于这一方面：人，作为倾听历史中天主声音的人，[①]他的先验推论可以洞悉事实（以及事实背后的原因）：天主的圣言始终只能显现为一个被听到的、被相信的语词，同时又仍然保持为天主的圣言。[②]另外一个具有重要意义的主题，我们应该立刻涉及的是，如何理解与人相关的救赎历史。这里还值得特别提到的是，我们应该怎样理解“迹象”的真正本质（包括它与“奇迹”的不同之处）并且做出正确的评价。如果救赎的历史对于救赎来说是必不可少的，那么神学必须讨论人本身作为存有所具有的先验特性，而这样特性使其经历救赎的历史，同样，历史决定了历史的哲学，而后者是前者的构成要素。但是，迄今为止，在专业的神学中几乎没有任何关于人救赎历史的神学：救赎历史被讲述，但是人们并没有反思它的形式结构，尤其没有反思它的先验必要性。[③]

我们在前面提到先验人类学方法对于三位一体教义和基督论教义的意义，所以，我们在这里不再进行更详细的论述。由于在专业神学中很大程度上仍然缺乏一种有关救赎历史的神学、有关人先验救赎－历史性的神学（theology of man’s transcendental salvation-historicity），因而，专业神学也没有为今天的教会学提供一种令人满意的、必要的前提假设。从教会形式上的权威与结构来看，教会的基础无论如何都是由天主建立的，而天主也的确希望如此。教会在末世论与救赎历史中的地位与作用是教会存在的根本意义所在，但这一点在经院式的教会学中却很少被考虑。无论如何，人们都没有理解救赎历史的末世论阶段究竟具有多么的重大意义，因为在很大程度上人们没有对救赎历史的历史性与结果进行先验的反思。例如，如果人与天主都关心人的善，都可以成功地管理这个世界，但与此同时两千年来却没有一个绝对无误的真理来源，那么一个人如何能够相信我们现在有一个绝对无误的教皇？历史的变化对于救赎而言非常重要，只有当它能够以可理解的方式被表达出来时，它才是可信的，由于人的本性使然，人必须有一个救赎的历史，也就是说，

① 更详细的论述，可见 K.Rahner, *Hőrer des Wortes* (Munich, 1963)。

② “Wort Gottes”, *LThK* X (Freiburg, 1965), cols. 1235-1238.

③ A.Darlap 的概述，可见 *Mysterium Salultis* I (Einsiedeln, 1965), pp.3-153。

就其本身而言，历史的变化不仅永远具有合法性的根本结构，而且从救赎的方面来看，人与具体的历史以及它随后的阶段密切相关。从这样的观点来看，我们有可能更加清楚地区分教会绝对无误的真正本质是什么、对它的曲解又是怎样的，正如在人的层面发生的所有现实情况一样，曲解不可避免地、永久地伴随在真实的左右。

通过对人相互沟通的本质与必要性进行一种先验的分析，我们自然会得到一些概念，但我们无须进一步解释，一种好的教会学需要所有这些概念。我们所建议的先验人类学方法在礼仪教义中也有很大的、很重要的应用空间。一个人如何充分地考察象征符号的本质、象征符号的效果、象征符号的必要性、符号因果关系的基本概念、在人相互沟通中象征符号作用的本质，以此来为礼仪的教义、为理解礼仪的教义创造重要的原则？如果在恩典的教义中，我们可以清楚地了解到，恩典并不是某种“物”性的东西，而是具有本体－逻辑的特性——这是有意志的人与天主直接产生交流的条件——那么，相比于其他情况，在婴儿洗礼的教义中我们可以更加明了地把握恩典的意义：人们不应将婴儿受洗视为礼仪的基本模式。礼仪是天主不断地将自身呈现给人的先验本质，这样的给予通过天主自我内在交流时使用的历史的、象征符号的范畴来达成，在天主对于现世作出的具体决策中体现着天主的自由。显然，由此看来，礼仪实际上与魔法无关。为了保证礼仪不断地被人们所接受，意义的原则被建立起来，数字 7 很容易被证明是有道理的——但事实上，我们无法以一种纯粹实证主义的、历史的方法轻易地对其进行论证。在另外一个例子中，我们也可以清楚地了解这一点，除非对人怀有强烈的、彻底的爱，盼望人逐渐成为完整的存有，除此之外，我们无法想象究竟是什么引发了赎罪的产生。

如果我们一方面搁置信仰、希望、爱，一方面忽视教会的积极要求，那么我们将会看到，道德神学被迫使自身关注我们习惯上所说的“自然律法”。无论我们如何确定自然律法与恩典之间的确切关系，都只能从这关系中证明自然律法的合法性，其方法即是通过对人的本质进行先验的还原——而且——将人的根本处境还原为一种历史境遇，这是历史为人提出的独特要求。对人这个个体存在与社会存在的真实具体处境与条件进行一种完全后验式的收集和整理，将无法恰当地处理自然律法与恩典之间的关系，虽然我们都知道这些处境与条件在人生命中“一般”都会出现。因为并非每个事物都自然地成为它必然之所是，甚至那些普遍存在的事物也未必是其必然之所是。[①] 特别在道德神学中，一种先验的人类学神学可以洞悉实际事物的重要性，尤其（尽管不是全面地）对于那些将自身非法地伪装成自然律法的要求，先验人类学可以消除它对于人的迷惑。

为了胜任今天的要求，末世论需要先验人类学为其提供基础，在这里，人被理解为谋划自身的存有，期待一个开放的未来，人是一个充满希望的存有，天主赋予他力量可以拥抱一个绝对的未来。如果说末世论是值得相信的，那么，只有这种先验人类学的、合法的未来学才能在今天为末世论主张提供清晰的解释。[②] 在我看来，经院的末世论仍旧没有超出教义学教授的智性解释范围，他指出自己从未坚持认为大天使米迦勒（Archangel Michael）的审判号角是“大号”，而是捍卫这样的观念：这种号角的声音是一种“令人感到紧张的声音”。事实上，神学从本质上来讲总是包含对形象与模式的批判，但经院的末世论经常处于一种困境中，它总是想要把圣经中的若干形象统一为一个单一的画像，而形象无法被组合在一个塑形的形式中，它们也无法要求这样。末世论的先验基础揭示出，末世论并不是对于未来事件的各方面现象进行预先的报告——这是由见证这些现象的天主启示出来的，而是对其进行必要的解释，在绝对未来的视域中，末世论对于人的本性而言是必不可少的要素，是人当下存在的基础——从末世论的角度来看，末世论的基础源于恩典。

我们没有必要增加这些考察。它们的意义仅仅在于展现神学中的人类学所要解决的那些任务。与此同时，我们消除了以先验人类学理解神学可能产生的、明显的误解：以先验的人类学方法对神学进行理解，意味着我们对通常意义上的神学教义进行物质性的还原。我们描述的神学并没有真的放弃那些具有强制力的主张。但是，面对先验的人类学这个神学的委任者，神学变得有点谦逊。尽管以先验的人类学来解释神学存在着许多难以处理的问题，但最终它还是会使神学变得“易于”理解。只有这样，神学才会与持续有效的福音传道保持一种正当的关系。这是我们讨论人类学与神学关系的根本意义所在。

译者单位：山东大学（威海）文化传播学院中文系
联系方式：ruixin03@163.com

① K. Pahner/k. Lehmann, Mysterium Sabutis I，p.41，尤其是 pp. 56ff.。

② “The Hermeneutics of Eschatological Assertions”, *Theological Investigations* IV (London and Baltimore, 1966), pp.323-346.

绝对奥秘存在中的人*

□卡尔·拉内 著 □赵建敏 译

Abstract: This second chapter is a conceptual reflection upon that transcendental experience in which a person comes into the presence of the absolute mystery which we call "God", an experience which is more primary than reflection and cannot be recaptured completely by reflection.

这里是对概念的思考。这概念就是，在超验性的经验中，一个人进入到被我们称为“天主”的绝对奥秘存在中。这经验比思考更原生，而且无法被思考完全再次捕获。如果人确实是一个主体，也就是说，是一个超验的、负责的和自由的存在，而且作为主体他被交付在自己手中同时又总是被交付于超越自己控制之手中，那么，根本而言，这就已经说明了，人是一个趋向天主的存在。人的这种指向绝对奥秘的趋向性，总是由此奥秘所赋予，并且作为人之存在的基础和内涵。当然，以此方式来理解人，并不意味着，当我们在此使用“天主”一词时，除了指向奥秘的这种趋向性之外，我们还知道这个词所蕴含的其他本源。在这一点上，神学与人类学必然成为一体。人的超验超越一切客体性可辨识之事物。只要他允许此超验进入到他的意识中并接受它，同时又在思考中客体化已经存在于他自己超验之中的东西时，人就能够清楚地知道“天主”究竟意味着什么。

* 节译自 Karl Rahner, *Foundations of Christian Faith—An Introduction to the Idea of Christianity*。

一、对“天主”一词的默观

（一）词的存在

由对“天主”一词的简单思考来开始我们的探讨是再自然不过的了。当然，我们有成千上万根本无需词汇而能感受到的经验。然而，在此个案中，只有“词”可以让我们进入到其意义之中。由这个词而开始探讨的另外一个简单原因是，我们可以或许必须借着“天主”一词来开始思考天主本身。原因在于，我们对天主的经验与我们对其他诸如一棵树或一个人等外在实存的经验不同。尽管其他外在实存可能从来没有出现在我们面前，而且也根本无以名状，但是它们由其自身产生它们的名字，因为它们在时空中的某个特定点出现在我们经验的领域内，并且立刻由其自身刻印上一个名字。然而，关系到天主时，对人而言最简单而无法避免的就是，“天主”一词存在于人的智识及精神的存在中。

我们能否展望可能性的未来，提出人类或许可以在一个绝对没有“天主”一词的世界之中生存，然后就可以避开这个简单而独断的事实呢。因为这样的话，这个词是否有意义以及是否关涉到其本身之外的实存，这两个问题就都不存在了。而且，这样的话，也不会在这个词的源起点上引发另一个全新的源起点，以至于不得不形成一个新的方式和一个新的词汇。然而，无论如何，这个词在我们中间存在着。它的存在甚至延伸到当一个无神论者言称天主不存在或者当他声称类似天主这样的词汇毫无意义之时。这也包括当他创建一个无神论博物馆或者其他类似的东西而将无神论推崇为一种信仰的时候。这样说来，甚至无神论者也在协助“天主”一词生存得更长久。如果他试图避免这种结果，那么他不仅要“期望”这个词在人类存在中彻底消失而且还要让它在社会语言中消失。此外，为使这个词消失，他还必须对这个词保持绝对沉默并且不能声称自己是无神论者。然而，他又怎么可能做得到呢？因为有人关心并谈论这个词，而他又不可能不与人交谈，不可能不使用语言。

既然这个词存在，就值得思考。当然，我们这里所说的“天主”一词，并非仅仅德语中的这个词。无论是德语的“天主”（Gott）还是英文的“天主”（God），无论是拉丁语的“天主”（Deus）还是闪族语的“天主”（El）或者古墨西哥语的“天主”（teotl），在我们这里没有区别。然而，如果询问我们如何知道这些不同词汇意指同一个东西或同一个存在，那就是一个异常困难和难于理解的问题了。因为就这些不同词汇而言，我们无法简明地指出某种共有的经验以及这种共有经验在这些词汇本身中独自的含义。在此，我们暂时搁置有关“天主”的这些词汇是否为同义词的问题。

当然了，天主（God）之名或众神（gods）之名在一些多神信仰地区也受到多神论式的朝拜。或者，如同在古老的以色列地区，他们只朝拜唯一而全能的天主，而且这位天主有其专有名字雅威，因为以色列人相信在自己的历史中他们对雅威有着相当肯定和特殊的经验。在肯定其不可理解性，也因而无以名状的同时，这些经验描述了天主的特性，并且赋予他一个特有的名字。然而，我们不会在这里探讨复数形式下“神”的这些名字。

（二）“天主”一词的含义

“天主”一词存在，其本身就值得思考。然而，德语的“天主”一词没有表达出比“有关”天主之外更多的含义。在此，我们不去探讨是否这个词在其早期历史上就一直如此。无论如何，如今的“天主”一词有其确定的含义。我们不得不由另外的渊源来探究其意义。当然，我们通常不会留意这些，但事实的确如此。例如，我们总是称呼天主为“父亲”，为“主”，为“上天”，或者其他类似的名字。这些都是宗教历史上显而易见的。这时，这个词本身就会因着它在我们其他经验中及社会的使用中而具有某种意义。但是，在这里，当我们面对这个词的时候，我们就得首先视之为毫无含义：它了无含义，就连指向这个词之外的某种功能都没有。换言之，我们不必阐释其所包含的任何意义，因为它了无含义。它不像我们说“树木”、“桌子”或者“太阳”时已经包含了某种意义。

我们将这个词视为了无含义，也不管它在其渊源中是否拥有含义。这个词显然非常适用于其所要指向的意义。故此，我们的第一个问题必然是：这个词要指明的含义是什么？这样的话，我们也就撇开了这个词的历史是否可以由另外某个词来开始的问题。总之，这个词现在的形式表达出它的指向：那“无以言称者”，“无以名状者”。他进入世界，但我们无法言称他，无以名状他。他就是那位恒在的“无言者”。他常常会被忽视并且聆听不到，同时也因为他以其统一及整体来表达全部，也会被视为毫无意义而忽略。也就是说，他实在是无以言称的，因为每个词都有其局限，每个词的声音及其可理解的含义都局限在语言的领域中。故此，“天主”一词本身不再指向一种确定的个别性经验，也因而变得无以名状，却正好承担起向我们阐述天主的适宜的形式。它成为我们无法言说中可以使用的最后一个词。这个词使我们可以名状的一切个别事物在后台消失，并且使我们可以面对给予一切个别事物之基础的整体。

（三）这个词有未来吗？

“天主”一词存在。我们又返回到我们思考的起始点，也就是语言领域的显然事实中。借着语言领域，我们形成我们的世界。离开这个语言领域，那些所谓的事实对我们而言就谈不上存在了。“天主”一词也存在于这个语言领域中。我们已经说过，即使对无神论者，对那些声称天主已死的人，天主存在，以致于他们需要声称祂的死亡，需要驱除祂的精神，并且害怕祂的返回。一个人无法由此获得心安，除非这个词本身不再存在，或者，除非不再问及有关祂的任何问题。然而，即使如此，这个词仍然在那里存在着。这个词有未来吗？马克思认为，无神论也会消失，因为“天主”之词本身，无论是用于对天主之存在的肯定还是用于对天主之存在的否定，终将消失。“天主”一词有可见的未来吗？或许这个问题毫无意义，因为真正的未来根本上是全新的，未来根本就无法提前预测。或许这个问题仅仅只是理论上的，但实际上它却对我们的自由构成挑战：明天，我们是否可以以信仰者或无信仰者继续谈论“天主”？这显然对我们承认祂、否认祂或者怀疑祂构成挑战。然而，有关“天主”一词未来的问题可以获得解决。有信仰者可以清楚地预见到两种可能性，除此之外没有其他选项：或者这个词毫无痕迹不留踪影地消失殆尽，或者这个词作为每一个人的问题以这种或那种方式幸存下来。

（四）这个词消失之下的情况

现在我们探讨一下这两种可能性。“天主”一词消失了，没有留下任何痕迹与踪影，没有留下任何可见的空隙，也没有被另外一个以同样方式挑战我们的词所替代，更没有留下某个问题，或者更好说，连由这个词引发的问题都没有，因为人们甚至不想谈论不想听到这个词引发的问题。如果真要严肃对待这个有关未来的假设，其结果会如何呢？这时，人将无法认识实存的单独整体，也无法认识他自己存在的单独整体。因为这正是“天主”一词，且仅仅是这个词的功用，尽管对这个词的界定可能是语音学上的或者是其创始意义上的。如果“天主”一词的确不存在，那么这两件事情对人来说都将不存在：作为实存的单独整体将不存在，作为双方相互贯通中人之存在的单独整体也将不存在。

人在全神贯注自己及其世界之存在的个别部分中，人将完全忘掉自己。在此假设中，人将无言无助且不安地永远无法认识世界以及自己的整体。他将再也不会意识到，他是一个单独性存在，是作为单独性存在而存在的。他也不会意识到，他在思考问题，更不会思考其思考问题本身。他更不会意识到，他是在以不同方式操控其存在的不同方面，而且永远不会认识自身存在的统一与整体。他将深深“陷入”世界及其自身中，再也无法穿越他如今所是的奥秘性过程。正如人如今所是的，在这个过程中，人与他所在的世界构成这个过程的整个“系统”，并且深刻地表达出整个系统的统一与整体，同时又自由地担负起自身的责任。如此以来，人即可以超越自身而到达那貌似虚无的无言的奥秘，与此同时，又在此超越中认识到自身及世界，并且对此两者加以肯定又担当其对两者的责任。

同时，人也会忘记整体及其基础。或者我们可以这样说，人将忘记他会忘记。这会是什么状况呢？我们只能说：人已经不是人了。人将返回到某种灵长类动物的水平。故此，我们不能轻率地说，当地球上某种生物开始直立行走，开始使用火，并且开始用石头制造工具时，人开始存在。我们就只能说，当这种生物开始思考，开始使用语言，并且开始自由地将世界及其存在的整体性作为问题置于自己面前时，人开始存在，尽管他可能会在此独一而唯一的问题面前变得无助无言。或者我们甚至可以想象，或者可以肯定，虽然人类可能在生物和技术层面上幸存下来，但人类将集体性死亡，并且将返回到非常机灵的动物性群居状况。无论这种可能性是真是假，使用“天主”一词的有信仰者，大可不必担心这种“乌托邦”式的可能会成为自己信仰的障碍。

其原因在于，人对单纯生物学的意识已经很熟悉了。那时，有关整体性的问题以及“天主”一词的使用尚未成为（如果我们想这样称呼的话）某种智慧性动物自身命运的一部分。同样，他也不会满怀信心地言称，没有被“天主”一词塑造并进入其命运的某种智慧性生物将一事无成。然而，只有当人使用“天主”一词，至少作为一个问题，或者至少作为一个否定性问题使用这个词时，人作为人才会真正存在。“天主”一词的彻底消失，包括对其过去的连根拔除，不再被任何人所听到，将是人自身死亡的预兆。恰如我们所说过的，或许这种集体性死亡是可以想象的。这并不比某个个体之人及某个罪人的死亡更令人惊讶。当这个问题不再存在，当这个问题已经消失殆尽，人自然不需要再给出某种回答，但是他也不能给出否定的回答。如果人认为有这种可能性，那么这个真空也不能成为“天主”不存在的某种论据，因为如果真的如此，人就不得不对此问题给予某种回答，即使仅仅是一种否定的回答。故此，提出“天主”一词消亡的问题就再次展现出，“天主”一词仍然存在，甚至借着反对这个词而存在。

（五）“天主”一词幸存下来的情况

第二种可能性，是“天主”一词会幸存下来。在人的智识与精神存在上，每一个个体之人都生活于语言中。他只有因着并借着其生活的语言才经验到自己独一无二的个体性存在。他根本无法避开这个事实。借着语言，他联想、洞察并选择体验。即使当他反抗这一切时，他也会亲自介入到日新月异的语言历史中。一个人不得不允许语言说话，因为他必须用语言来表达，用语言来反对。一个人如果不想绝对无言或者否认自己，就不能否定这种最终最基础的语言信任。如今，“天主”一词存在于语言中。我们在语言中且因着语言而生活，并担负起我们存在的责任。

然而，这个词并非在某个不经意的时刻偶然地突然出现在语言中，又会如同“燃素”这类词似的毫无踪迹地消失。“天主”一词涉及整个语言领域。在这个领域中实存会展现在我们面前。因为，这个词所探究的是作为整体的实存及其渊源的根本问题。此外，有关语言领域整体性的问题存在于一个特别的悖论中。这个悖论特别关系到语言，因为语言本身就是世界的一部分，同时也是所有已知的整体。当语言言说事物时，它也同样表达自己，而且是作为一种整体并关涉到其基础的自我表达。这种自我表达相当遥远，但却存在于其遥远的距离之内。这正是我们说“天主”一词所特别指明的。当然此时我们并不把祂与语言本身之整体等而视之，相反，却是视之为此整体之根基的。故此，“天主”一词并非某个任意词汇。相反，它是这样一个词汇：它攫取了语言领域自我存在之自我表达以及人之存在的根基。这个词存在。它以非常特殊且独一无二的方式存在于我们的语言领域，也因而存在于我们的世界。它本身就是一种实存，一种我们无法避开的实存。这个实存可能会清晰地言说，或者隐晦地言说，也可能和风细雨般言说或者声若洪雷般言说。无论如何，它至少是作为问题存在于此的。

（六）此原初词汇的意义

直到此时，我们还没有涉及我们如何回应这个词，也没有涉及我们是否承认它指向天主本身，或者是否应该以暴跳如雷般的绝望来拒绝这个词的诉求。无论如何，作为语言领域的一部分，这个词会强迫同样作为世界之一部分的我们，去面对世界的整体性以及我们自己的整体性，但却无法与之统一或者控制它。此时，我们对问题完全开放：此原初整体性如何界定，如何与多元性世界相关联，以及在语言领域如何与词汇的多样性相关联。

这里，我们只想指出一件较之前更清晰的事情，因为它直接关联到"天主"一词的议题。如果我们现在正确理解了有关"天主"一词的论述，那么作为个体之人的我们就不会以一种积极的进程来思考"天主"，并且不会认为"天主"一词"以这种方式"第一次进入到我们存在的领域内。相反，我们"听到且接受'天主'一词"。无论我们是否乐意，我们都在语言的历史中被它攫取住，并且未经我们自由处置而向个体之人的我们抛出问题。在我们所接受的语言历史中，"天主"一词引发我们的问题，并向我们展示出某种形象和肖像。我们不能认为，因为"天主"一词的语音声调总是有赖于我们，因而就说"天主"一词也是我们创生的。相反，它创生我们，因为它让我们成为人。

真正的"天主"一词并不等同于淹没在字典里成千上万词汇中的"天主"。字典里的"天主"一词仅仅是脱离了所有词汇之无言本质而出现在我们面前的一个单纯词汇。借着这些词汇的语境及其统一和整体，这个真实的词汇本身存在着并呈现在我们面前。这个真实的词汇与我们相遇，也与作为整体的实存相遇，至少是作为问题而相遇的。这个词存在着。它在我们的历史中并且创生我们的历史。它是一个词汇。因此，人可能会听不到它。正如圣经所说，有耳朵的听，却不理解。然而，它却不会因此而不存在。古时，戴尔图良（Tertullian）有关"基督徒自然灵魂"（anima naturaliter Christiana）的洞见就源自"天主"一词的无可避免性。它存在着。它来自人自身所因之的渊源。这个词的消亡只可能伴随人类自身的消亡而消亡。它可能会在其历史中有形式的改变，但那是我们无法预先猜想的，特别是因为它对无法控制和无法计划的未来保持着开放。我们需要向此无法理解的奥秘开放自己。它召唤着我们，还可能会刺激我们，因为它会扰乱人存在的平安，而这种存在希望获得清晰明确善于筹划的平安。

它总是对维特根斯坦（Wittgenstein）的申明保持开放。他的申明邀请我们在无法清楚言说的事物上保持缄默。不过应该留意，他在确切阐述它时违背了这条原则。如果正确地来理解，这个词本身完全遵从了这条准则。因为，在妙不可言的奥秘面前，它本身就是那无以言状尤当朝拜之缄默前的最后一个词。这个词是所有言说的总括中必须说出来的词。除了朝拜中的缄默，如果人不准备以机灵的动物或者迷失之罪人的身份死亡，人就必须言说它。它几乎就是一个荒谬到苛求甚高令人精疲力竭的词。如果我们没有以“这种方式”听到它，那么，我们也会听到这个词，因为它在我们日常生活中与其他词汇相伴，包含着某种显明且可理解的东西。我们也会听到与“天主”一词的真正含义没有任何相似性的东西，可能仅仅是其语音声调。我们很熟悉拉丁语“命运之爱”（amor fati）的表述。其表面意义就是“爱那个已经说出的词”，也就是，命该如此。只有这种爱是必然的，可以给予我们自由。“天主”一词就是这最终的命运之词。

二、有关天主的知识

（一）有关天主的超验及后验知识

只要人之自由主体的超验性经验只能在与世界尤其与他人的相遇中产生，我们所称谓的超验性知识或者对天主的经验就是一种后验知识。就此而言，士林学派的传统是正确的。此学派坚决反对本体论主义认为的，人有关天主的知识只能是来自世界的后验知识。就言语启示而言这也是正确的，因为它同样得借助人的概念来工作。因此，只要超验知识以类别性认知与我们世界中的具体实存相遇，不论是与世界中的物体还是与世界中的人相遇，我们的超验知识或经验就不得不被称为后验知识。对有关天主的知识同样如此。就此而言，我们可以而且必须说，所有有关天主的知识都是一种后验知识，因为它们是借助与世界的相遇而获得的。当然，我们自己同样也属于这个世界。

然而，有关天主的知识是一种“超验”知识，因为人原初而本质上趋向于绝对奥秘，而此绝对奥秘构成了人对天主的根本经验。指向绝对奥秘的趋向是人作为一种精神性主体的永恒性存在。这就意味着，当我们思考到通常所说的有关天主的知识或天主存在的证明时，这些明确的概念性主题知识是我们对指向奥秘的超验性趋向的思考。此时，一定深度的思考总是必然的。然而，它并不是对此奥秘之超验性经验的原初根本性方式。它自然而然地属于人之知识的本质特性。这种思考是自反省性的，也就是说，我们是“在无限之内”（within the infinite）对某个实存客体的思考。这思考本身似乎是空旷无垠的，其本身也是有意自觉的。我们需要习惯于这项事实：当我们思考并实践思考的自由时，我们所面临的而且也是不得不面临的，总是远比我们在词汇和概念中所谈论的要多，并且也正是“借此”（with which），我们成为我们（意识）活动的具体客体。在认知和认知的自由中存在着意识的这种两极性的区别与合一。这种两极性就是客体性意识和主体性意识，或者按照布隆代尔的说法，是意识的意识和意识中的意识。如果一个人认识不到这种区别与合一，那么他也就无法理解我们所要阐明的：有关天主的“谈论”是一种思考，是一种指向更原初的、非主题性的和非反省性的有关天主的知识。

我们意识到我们自己的意识以及自己的超验性构造。世界以其具体而且相当确定的方式呈现给我们，这令我们意识到我们的这种主体性。故此，实际上来说，我们同时以被动和主动的方式参与到世界中。有关天主的知识也同样如此。就此意义而言，这种知识并非完全源自知识本身。然而，它既不是我们自身内部的一种纯粹奥秘性过程，在上述意义上，它也不拥有个人性神圣自我启示的特征。但是，如果我们忽略此知识的超验性因素，把有关天主的知识理解为一种后验知识的模式，好像这种知识的客体完全由外而来，并且只出现在知识的中立性功能中，那么，我们就错误理解了有关天主之知识的后验性特征。在有关天主的知识中，后验性并不意味着我们以认知的中立性功能向外留意世界，然后我们认为在客体性地呈现给我们的实存中，我们可以由那里直接或间接地发现天主，或者我们可以间接地证明他的存在。

我们趋向天主。这种原初性经验总是存在着，而且不能将它与人之超验性趋向奥秘的那种客体化的思考相混淆，尽管这种客体化的思考是必然的。这并不摧毁有关天主之知识的后验性特征。当然，此后验性也不能被错误理解，好像可以把天主简单地作为我们知识的一种客体由外在灌输给我们。

这种非主题性恒久存在的经验是一种永久的基础。有关天主的主题性知识由此基础而来，出现在我们肯定性宗教活动以及哲学性思考中。当我们思考或关注天主时，我们总是拥有着这种有关天主的知识。故此，我们发现天主并不如同我们在世界内发现我们经验到的某个特殊客体一样。相反地，不论是在指向天主之祈祷的明确无疑的宗教活动中，还是在形上的思考中，我们只是在使自己清晰明了我们已经隐含意识到的我们自己的深层自我实现。因此，我们意识到我们的主体性自由以及我们的精神超验及其无限的开放性，尽管我们根本没有将它们用作主题。虽然这些原初知识的口头表述以及在概念性的客体化主题时或许会失败，或者只是非常不完备且扭曲地成功了，我们也同样会意识到它们。的确，即便当我们根本不想进行这种主题性进程时，我们仍然意识到它们。

为此，无论宗教的还是形上的，有关天主的明确知识都是明白易懂的，而且只有当我们在此所用词汇趋向我们对奥妙难明之奥秘的主题性经验时，它们才能真正被理解。这与超验性精神的本质相同。其原因在于，它构成于一个客观的世界，总是伴随着这种客体化的可能性。无论在理论上还是在实践上，这种客体化的可能性总是在脱离自我主体性，脱离在自由中的自我的责任性。故此，一个人有可能将自己由指向我们称之为天主的绝对奥秘的超验性趋向中隐藏起来。恰如圣经（罗 1：18）所说，人可能以此方式将有关人之自我的确然真理压抑住。

我们日常生活中的个体实存总是清晰明了易于理解可以操控，因为我们可以将它们与其他事物区别开来。认识天主则全然不同了。天主与那些出现在我们经验领域内的或者由经验推断而来的所有个体实存都相当不同。有关天主的知识有着相当明确独一无二的特点，并非通常所说的某种知识，因而也非常容易忽视天主。“天主”的概念不是攫取住天主，因而人可以掌控此奥秘，相反，人会被此长存且永不分离的奥秘所控制。即使此奥秘将自己揭示给人，此奥秘仍然还是奥秘，因而仍然持续地构成人之为主体的可能性基础。当然，由此基础而来的就是我们所称呼的天主的概念。这是有关天主的明确语言和词汇，是我们所意指的，也是自我反省而来的一种称谓。实在来说，一个人不应该规避进入此自我反省性概念的进程中。为保证其真实性，所有有关天主的形上学本体论都必须再三地回归其本源，都必须回归我们趋向绝对奥秘的超验性经验，回归自由接受此趋向的存在论实践中。这种接受是对意识的无条件接受，也是在祈祷和静默中对人之自我存在的无法抵御且公然可信赖的接受。

有关天主的原初经验不是“在”众多客体中与某个个别客体的相遇，而且天主的超验性绝对超越人之主体的超验性经验。故此，尽管彼此所言之意并不相同，我们也只能“放在一起”来言说天主及有关天主的经验，来言说受造物及有关受造物的经验。

这里有一个问题：如果这两种认知以这种方式彼此关联，那么我们言说的天主是否就只能是“对我们而言”的天主，而不是“对天主本身而言”的天主？然而，如果我们理解了人之精神的绝对非限制的超验性，那么我们就可以说，这种“对天主本身而言的天主”和“对我们而言的天主”的可选择性基本区别就根本不存在了。我们需要理解，人之主体在其自由及其依存中的独有特性，以及就人之受造性而言，人之存在在天主本身的根本位置。此根本位置是人存在的根本位置，也是人成为独立存在的位置。故此，奥秘以其绝对性言说自己，并且与人保持着清晰可区别的距离。为此原因，我们不可能形成一个本有意义上的天主的概念，然后我们可以问及它是否真正的存在。此概念的原初基础以及它所意指的实存本身超越我们，并且都是未知。

（二）认识天主的不同路径及其内在统一

在探讨有关天主的知识前，我们还得简单反省一下此知识的其他特质。这些知识存在于传统神学中。首先，天主教神学有探讨被称为有关天主之自然知识的传统。有关此类知识，梵蒂冈第一届大公会议（D.S. 3004）申明说，在没有真正意义下的启示中，借着理性之光，人至少可以原则性地认识天主。这正是一种后验性知识，但我们需要正确理解它。其次，除此被称为有关天主之自然知识外，神学学派也探讨另外一种有关天主的知识，就是我们所说的基督宗教的启示。基督宗教的启示具有“言语”上的真正意义：由天主自己启示出来的有关天主的知识。它假定了在言语中已经产生一种神圣的启示知识，并且会探讨在此神圣启示中天主清晰地揭示出了什么。例如，天主宽赦人的罪过，他有超性而普遍拯救人的意愿，他进入人类实际历史存在中（我们将之称为降生成人），等等。再者，我们或许还得探讨有关天主的另外一种知识。它源自在人类历史和个人历史中天主自我启示的“救恩行动”。在此类知识中，天主的行动及其存在借着他为自己提供的显明有效的见证而被共同认识。即使一个人对神秘和“神视”毫无兴趣，他也无法否认此种先验：存在一种由人的个体和集体存在经验而来的有关天主的知识。这种知识并非必然地与有关天主的自然知识相同，也并非必然地与在“言语”及仅仅的口头启示历史中的普遍性自我启示的知识相同。

在《启示宪章》第一章中，梵蒂冈第二届大公会议试图尽量让两者统合起来联合为一：天主借着在历史行动中的自我启示并借着人类“言语”的神圣自我交流之启示来启示自己。自然地，在我们的思考中，我们可以将刚刚探讨的第三种认识天主的方式与天主在恩宠中自己“言语”所启示的第二种有关天主的知识统合起来。然而，此后我们还需要对此进行更深入的探讨。

如果我们的目的是要探讨有关天主的知识，我们就不会首先考虑神学学派的区别。我们的目标会瞄准这三种认知模式在人类实际存在中的原初性合一。这对由哲学为出发点探讨也同样适用。如果我们思考有关天主的知识如同思考历史性构成的超验性经验一样，那么我们就必须记得这项事实：这种知识所包含的要素，也将作为恩宠及启示的要素在随后的神学思考中被运用。的确，就人之认识的超验性经验处境而言，超验性经验总是必然地包含着真正意义上的哲学知识。当然，它在此种哲学知识中也不可能被从根本上完全地重新捕获。我们这里所谈论的所有有关天主的知识当然都离不开言语词汇，但它所涉及的是更加原初的经验。这在哲学上也是同样可能和适用的。哲学家也会承认，他的哲学思考无法完全重新捕获那个原初知识。

我们这里所涉及的，不是有关天主的自然哲学知识，尽管它包含有其要素。至少就原则而言，它超越那种自然哲学知识。我们所要探讨的，是历史性构成的有关天主的超验性经验。它不能被转置于严格哲学意义上的形上学探讨。我们的探讨仅仅涉及有关天主的这种经验。我们探讨的有关天主的知识不仅不能替代有关天主的原初超验的历史性构成经验，甚至也没有意图让这种探讨成为一种完全的哲学讨论。

我们所谈及的认识天主之三种模式的原初根本性合一对神学理性思考也完全适用。按照基督徒及天主教徒的理解，在救恩的实际秩序中，人之存在的实现都会在人之自我实现的终极维度中指向我们称之为恩宠的天主的即在性。在此恩宠中，包含着超验且真正意义上的启示。

故此，在存在的具体现实化中，没有有关天主的纯粹自然知识，因为即使神学知识也是人之自由活动的结果。在随后的神学思考中，我的确可以指出有关天主之实际知识的要素。这些要素可以被描述为自然知识以及作为人之本质的实现。然而，作为一个需要承认或否认的问题，有关天主的实际知识总是存在于人之超自然确在的维度内。由神学角度来看，即便对有关天主之自然知识的否认，无论非主题性的还是主题性的无神论者，也同时不可避免地至少以非主题性的“否”来否认。借此“否认”，一个人就令自己更接近指向天主之即在性的人之存在的趋向性。我们称此趋向性为恩宠。它是人之为人的一种无法避免的存在，即使当人自由地否认它时，他令自己更接近它。

换言之，由神学角度来看，在被称为有关天主之自然知识的“具体化”进程中，无论是接受还是拒绝，也总是超越了有关天主的纯粹自然知识。当认知在人存在之基础及原初的自我阐释中以非主题性形式发生时，以及当他以主题性知识的形式反省时，前面的断言都是真的。

故此，我们所探讨的有关天主的知识，是原初而具体的历史性构成的超验知识。无论接受还是拒绝，它都必然而然地实存于最一般性人之生命的深层存在中。它同时既是自然知识又是恩宠中的知识，既是知识又是启示的信仰。所以说，区别其要素是之后哲学与神学的任务，但并非此原初知识本身的一种真正的反省性行为。

（三）作为对奥秘之经验的有关天主的超验知识

我们这里探讨的有关天主的知识根植于此主体性和自由的超验中。此处境不是人自己可以任意描画和处置的。可见，此超验性经验不可能被作为某种中立性功能来理解，好像借着此中立性功能人可以如同认识其他东西一样来认识天主。此超验性经验总是以我们在世界与时空中对实际个体经验材料的类别经验为介质的。这些类别经验包括所谓“俗世”经验在内的所有经验。这是认识天主之相当原初及根本的方式，以致于我们这里所探讨的有关天主的知识就构成了此超验的最根本本质。

虽然在此超验性中已经非主题性及非概念性地确知天主，但也不能理解成这是人自我能力对天主之知识的一种掌控行为，因而也是天主自己的一种掌控。原因在于，此超验性只出现于作为超验性所趋向的自我揭示中。这超验借着在此超验性中作为他者而存在，而他者又由其本身从此超验性中区别开来，并且让超验作为奥秘被本身就由此超验性构成的主体所经验到。就此主体性的最根本本质而言，它总是一种聆听而不掌控的超验，是一种被奥秘淹没并被奥秘打开的超验。在其绝对无限之中，超验经验到自己的空灵、纯然形式、由有限作为介质的必然，并且因此成为一个有限的无限。如果它不想将自己错误地作为绝对主体并且神性化自己，它就得作为一种超验来接受自己。而且，此超验已经被赋予奥秘为其根基，并且无法任由自己来处置。故此，它所经验到的自己的所有无限，根本上都是作为有限而经验的。严格来说，正是借着其超验性的无限并在此无限中，它成为可以抓住并且必须抓住自己之有限性的一种超验。

虽然超验将天主视为构成可能性类别知识及历史实践之自由的前提，但是，严格来说，超验只认知天主，此外无它。超验只存在于向自己开放的超越自己之中。用圣经语言来说，超验在其原初及本始就由天主获得认知的经验。“天主”一词包含一切，又总是作为一种回应而经验到其原初及其本质。在此回应中，奥秘将自己揭示给人，同时仍然保持其奥秘。

超验及其术语之间的统一不能被理解为彼此同等相联的两个要素之间的一种统一。这种统一只能是自由地建制基础者与被建制基础者之间的统一。这种统一是原生词汇与借此词汇使对其回应成为可能之意义上的统一。此统一可以用不同方式来描述，因为此统一及其内在首要而原生之要素只能无可奈何地由次要而受限之要素来表达，而且此次要而受限之要素永远无法真正理解那原生要素。我们要谈论超验，只能谈论其术语。我们只能藉谈论超验之特殊本质来理解这个术语的特殊本质。

如果我们要理解超验中此项有关天主的原初基本知识，却仅仅由超验的主体性极点来理解的话，也就是说，如果我们要弄清超验的本质，是为了弄清由超验所指向的此术语之真实含义这一点来理解的话，那么我们将无法在不探讨其术语的情况下来描述其意向性。此外，我们也将不得不进行某种存在的奥秘阐释。此奥秘阐释将描述并关注每一个个体注意力所关注的那些经验。在个体的具体存在中，他的个体性拥有对此超验的经验，而且其经验也被提升到妙不可言的奥秘中。这类经验清晰明确各有差异。例如，焦虑，主体的绝对关爱，自由与爱中坚定不移的责任承担，喜乐，等等。在自己历史性存在中，个体之人经历不同，其经验也不同。每个人所经验到的个体超验不同，要给予奥秘阐释也会完全因人而异。个体之人的确意识到，此超验经验确实发生了，而且不断地重复发生着，尽管在实际世界中他并没有将这种直接的参与称之为超验。显然，对如此众多且彼此不同的个体奥秘阐释就只有在个体对话交谈及个体存在分析中才有可能了。

故此，我们这里试图对此项有关天主的原初基本知识进行描述。这种描述是要指出此超验指向何处，与何物相遇，或者更好说，令超验开放自己的本源是什么。然而，我们的处境在于，无论是术语的描述还是超验的本源，只有当我们不断重复我们对超验经验的注意力时，我们才能理解它们。这种超验经验至为显明却又显而不露，以致于非常容易被忽视。

甚至，就在我们关注此术语和超验之本源，以期引起我们对有关天主之原初非主题知识的注意力时，意识到此知识的困难依然无法克服。作为超验性精神体，在人之意识反省的自我阐释历史中，我们已经给予此术语和超验之本源为数众多的名称。这些名称都没有扮演起共同介质的角色，成为指向有关天主之原初经验的一种意识反省途径，因为每一个个体之人存在的实际经验都不相同且理解方式也不同。

为开始探讨之计，我们将此术语及超验藉由而生的本源称为“天主”。我们同样可以称之为存在、基础、第一因、光明、逻各斯或者其他可能的成百上千的称谓。当我们称之为“天主”或“元基”或“上苍”时，这个词汇自然而然地总是充盈着一种形象，而此形象显然已经超越了这个词汇本身的真正意指，并且与它的真正意义毫无干系。这些观念总是附着了历史的锈斑，当然也包括了个体历史的锈斑。如此以来，这些词汇所要表达的真正意义都几乎无法清晰辨别了。如果我们注意到今日某些词语所引发的批评，那么当我们遵从圣经及耶稣自己称天主为“父”时，我们就能理解这样的词语可能会被误解甚至根本不被理解，因为耶稣竟敢用这样的词语来表达他对天主的根本理解以及他与天主的关系。

哲学家可能会提出更深层的问题。诸如，超验与他所称呼的存在之间的关系，超验与天主的关系以及他们应该如何被区分开来。

在此，我们只想直接思考有关天主的原初超验知识。这知识是先行的，而且无法被意识反省之存在彻底地重新捕捉住。我们在此获得了一个捷径，当然也将危险减至最少。我们不能由于哲学的犹疑不决吞吞吐吐就不愿冒险去理解存在，因为毕竟存在是先于哲学的。

然而，这仍然无助于我们解决困难。这个术语及原初超验经验的本源究竟该如何命名呢。我们当然可以遵从整个西方哲学的可敬传统了，而且这个传统也是我们的功绩。我们可以简单地称之为“绝对存在”，或者“绝对意义上的存在”，或者“存在之根基”。它们已经建立起原初的全部统一。但是，当我们以这种方式探讨“存在”和“存在之根基”时，我们处在巨大的危险中，因为许多现代人会将“存在”这个词视为空灵毫无意义，仅仅是一个抽象的词汇，它源自我们日常所直接遇到的个体实存的众多经验。故此，我们想以另外一个名字称呼此术语和我们超验的本源。当然，这个名字也不是打开所有大门的万能钥匙。然而，它或许可以澄清我们的概念，让我们避免陷入刚刚谈到的有关“存在”的陷阱。我们想要将这个术语和我们超验的本源称之为“神圣奥秘”。当然，这个术语只能被理解为“天主”，而且会逐步深化并显示出它与“天主”一词完全相同。自然地，我们还会常常提及其他术语，而这些术语存在于其他人文及哲学传统中。此后，我们还要单独思考将这个奥秘称为“神圣”的原因。

我们将超验经验的术语界定为神圣奥秘，并不是要用不可理解繁复难明的方式来表达它。我们另有隐衷。如果只是将我们超验的术语称为“天主”，我们就会总在担心对它的误解，好像我们所探讨的天主已经被表达过了，已经都知道了，而且已经用客体化的概念被理解过了。

如果我们用“神圣奥秘”来表达超验的术语和超验的本源，而不是用“天主即是此超验的术语”，那么对它产生误解的危险就大大减少了，因为这是一个较为陌生并且较少界定的词汇。在把可以经验的名之为“天主”前，我们需要首先描述此经验以及此经验的术语。

（四）超验之术语的无限、难以界定及其奥妙难明

名不正则言不顺。然而，超验经验的术语总是难以为名无法界定，更非我们可以自由处置的。每一个名称总有所界定，有所辨析，因为由众多名称遴选而出，所以又以某些特性标志出其意义。超验之术语以其无限视域为我们打开无限之可能性，使我们可以与各类特别事物相遇，但却无以为名。原因在于，此名称身处实存之间，以术语之身份只能在此术语及其本源的视域内被理解。的确，我们仅仅能够在此奥秘及不可理解性上来思考。可是，此奥秘及不可理解性永远不可能被归入进我们的系统内，同时又永远不可能由其他事物区分界定开来。那样的话，它就会被客体化，会被理解为无数客体中的一个，会被概念化的界定。的确，我们只能把它与其他事物区别开来加以界定，因为作为所有特别事物存在的绝对基础，它不可能成为这些众多特别事物的附随结果。然而，只要趋向此超验之无限术语的超验行为再次发生，我们所有要概念化的东西就都是真实的。在这个界定及客体性表达的行为中，此超验之术语就是此行为成为可能的前提条件。在思考的行为中，另外一个超验的原初行为发生了。这个思考的行为仅仅意指超验并客体化超验。

因此，原初超验的这种预先理解力外展到无限，而此无限之原初本质即无以为名。就其本质而言，致使辨析名状成为可能之前提本身自然无以名状。我们称此前提无以为名难以名状。这个无以为名的东西与所有有限的东西区别开来，也与“无限”区别开来。然而，我们仍然无法给予此术语和超验本源一个名称，只能称之为无以为名者。只有当我们将它理解为仅仅指向那超

验经验的缄默时，我们才能真正理解这个名状的过程。

其实，超验之趋向也难以界定。事实上，超验之视域或超验之术语超越我们的扩展界限。故此，它为认知提供了空间，个别客体知识和爱存留其间。此视域或术语总是在本质上与出现在它之内的知识客体区别开来。为此而言，把这个奥妙难明之术语与有限区别开来至为关键。这不仅是必须做出的一个区分，而且此区分是我们经验到的“唯一而原初”的区分。其原因在于，它是致使所有客体区分成为可能的前提。不论是由超验本身的视域区分还是这些客体之间的区分都需要这个前提。然而，这就意味着，这个奥妙难明之超验术语其本身就是难以界定的。原因在于，作为致使所有类别区分与界定成为可能的前提，其本身就不可能再由此同一区分规则将之区别开来。

显然，一方面是超验之术语及分类之个别客体，一方面是类别客体之间的区别，它们都非常清楚。故此，我们可以理解真正泛神论的错误，也可以理解流行之二元论的错误。二元论将天主和非神圣（non-divine）简单地视为彼此并行的两种存在。宗教中也会发现二元论的存在。

我们反对泛神论，认为天主与世界不同。然而，如果以二元论的方式来阐释这种说法，那就完全误解它了。天主与世界不同是说，天主所造之世界本质与天主不同。为此，在此区别中，天主特别创建了最为接近的统一。因为如果区别本身源自天主，如果区别本身与天主相同，那么我们就可以这样来理解，天主与世界的区别与类别实存之间的区别相当不同。前者的区别先于后者的区别，因为前者为后者提供了空间，而且在此空间内包含了后者的区别。这些类别实存之区别本身不会创建它们彼此之间的区别。故此，泛神论似乎是对天主作为绝对实存、原初基础和超验终极术语的某种感受性（更好说是一种超验性经验）。这应该是泛神论中的关键要素。

相反，宗教二元论似乎是对天主及天主所创造世界之实存的一种原始天真的理解方式。一切都归于类别性区别根本上就不是宗教性的，因为它没有捉住天主之本质。它把天主理解为某个更大之整体的要素之一，是作为实存之整体的部分来理解的。

天主当然与世界不同。然而，此不同是在我们原初超验性经验中被经验到的不同。在此经验中，这个独有且独一无二的区别被经验到：实存之整体由此术语及本源而生，而且只有在它内才能清楚易懂。因此，正是此区别创建了天主与世界的终极统一，而且只有在此统一内这个区别才成为可理解的。

这些极具抽象的东西是我们理解天主的根本。这种理解对今日之人才具有宗教意义。因为，作为与其他存在并存的一种个体存在，这样的天主根本不存在。这样的天主就仅仅是众多无数实存中的一员而已。谁要是寻求这样的天主，他就是在寻求一个假天主。无神论者和天真形式的有神论者都处于这种假天主的观念中。他们的不同只是，前者否认天主，后者相信可以由天主获得利益。这两者都是根本错误的：后者，即天真的有神论者所相信的这样的天主根本不存在；而前者，即无神论者所否认的天主则是最根本、最原初、在某种意义上最自明的实存。

超验难以界定，因为视域本身无法在视域内出现，也因为超验本身无法真正被引入超验领域以便与其他东西区别开来。终极尺度无法成为自我的尺度。“界定”所有东西的界限无法再被自己界定。无限的确可以囊括一切但其本身却不能被囊括。无以为名难以界定的超验只能由自我从其他东西区别开来，从而也将自己与其他东西加以区别。超验厘定一切且超越一切。故此，此术语绝对超越我们的处置能力。超验总是以其本来所是存在着。

超验不仅在物理上也在逻辑上超越有限性主体的掌控。超验无以为名，当主体借形式逻辑及其本体论要界定它时，界定本身却以应该被界定的一种预先理解产生了。本体论是一种奥秘进程。在此进程中，首要原则就是它自己的不可测度性。人意识到他是如何被测度的。超验知道自己本身无法被掌控，因为那样的话我们就会超越它，就会将它容纳进另外一个更高更广的视域中。这就是超验之本质与超验之真实的矛盾所在。此无限之无声决定着我们。它向我们显示了它的存在。其显示方式则是移出、缄默、疏离以及永远无法表达。故此，要理解它，谈论它，就只有聆听它的无声。

我们只能在此无边无界的超验中经验到超验。我们已经避开了通常意义上的“本体论主义”。原因在于，本体不是在其自身经验到的，而只是在主体超验的经验中非客体性被认知的。超验术语之存在就是此超验存在。它只是作为类别知识可能性前提而存在的，并不是由它自身而存在。这种思想是真正理解天主的最根本思考之一，也是有关天主之知识的真正正确的思考。由此思想也可以观察到今日的趋势：不探讨天主却探讨邻人，不宣讲爱天主却宣讲爱邻人，不用“天主”的术语却用“世界”和“向世界负责”的术语。显然，此趋势有其绝对坚实的基础。然而，完全驱除天主，对他完全缄默显然是错误的，而且违反基督宗教的本真。

可是，这些思想的正确性相当简单。事实在于，我们不能将天主视为众多个别客体之一，而只是作为超验来认识的。超验只发生在一种类别性相遇中，是在自由以及对实存之知识中发生的。这种知识仅仅是在世界与天主的相对中出现的，而天主又是绝对不同于世界的。因此，此超验仅仅以不同及区别的方式存在。它永远无法直接靠近，也永远无法立刻被捕捉到。只有在无言地指向其他东西时，在指向我们可以直接看到且作为客体的有限时，以及作为我们行为的即时客体时，它才自我出现。为此，超验就是奥秘。

（五）作为“神圣奥秘”的超验

我们之前已经将此超验称为“神圣”奥秘。我们称之为“奥秘”基于这项事实：我们经验到的它，是不能被一种可以超越它的预先理解所囊括的，也因此它无法被界定。然而，为什么我们将它作为“神圣”奥秘呢？

在第一章中，我们已经强调，谈到超验时，并不是说它只是作为类别知识的可能性前提的超验。超验意味着它同时也是“自由的超验”、“意识的超验”和“爱的超验”。此超验构成认知的主体，一个自由及位格的行动主体，而且此主体在行动领域毫无限制。此超验非常重要，基本上来说就是精神性超验的另一个方面。故此，它就是认知的自由主体。自由永远都是一个主体的自由。这主体存在于与另外主体的位格性交流中。因此，主体必然是自由的，与另外的超验主体相对等。所以说，此超验首要的并非认知“东西”的可能性前提，而是主体显示自己存在的可能性前提，而且如同向另外“主体”显示自己原初之根本性存在一样。但是，一个显示自己存在的主体自由地向相对等的另外一个主体肯定自我，这就意味着终极的爱。

可见，此处对超验之意识和自由的思考，就必定让我们考虑到超验及其本源的爱之特性。超验拥有着绝对的自由，并且在自由及爱中行动。当然，它仍然无以为名超越我们的掌控，而我们却被完全地置于它的掌控之中。为此，我们自己的超验作为自由和爱被打开了。然而，超验也总是原初的奥秘之源，是此奥秘在揭示自己。奥秘本身打开了我们的超验。然而，超验并非由我们创建因我们的能力而成，尽管我们是绝对的主体。故此，如果超验在自由和爱中趋向打开自己的那位，那么我们可以说，此无以为名者超越我们掌控，同时我们的存在却又完全被它掌控，这就是自由之爱的存在，也就是我们要说的“神圣奥秘”。

它无以为名，我们依赖其处置而存在，也因着它我们在有限中被区别开来，借着自由和爱我们得以肯定我们的超验。如果我们不称之为“神圣”，我们又能如何称呼它呢？除了“神圣”一词，我们对它还能有其他称谓吗？的确，“神圣”是此无限之爱最本质最原初的称呼了。这个爱难以理解神妙莫言，也必然理当被朝拜。

故此，超验是神圣的、无以为名的、无限的，掌控却不受掌控，令人敬畏深感遥远。这就是我们所称谓的奥秘，或者更加明确地称之为神圣奥秘。我们既留意认知的要素又没有忽视自由与爱的超验性。在其原初的位格统一中，两种要素同时存在。“神圣奥秘”这两个词是统合为一的。然而，两者之间也有着内在的区别，却又同样地表达出认知的超验性以及自由和爱的超验性。

超验经验都是一种原初根本的经验。它并非源自某种先存的东西。它本身就具有这种特性，在与之相遇和显示之际就不可或缺。将超验称为“神圣奥秘”并没有使用源自其他地方的概念，而是源自超验之本质。这称谓就源自此原初的“客体”。此“客体”就是超验自己的基础，就是认知它的基础及视域。在超验经验之内，藉着超验经验本身，它将自己揭示出来。

在此，我们获得了有关奥秘和神圣的原初根本的观念。我们也恰如其分地解释了超验之名。此时我们可以毫无疑问地“界定”此神圣奥秘之本质了。如同每一个超验的“概念”一样，奥秘也是难以界定的。它们无法被界定，因为它们自我所表达的，只有在超验经验中才能被认知，而超验经验又总是先行的，在其自身之外无一言表，因而也就无法给予界定。

（六）超验经验及实存

我们常常说到天主的“概念”。概念伴随原初非主题超验性而来，因此我们得用此概念来表达这个超验。这就是名称了。问题随之而来：以此方式表达的本质概念只是存在于头脑中，还是真的是一种实存的东西。如果说它只是存在于头脑中，是人类思想自己创建的某种“观念”，那么这就必然是一种极大的误解，此误解将会令所有原初经验彻底失联。原因在于，它打开了超验之门，让超验进程成为可能。超验由此术语而来，此术语并非超验所创建。

有关“存在”的原初根本知识来自此超验行为。它并非源自我们已知的某种个体存在。我们只能在知识中与某种实存相遇。声称某种实存先验于可理解的知识显然是自相矛盾的。声称并肯定某种无法经验的东西产生在知识领域存在某种绝对不可能被经验的东西的假定，然而因为人在思考它，故此说这是一种自相矛盾。由此而来的是，尚未可知的与只是在思考的就成了知识客体中有缺陷的二类存在了。这种方式原则上成为真正的起点，因为没有这个假定，就根本不可能探讨究竟什么是实存。

故此，超验以及原初囊括性经验和知识被假定为在此经验与知识之开端是真实的存在，是存在及本质的原初统一。我们必定要说，绝对奥秘的实存并不单单是在向有限揭示自己，超验精神有着如同我们在经验意义中的同样的相遇方式，它不应该被理解为个体物质存在的可见性经验模式。如果我们认为天主就是以此种方式被经验到的，我们就会陷入本体论主义。我们之前已经对此进行了区分。或者我们所坚信的事实上就是错误的。对绝对奥秘实存的肯定是我们的基础。我们是有限的精神体，超验的实现必然地被作为我们特有的行为已经给予了我们。这里我们重复了另外一种观点：有关天主的知识具有后验性特征，尽管这并不有损于对天主之经验的超验性本质。如果我们可以避免呈现自己，如果我们可以忽略超验行为，那么我们就可以不用承认超验之绝对实存的必然性了。然而，这也将消除否认或怀疑此超验实存行为的可能性了。在超验行为中，实存是必然要被肯定的，因为就是在此行为中并且只有在此行为中，我们经验到实存。

因此，超验就是绝对存在的神圣奥秘，或者说，在存在的绝对圆满中以及在存在的拥有中，神圣奥秘就是存在中的存在。

（七）天主存在的证据

我们探讨了神圣奥秘以及指向此神圣奥秘的我们的超验。神圣奥秘绝对存在，我们可以用比较熟悉的名字“天主”称呼之。在此超验经验的原初统一中，这两者彼此互助理解对方。故此，我们不需要更加详尽地讨论此原初认知。它通常被称为“天主存在的证据”。同样地，在本体论意义上，认知的原初自我拥有以及人之存在的自我自由处置与科学的意识反省本体论相互关联。在原初经验中，我们没有概念和词汇，但却只能以词汇意指。故此，我们的原初经验与认知相关联。天主的存在在此认知的意识反省中得到了证明。

此进程是否应该被称为一种“证明”并不重要。虽然意识反省的科学认知是衍生的次要的，而且永远无法完全捕捉到此原初经验，但它是必不可少无可或缺的。可是，对天主的这种反省性主题认知并非首要最根本的原初认知。这种认知被客体性的概念化了，并且离不开概念，也不能替代概念。

正如我们探讨过的，天主存在的意识反省证据并不是要传递一种知识，好像在此知识内一种前所未知的中立客体被外在地呈现给人，而此客体对人之意义及重要性又是随后借着对此客体的更多描述和确认才成为显明的。如果证据是以此方式来理解的，那么天主就被客体化成完全未知者了。这样一来，如何能说人“必须”关注天主呢？然而，神学、本体论、对天主的自然认知，所有这一切都需要人认真对待。只要人愿意成为聆听者，他就已经无法避开这个问题了。

天主存在的理论证据仅仅是让人以意识反省留意到这样一项事实：在人的知性精神存在中，无论人是否思考天主，无论人是承认天主还是否认天主，人总是不可能避开他的。神圣奥秘已经存在于此后为某种东西提供基础的基础中。神圣奥秘构成了此特色、自明性以及提供天主存在的反省性证据的困难。提供基础者本身即是基础，存在于无声中，是无名之名。

天主存在的反省性证据是要指出，所有认知，甚至是怀疑或问题或拒绝，都提出了形上学问题，都产生于对神圣奥秘或绝对存在的肯定背景下，都存在于渐趋渐近的视域内，都是认知行为问题的基础，都是其“客体”。如何称呼此无以为名的遥远存在并不重要。“神圣奥秘”、“绝对存在”，或者凸显此超验的自由层面，或者其行为的位格性结构，或者“至善”，“位格的绝对他者”、“绝对责任之基础”、“希望之终极视域”，等等。在所有被称为天主存在的证据中，唯一多次呈现在系统化反省概念中的，是某件事情已经发生的事实：在此事实中，一个人与他日常生活的客体化实存相遇，既是在行为的参与中，又是在思想与理解的知性活动中。这时，人成为令这种参与和理解变为可能的前提，他现实化了非主题性和非客体化的前理解力，来理解不可想象无法理解的单独圆满性实存。在其原初统一中的这种圆满性同时也成为认知和客体化被认知的个体的可能性前提。此种可能性前提总是非主题性地被承认，甚至在一个主题性地否认它的行为中也是如此。

个体之人经验到这个无可避免的根本性结构。其实，最好的时候，就是他强烈地感受到他自己个体存在的根本处境的时候。故此，如果他真要理解天主存在的这些思考“证据”，这位个体之人就得特别思考什么“为他”是最清晰的经验：在他难以理解的精神之光启迪中；在一个人可以绝对反对自己的能力中，而且这种能力似乎可以让自己变得完全无关紧要，也让自己从根本上超越自己；

在灭绝忧虑中，而这忧虑与对某个确定客体的害怕非常不同，是作为害怕的可能性前提条件先存于害怕的；在胜过所有理解的喜乐中；在一种绝对的伦理责任中，在此责任中，一个人真正地超越了自己；在死亡的经验中，在此经验中，他在绝对无能为力中面对自己。人可以思考这一切，或者人之存在的基本超验经验的其他形式。因为在自我提问中，人经验到有限的自己，他根本不可能将自己与那基础相等同。在此经验中，此基础将自己揭示出来，呈现出最本质也最绝对的不同。天主存在的明确证据仅仅提供此主题性的根本结构及其术语。

在每一个判断行为中，我们都经验到这个行为产生于绝对存在并由绝对存在所推动。此绝对存在并不因着我们思想的恩宠而生存，但却作为恩宠呈现出来，由此思想诞生了而且不是思想的某种产物。这个经验成为形上学因果律的主题。我们不能将它与自然科学中的功能性因果律相混淆。依照功能性因果律，每一个现象之“果”都有使之成形的等同的现象之“因”。形上学因果律不是来自自然科学法则的推断，也不是来自用于我们日常事物之因果思想的推断。相反，形上学因果律来自超验及其术语之间关系的超验性经验。形上学因果律传统上被用于天主存在的证据上。它不是用于单独个体之间证明的普遍法则，尽管有些士林学派哲学家会这样来理解它。相反地，它仅仅指出了超验经验，及在此超验经验中某种前提性的有限者及其难以理解之本源之间的即时呈现，而且其呈现被经验到了。

我们不需要在此探讨更多的细节。这些细节是神学和基督信仰哲学学派通常所用的证据。我们不需要探讨这些证据。它们会是宇宙论的、神学的、动力学的、放射学的、道义学的、抽象的或伦理的证据。因为，所有这些证据仅仅指出了人类经验中的某种类别性实存，并且明确地把它们置于可以被理解的人类超验领域之内。所有这些类别性实存以及认知行为都可以追溯到一种可能性前提上。这个可能性前提对此认知及实存是同样有效的。对此而言，天主存在的这些不同证据完全可以净化为天主存在的唯一证据，即不同出发点殊途同归到同一的超验经验上。

译者单位：天主教与文化研究所
联系方式：catholicstudy@shangzhi.org

斯塔尼洛埃神父的共融人类学*

□舍辣鲁 著 □谭立铸 译

Abstract: Father Dumitru Staniloae（1903-1993）is without doubt the greatest Romanian theologian ever. This article aims at Briefly presenting his anthropologic perspective by advancing a series of hermeneutical principles: cosmological, Christological, Trinitarian, and ecclesiological. Following Fr. Staniloae in developing all these important aspects of his anthropology, the reader will discover how the human being within creation is the human being in Christ, human being in Trinity, human being in the Church, communal being and Eucharistic person.

一、生平与著作

罗马尼亚最伟大的神学家斯塔尼洛埃（Dumitru Staniloaë）神父属于这样的一个民族，这个民族要不断地保持“一种艰难的平衡，因为它处于东方教会与西方教会、正教传统与公教传统、希腊世界与斯拉夫世界的交叉路口，自身的地理位置以及战略态势都要求它起到一种平衡作用”。[①] 斯塔尼洛埃神父生于1903年，逝于1993年，在他生活的年代，神学研究十分活跃且有深度，各种基督传统互相激荡。那也是一个神学家辈出的年代，其中有卡尔·拉内（K. Rahner，1904—1984）、孔加尔（Y. Congar，1904—1995）、吕巴克（H. de Lubac，1896—1991）、弗洛罗夫斯基（G. Florovsky，1893—1979）、洛斯基（V. Lossky，1903—1958）。

作为一个有家庭的神父，一位神学教授，斯塔尼洛埃经历坎坷：他失去

* 译自《神学新杂志》（*Nouvelle revue théologique*），2012年7—9月期。

① 见克莱门（Olivier Clément）为斯塔尼洛埃的著作《东正教的天才》（*Le Génie de L'Orthodoxie*）写的序言，Coll. Théophanie (Paris: Desclée，1985)，p.11。

三个孩子中的两个，1958年至1963年，他因“精神上”信念被捕入狱，免不了由此遭受那个社会制度加给他的种种屈辱。然而，尽管遭遇艰辛，斯塔尼洛埃的神学著述依然十分可观。①

斯塔尼洛埃在五十多年里出了十多本著作和译著，撰写的神学研究文章也有一百多篇。在他的代表作中，他触及到东正教神学的各个方面。此外，他还写了三卷本的东正教教义神学，②一部刚出法译本的灵修著作，③以及一本介绍东正教礼仪的书。④斯塔尼洛埃同时还将*Philocalie*（十二卷，1946—1992）译成罗马尼亚文，该文集汇集了经过精心挑选的一些教父文献，特别是有关祈祷的文献，附有大量的注释。

斯塔尼洛埃的著作探讨了基督信仰的重要主题，诸如世界体现天主圣三爱的恩赐，是这种恩赐的圣事性的和合宜的表达；神化是神–人生命通过基督传达给教会的动力；教会是人体验未来复活的“场所”和“实验室”；人的位格是永远的奥秘和无穷的更新，被召唤走向天主的永恒生命；圣洁是人性的圣召和实现；信义是一些使人摆脱已败坏的自然宿命论的真理；祈祷让人体认到，自由和爱比死亡以及将人分开的时空更有力量。⑤

就写作的风格而言，斯塔尼洛埃的著述既不是直线性的也不是体系式的，而是迂回往复的，由此增添了理解上的难题。此外，伴随着神秘因素的矛盾或悖论随处可见，由此产生了一种阅读上的张力。句子通常很长，有时也很绕人，表现出一种“德国人”的逻辑，然而在词语的运用上，特别是他的译作，却富有韵味和古朴之风。

大体说来，斯塔尼洛埃神父的神学贡献在于借助当代哲学的概念与方法来揭示教父哲学的现实意义。居于这点，斯塔尼洛埃神父属于“新教父学派”，⑥与洛斯基（V. Lossky）、弗洛罗夫斯基（G. Florovsky）、梅延多夫

---

① 对斯塔尼洛埃著述的提示性介绍，可见罗马尼亚宗主教 SB Daniel 为斯塔尼洛埃的《隐修神学与东正教的神秘》写的序言 *La théologie ascétique et la mystique de l'Eglise orthodoxe*（Paris: Cerf, 2011），pp.7 – 12。

② D. Stanisloaë, *Teologia Dogmatica Ortodoxa*（《东正教教义神学》），I，II，III，2nd ed. (Bucuresti: IBMBOR，1996)。

③ *La théologie ascétique et la mystique de l'Eglise orthodoxe* (Paris: Cerf, 2011)。

④ *spiritualitate si comuniune in Liturghia ortodoxa*（《东正教礼仪中的灵修与共融》）(Craiova: Mitr. Olteniei，1986)。

⑤ 参见 Mgr. Daniel，*Parintele Dumitru Staniloaë*（《斯塔尼洛埃神父传》）(Iasi: Trinitas，2004)“跋”。

⑥ 所谓的“新教父学派”，人们对之褒贬不一，指的是20世纪的一场神学运动，这场运动试图使东正教的神学摆脱经院学的形式，重新回归教父神学，欲通过重新解释和深化教父神学来使当代人易于理解。

（J. Meyendorff）或内拉斯（P. Nellas）并肩。

斯塔尼洛埃在神学上的重大成就得自他的一个重要做法，在他那里，辩证神学与帕拉马斯（Grégoire Palamas）的神学无法调和。① 他在留学德国期间涉猎了辩证神学，至于帕拉马斯，写于 1938 年的一部早期著作《圣帕拉马斯的生平与教诲》（*La vie et l'enseignement de S. Grégoire Palamas*）论述的正是他。他的做法由下面的思考得到印证："在辩证神学中，我看到的是一个被分隔开来的天主，而在帕拉马斯的神学里，我发现的是一个走向人的天主，他一方面通过动能来传达自己，一方面又在自身的存在内屹立不动"。②

坚定地沿着这一路线，斯塔尼洛埃欲为神学构造一个灵修的根基，将神学与灵修融贯起来。在深化灵修的意义上，他的工作可以看作是对爱的神学探讨，通过爱，现代人能够从焦虑的孤独中解放出来，用克莱门（Olivier Clément）的话说，这是"一种从圣三的奥秘深处涌流的创造之爱"。③ 圣三的团体（koinonia）是造物主与受造物，人与人存在共融（Communion）的根据。莱曼（Karl Lehmann）据此认为，这是一种"爱的神学"，类似于西方的"希望神学"。④

这种思路的一个直接后果就是，在斯塔尼洛埃看来，经验并不落后于实践。人们由此认为，斯塔尼洛埃是一个全面的神学家，一个"神学家－司祭"。⑤ 西斯布埃（B. Sesboüé）在他的一本研究拉内的书的导言中指出，伟大的神学家拉内对天主有深切的体验，他因此总能用信仰的语言来触及当世。⑥ 斯塔尼洛埃也是这样，为了理解天主与人的本体性共融，即神化（théosis），他自己也投身到这一进程中了。

东正教人类学依照的神学侧重于某些特殊的见解，这些见解在人的得救

---

① 参见 D. Popescu，Impactul operei Parintelui Staniloae Asupra Teologiei si Culturii Contemporane（《斯塔尼洛埃神父对当代神学和文化的影响》）（2000），in *Glasul Bisericii* 56，n. 9 – 12，p.65。

② 参见 M. Bielawski，*parintele Dumitru Staniloae. O viziune Filocalica Despre Lume*（《斯塔尼洛埃神父：一种世界观》）(Sibiu: Deisis，1998)，p.41。然而这并不等于说他抛弃了西方文化，相反，他对西方的成就，特别是在神学和哲学方面的成就持开放的态度。浏览一下他的《东正教教义神学》便知，他对在书中引述的西方神学家和哲学家十分欣赏。

③ O. Clément:《序言》，See D. *Stanisloaë, Le génie de L'Orthodoxie, Coll.Théophanis (Paris: Desclée, 1985)*, p.12。

④ 参见 K. Lehmann，Despre Raportul Dintre Teologie si Spiritualitate. O Prima Privire Asupra Operei Teologice a Lui Dumitru Staniloae（《论神学与灵修的关系：斯塔尼洛埃神学初探》），in *Teologie si viata* 79（2004），n. 1 – 6，pp. 34 - 40。

⑤ I. Bria，Metoda teologica a parintelui Staniloae（《斯塔尼洛埃神父的神学方法》），in *Ortodoxia* 55（2003），n. 3 – 4, p.47.

⑥ B. Sesboüé，*Karl Rahner*（《卡尔·拉内》），神学家基本丛书 (Paris: Cerf，2001)，p.7.

中被认为是至关要紧的。其中之一涉及了神显，亦即，超越的天主临在于造物、人、基督、教会的奥秘内，[①] 由此演绎出一种具有圣事性和圣像特征的基本观念来。要想理解这点，必须注意它追求的最终目标是人与天主的共融，即人的神化。东正教新教父学派的神学的独特之处就在这里，它试图让人懂得，全部的拯救史都以人与天主在位格上的共融为目标。

就斯塔尼洛埃的人类学而言，我们可以说，它的依据是一些前后一致的让人耳目一新的关键观念。人格以及共融的概念始终是他人类学的关键观念，斯塔尼洛埃很好地澄清了这两个概念及其关系。在下面，我们将就几个关键的观念作些辨析，希望有助于弄清斯塔尼洛埃的神学立场，并明白为什么他的人类学是一种共融的人类学。

二、一些解读的关键

（一）宇宙论的关键：人作为共融的“实验室”

依东正教神学的看法，广义的世界具有一种伟大的灵性意义，它是天主的恩赐，受命作为受造物与天主形成广泛共融的空间。

在世界奥秘的深处，人处于一个中心的位置，被视为造物与天主之间的联系环节。[②] 在他的《东正教教义神学》中，斯塔尼洛埃一上来就着意阐述涉及人格的世界创造，[③] 这并非偶然。被巴尔塔萨（Hans Urs von Balthasar）视为“自然秩序最深奥秘”的人，[④] 乃是斯塔尼洛埃有关创造理论的核心。此外，末世论也在他的思想中留下了深刻的影响。所以，每一开端都须放到它的终点来理解。关键论点也因此出现在有关创世的最初论述上：天主的计划，或者说天主对世界的圣意是“受造物的神化”，[⑤] 接着出现了罪，救赎也因此而来。

---

① 参见 B. Sesboüé，*Pour une théologie oecuménique*（《走向一种普世神学》）(Paris: Cerf, 1990), p. 51.

② D. Staniloae，*Teologia Dogmatica Ortodoxa,* III, 2nd ed. (Bucuresti: IBMBOR, 1996), p.10.

③ 参见 A. Louth,“The Orthodox Dogmatic Theology of Dumitru Stanisloaë”（《斯塔尼洛埃的东正教教义神学》）, in Lucian Turcesu ed., *Dumitru Stanisloaë ：Tradition and Modernity in Theology*（《斯塔尼洛埃：神学中的传统与现代性》）, The center for Romanian Studies，Lasi；Oxford；Palm Beach；Porland，2002，p. 61。

④ Hans Urs von Balthasar，*Qui est l'Eglise?*（《教会是谁？》）(Paris: Parole et Silence, 2000)，pp. 101 – 102.

⑤ D. Stanisloaë，*Teologia Dogmatica Ortodoxa*, I, 2nd ed（Bucuresti: IBMBOR, 1996），p.223. 斯塔尼洛埃拒绝接受被人称为布尔特曼学派的东西，该学派“将人的得救与自然分开”。值得注意的是，奥古斯丁关于个人预定的理论并不见于东方教会的思想。在东方教会看来，被“预定”神化的是全体人类。

按斯塔尼洛埃的观点，人须到宇宙自然中理解自己，这种互相依存的关系决定了自然的实现需要人的参与。人是言语者（logikos），是理性和世界统一的意识高峰，与此同时，人由于他的理性以及他向往与天主的共融而超越了他受造本性的局限。斯塔尼洛埃认为，如果宇宙表现出它的合理性，那么作为天主肖像的人必定具有一种理性的能力，能以意识的方式认识宇宙与自身本性的理性特征，能对自身产生意识。在这点上，宣信者马克西姆（Maxime le Confesseur）曾有过许多思考。

斯塔尼洛埃由此认为，说人是小宇宙，不如说人是大宇宙更好些，“因为人受命去承担整个宇宙，他认识宇宙却又不迷失其中，人超越了宇宙”。①在同样的意义上，卢巴克神父也说：“在人内有某种东西，某种无限的能力，这种能力根本不关涉到全部性质和目标都刻写在宇宙内的存在物”。②对于斯塔尼洛埃来说，世界为人而造，人却不是为世界而造，所以世界的受造为的是它的人化，并非人与自然的同化：“人受命成为一个更大的世界，更准确地说就是大－人（macro - anthropos），它恰当地指出了这样的一个事实：世界上的一切都受命走向人，即完全地接受人的印记，成为泛义上的人（pan - humain），并将这一存在于自身内的需要变成现实”。③

此外，值得注意的还有马克西姆的另一个重要形象，它也深深地影响了斯塔尼洛埃的思想。马克西姆曾将人理解为一个实验室（ergasterion），人将所有的一切都联系起来，他通过自身的某种自然能力把所有最远的事物都统一起来，并以这样的方式将万物带向天主。④

作为“实验室”，人负有改变、充实造物和自身的使命。运用自身的灵性力量，并与他人共同一致地，人可以扩展、完善、发现和深化人与事物的天

---

① D. Stanisloaë，*Teologia Dogmatica Ortodoxa*，III，2nd ed（Bucuresti：IBMBOR，1996），p. 33.

② H. de Lubac，*Le mystère du surnaturel*（《超自然的奥秘》）(Paris: Aubier, 1965)，pp. 144 – 145.

③ D. Stanisloaë，*Teologia Dogmatica Ortodoxa*，III，2nd ed（Bucuresti：IBMBOR，1996），pp. 33 – 34. 斯塔尼洛埃在注释马克西姆的 *Ambigua* 一书时写道：“人是住在称做‘小宇宙’的世界内的‘大宇宙’，而非像我们常说的那样：是住在大宇宙内的大宇宙。之所以如此，是因为人能够运用思想来把握感性的世界，他的联系因此是‘一个伟大的王国’。”达马西（Jean Damascène）也曾说过，人按天主肖像造成，他将万物统一于自身内：“因为万物都统一于天主和人内（《论基督的两个意志》[*sur les deux volontés en Christ*]，PG 95, 168）。人比世界更伟大，因为他能够理解和支配世界……”参马克西姆，*Ambigua*，J. –C. Larchet 序，E. Ponsoye 前言，注并译，P. D. Stanisloaë 述评 (Paris: Ancre, 1994)，p. 403，note 71。

④ Maxime，*Ambigua*，J. –C. Larchet 序，E. Ponsoye 前言，注并译，P. D. Stanisloaë 述评（Paris: Ancre, 1994），p. 143.

赋和意义。事物及人是世界走向天主和走向他人的桥梁。我们越是在人和事物内发现这些天赋和新的意义，或者，他们越是受到天主非受造性动能的改变，这一点就越发明显。①

有了这一有关创造的积极的人类学观点，斯塔尼洛埃于是认识到，人拥有作为天主与受造物中介的尊严，他因此受命成为万物的司祭，② 因为人是“逻各斯联合万物之圣事的形象和主要方式”。③

（二）人的悖论：具有神学结构和纲领的生物性存在

人造自尘土，他源自先他存在的物质，并在造世的第六天接受了直接来自天主的气息，于是，一方面，人离不开物质世界，另一方面依存于天主的生命气息。④ 物质世界因此也获得了一种依据于天主肖像的形式和结构，也就是说，伴随着人的出现，受造的物质即尘土就被以神学的方式组织起来，就像希腊神学家内拉斯（Nellas）所说的那样。⑤

在这种意义上，斯塔尼洛埃认为，让人成为“生命存在”的“生命的气息”（创 2：6），它不单给人一个生物性生命，因为即使没有接受天主气息的动物也有这种生命，更给人一种理性的和共融的生命。人的精神生命由此而生。“天主通过向人吹气，开始跟人说话……，在一个生物的机体内，天主从无中造了一个对话伙伴。天主的灵气造出了人的本体灵气，一个内在于生物机体的灵性之魂，他与天主，与他人进行有意识的对话”。⑥ 按斯塔尼洛埃的逻辑，这种始于创世的对话以进入永恒为目标。

对斯塔尼洛埃而言，有一点永远值得注意，那就是他解释东方教会信念的方式，按照这种信念，即使在堕落后，人依然持有某种恩典，依然拥有某种对共融的向往。对于教父的这一观念，斯塔尼洛埃将它放在共融的观念内

① D. Stanisloaë，“Dinamica creatiei in Biserica”（《教会内的创造动力》），in *Ortodoxia* 29（1977）, n. 3 – 4，p. 285.

② “整个宇宙被召成圣，但须通过由灵魂和身体构成的人实现。”参见 Maxime，*Ambigua*，J. –C. Larchet 序，E. Ponsoye 前言，注并译，P. D. Stanisloaë 述评 , p. 293。

③ D. Stanisloaë，*Teologia Dogmatica Ortodoxa*, III, 2nd ed (Bucuresti: IBMBOR, 1996)，p. 9.

④ Daniel de Roumanie，*Teologie si spiritualitate*（《神学与灵修》）（Bucuresti: Basilica, 2010），p. 127.

⑤ P. Nellas，“Théologie de l’ image. Essai d’ anthropologie orthodoxe”（《肖像的神学：论东正教的人类学》），in *Contacts* 25（1973）, p. 266.

⑥ D. Stanisloaë, *Teologia Dogmatica Ortodoxa*, 2nd ed（Bucuresti: IBMBOR, 1996）, pp. 392 – 393. 作为天主的恩赐，人内的天主肖像正是共融的“能力”以及对这一共融的“向往”。

来理解和阐述。他因此强调肖像的“双重性”。人即使在堕落后仍保持着天主的肖像。天主的肖像在模糊后不能再完全发挥相似的作用。而且当肖像发挥作用时也可能出错，到有限的事物中寻找无限。

斯塔尼洛埃的这一观点参照了布隆代尔的哲学。① 法国哲学家布隆代尔在论及人的行动时指出，渴望绝对的人不可能满足于偶然的事物。人的不断超越必以神圣者为目标：在特定目标的指引下，人努力寻找的是他渴望的无限存在。② 人“利用有欠缺的东西来达到满足，但这样他永远欠缺着自己。可以利用的东西对他来说无穷无尽。人的不幸不是使时间从属于永恒，而是让永恒从属于时间”。③

斯塔尼洛埃在展开这些观念时认为，人的激情“永远执着于有限的现实”，由此也证实了人心内拥有一种“无限的能力”。按天主肖像造成的人以绝对为目标，而这绝对是一位格。确切地说，在寻找绝对的过程中，人寻找的是无限和永恒的人际关系。他无法满足于与有限现实的关系内。“我们的心智渴望与拥有无限关系的位格共融……，我们的心灵视为生命最高实在的，正是这种共融”。④

在此意义上可以说，天主的肖像包含着一种有关人格的动力概念：旅途之人（Homo viator）一直行走在与他的创造者完全共融的路上。⑤ 因为只有“个人与绝对生命的位格根源实现永恒的共融后，人才能获得他的意义，同时使人与人之间达成永恒的和完美的共融”。⑥

（三）基督论关键：人作为肖像的肖像

按圣经启示，万物的根据在于“生命的逻各斯”（若一，1：1—2），在于“天主肖像”（格后 4：3—4），或者说“不可见天主的肖像”（哥 1：15），他是天主光荣的反映，是天主位格的标记（希 1：3）。万物在他内受造……通过

---

① 该观点曾见于马克西姆和卡帕西拉斯（Nicolas Cabasilas）的教父作品内。

② 参见 M. Blondel，*L'Action*（《行动》），II (Paris: PUF，1963), p. 539。或许值得一提的是：“包括 J. Daniélou，H. de Lubac，G. Fassard，Teilhard de Chardin，H. Urs von Balthasar，Y. de Montcheuil 的富尔维埃学派都受到了布隆代尔哲学的影响。参见 B. Sesboué，“Le surnaturel chez Henri de Lubac ”（《卢巴克论超自然》），in *RSR* 80（1992）, p. 386, note18。

③ M. Blondel, *L'Action*, II(Paris: PUF, 1963), p.545.

④ D. Stanisloaë，*Teologia Dogmatica Ortodoxa*，I, 2nd ed（Bucuresti: IBMBOR, 1996）, p.270.

⑤ 参见 K. Ware，*L'île au-delà du monde*（《世外之岛》），coll. Sel de la Terre (Paris: Cerf, 2005), p. 20。

⑥ D. Stanisloaë，*Le génie de l'Orthodoxie*, Coll. Théophanie (Paris: Desclée，1985), p. 40.

他并为他受造……并在他内获得保存（哥 1：15—17）。换言之，受造物的存在理由是一位格，这位格思考它、创造它、维持它并使它走向一个它认识的目标。①

生命的逻各斯同时也是神圣生命与人类生命发生最深合一的场所。受造物与非受造者合一的悖论如今表现为一种极端的方式：造物主成了受造物，天主成为人，“无限成了有限，于是，认识终极事实的无限视野摆在人的面前”。② 由逻各斯接受的人性成了万民和万物在天主内合一和神化的途径，③ 在人性达到最终实现的耶稣之人内，“宇宙显出了它的完满意义和目标，它在天主内变得明朗”。④

就这样，基督亲自成了人的永恒和永远运动的根基，从而落实了人格的秘密。⑤ 下降到受造界，取了受造物的形式，天主将所有他赋予世界的价值都显示了出来：“基督从中取得面貌的人成了基督的面貌，成了基督的寓所，甚至反映着基督，成了一个基督”。⑥ 论及这种基督形式的意义，克莱门有理由认为，基督信仰是一种关于面貌的宗教。⑦

斯塔尼洛埃在一种圣三语境上建立了自己的基督论人类学。这种人类学理论树立了一种以完善之人即基督为中心的人的形象，我们在基督内都是天主父的子女。⑧ 斯塔尼洛埃继承了教父有关作为肖像之基督与在肖像内的人的区别：人是圣言的“肖像”，因此在天主父的“肖像”内。“以圣子为榜样”（罗 8：29），人的存在因此，用莫尔特曼（Jürgen Moltmann）的话说，纳入“开放的圣三”内，⑨ 因为通过道成肉身，基督使我们实现了“与天主在他的最高形式上的共融”。对斯塔尼洛埃这意味着，人关联到了圣三的共融，他被要

① 参见 D. Daniel de Roumanie，*La joie de la fidélité*（《忠信的喜悦》）(Paris: Cerf, 2009)，p. 57。

② D. Stanisloaë, *Teologia Dogmatica Ortodoxa*, III, 2nd ed（Bucuresti: IBMBOR, 1996），p. 12.

③ D. Stanisloaë, “Creatia ca dar si Tainele Bisericii”（《作为恩赐和教会圣事的创造》），in *Ortodoxia* 28（1976），1, p. 12.

④ D. Stanisloaë, *Teologia Dogmatica Ortodoxa*, II, 2nd ed（Bucuresti: IBMBOR, 1996），p. 23.

⑤ D. Stanisloaë, “Omul si Dumnezeu”（《人与天主》），in *Studii de teologie dogmatica ortodoxa*（《东正教教义神学研究》）(Craivoa: 1991), pp. 286 – 294.

⑥ D. Stanisloaë, *Dieu est amour*（《天主是爱》），coll. Perspective orthodoxe 1 (Genève: Labor et Fides, 1980)，p. 43.

⑦ O. Clément, “Un sens à la vie”（《生命的意义》），in *Contacts* 189（2000），p. 63.

⑧ 与 20 世纪的大多数神学家比较，斯塔尼洛埃在方法上大异其趣。在《东正教教义神学》一书中，他以作为人类学形式的圣三开始，然后再论述作为“圣言肖像”的人。

⑨ J. Moltmann, *Dieu dans la création*（《创造中的天主》），coll. Cogitatio Fidei 146 (Paris: Cerf), p. 309.

求在人类计划中去实现一种“效法”圣三共融的共融生活。①

（四）圣三论的关键：作为共融的人

东正教神学认为，天主的一致性立足于神圣的团体，即神圣位格的共融内。天主并非一单独的个体，他是社会性的，用斯塔尼洛埃的话说，天主是互相区别着的位格的完美一致性的奥秘。②这是最高之爱的结构，③是互相的爱和分享，而非自爱。④一个单一位格的天主“在自身内不会有爱或愿意我们加入其中的永恒共融”。⑤

这种圣三社会论导致神学家们将人的存在视为共融的存在。若人是按圣三的肖像造的，那么理解人的位格的正当方法便是圣三神学。三位一体的天主按自身的形象创造了一种具有对话特征的存在。⑥斯塔尼洛埃认为，我们应将圣三看作是人的最终根基和永恒目标，他藉着共融存在和生活于人格之间。⑦在斯塔尼洛埃那里，人际间的共融才是关键，那是“对圣三共融的表达和参与”。⑧

运用与巴特类似的方式，⑨斯塔尼洛埃解释说，肖像的团体特征同样也由人被创造为夫妇体现出来。但斯塔尼洛埃超越巴特的看法，认为反映这种肖像的不仅有男女两性的差异和结合，还有各种人的团体生活。位格与共融，这就是肖像的意义。在这点上值得一提的是，莫尔特曼在引述斯塔尼洛埃时指出，运用在人类学上的圣三团体观念不但能克服自恋式孤独，同时也抛弃了夫妇的自私自利。⑩

就此而言，人在他的本质上是一种向他人开放的存在，而个人主义则是堕落的后果。在推进巴特有关人格存在是真实的面对面的创见时，⑪斯塔尼洛

① D. Stanisloaë, *Teologia Dogmatica Ortodoxa*, I, 2nd ed (Bucuresti: IBMBOR, 1996), p. 279.

② D. Stanisloaë, *Teologia Dogmatica Ortodoxa*, I, 2nd ed (Bucuresti: IBMBOR, 1996), p. 195.

③ D. Stanisloaë, *Teologia Dogmatica Ortodoxa*, I, 2nd ed (Bucuresti: IBMBOR, 1996), p. 195.

④ K. Ware, *L'île au-delà du monde*, coll. Sel de la Terre (Paris: Cerf, 2005), p. 43.

⑤ D. Stanisloaë, *Teologia Dogmatica Ortodoxa*, I, 2nd ed（Bucuresti: IBMBOR, 1996）, p. 198.

⑥ D. Stanisloaë, “Creatia ca dar si Tainele Bisericii”, in *Ortodoxia* 28（1976）, 1, p. 202.

⑦ D. Stanisloaë, “Creatia ca dar si Tainele Bisericii”, in *Ortodoxia* 28（1976）, 1, p. 232.

⑧ D. Stanisloaë, *Teologia Dogmatica Ortodoxa*, I, 2nd ed（Bucuresti: IBMBOR, 1996）, p. 275.

⑨ K. Barth,《教义学》3, 1, G, L, 1960, 第 211 页以下。

⑩ J. Moltmann,*Dieu dans la creation*, coll. Cogitatio Fidei 146（Paris：Cerf）, p.287.

⑪ 参见 K. Barth,《教义学》3, 1,G. L,1960, 第 196—197 页。受造物在人外“根本无法构成一个天主可以用‘我’来对话的‘你’，受造物与这种关系无关。然而，按创世纪的最早叙述，人从一开始就存在于这种关系内”。

埃将人的位格理解为“处于生命最高状态的现实，因为他意识到自身的存在，意识到人与物的存在。人于是作为我、作为你、作为他、作为朝向另一个意识的意识而在……，你和他意味一种涉及我的回应……，若我不把你或他当回事，我也就弱化我的存在……，在一个习惯于没有你的我内，一种极端丧失存在的地狱或许就在那了”。①

按斯塔尼洛埃的看法，对于共融生活至关要紧的就是为他人献身。人为他人存在，服事他人，以此丰富自己。这种在人与人之间不断地进行的对话性交流，它事实上是一种互相充实的典范。斯塔尼洛埃为此数次引用了加利斯特（Caliste，十四世纪）宗主教的话“我爱，所以我存在”，它超越了笛卡尔个人主义的逻辑，表明了爱是共融的力量。

（五）教会论关键：教会作为人在天主内的共融

斯塔尼洛埃认为，教会是一种“透入到圣三之爱的无限关系中的爱的共融”。② 教会活在这种爱和生命的“圣三位格的海洋”内。基督给我们留下一段合一的圣经祈祷，这种合一以圣三团体为榜样：“愿众人都合而为一！父啊！愿他们在我们内合而为一，就如你在我内，我在你内……，为叫他们合而为一，就如我们原为一体一样”（若 17：21—23）。瓦尔（K. Ware）在解释这句话时认为，这个圣三的“如”对我们的得救至关要紧：“我们人类是天主的肖像，在尘世被召唤走向天主，将天上圣父、圣子和圣神的永恒互爱体现在人间”。③

人的存在系于天主。斯塔尼洛埃认为，人若与另一个没有任何的共融，他就是一个垂死的人，若这种共融不根植于作为无限位格或神圣位格的无限合一的天主内，人与人之间的共融就会丧失掉。

位格按它的定义因此是一共融主体。此主体应与他人共融，从他人那里接受共融。“若不在共融内，位格就无法在理智和伦理的意义上实现自己”。④ 天主的完满合一存在于圣三的位格内，天主具体地存在于圣三的位格内，与此同样地，人的存在深度也在位格之间的完满共融内。⑤

---

① D. Stanisloaë,“Creatia ca dar si Tainele Bisericii”, in *Ortodoxia* 28（1976）, 1, p. 225.

② D. Stanisloaë, *Teologia Dogmatica Ortodoxa*, II, 2nd ed (Bucuresti: IBMBOR, 1996), p. 146.

③ K. Ware, *L'île au-delà du monde*, coll. Sel de la Terre (Paris: Cerf, 2005), p.51.

④ D. Stanisloaë, “Temeiurile teologice ale ierarhiei si sinodalitatii”（《教阶的神学基础与主教制》）, in *Studii Teologice* 27（1970）, 3 – 4, p. 166.

⑤ D. Stanisloaë,“Creatia ca dar si Tainele Bisericii”, in *Ortodoxia* 28（1976）, 1, p. 222.

一个人与另一个人的关系是通向现实和奥秘的唯一途径。“能给人带来生命和欢乐的，只有人在另一个人内的深沉的爱。然而，如果没有圣神在天主内，在自我启示的位格天主的奥秘内将另一个人带到我们眼前，我们不可能将另一个人视为不可探测的深度和不受限制的生命之源。那个不竭地流淌着生命和发出光明的位格，就是基督”。[①] 一种完满的和无限的共融，只有发生在与基督位格的关系中，“只有在耶稣基督内，我们才找到在人与人之间促进不懈共融的圣神，找到教会”。[②]

三、结论

在斯塔尼洛埃看来，世界的奥秘和人的奥秘就是超越者在人间的积极临在。世界因此被认为是天主的恩赐，是天主爱的圣事，是天主和他的造物进行伟大对话的地方。世界的最高意义和终极目标正在于此。天主创造的世界是爱的共融的圣事，为此，人或者在所有的恩赐中发现恩赐者的在场，或者在万物中听到造物主的召唤。居于这个理由，面对那个为了比恩赐本身更重要的爱的共融而施恩的位格，创造在人内激起一种圣体圣事的、感恩的态度。

作为大宇宙和实验室，国王和司祭，人因此受命在天主内集合和圣化创造。克莱门有句话点出了斯塔尼洛埃的思想：一种依据马克西姆形而上学的“对教父有关理性之人的透彻解释”。万物都是受造性的形象，是反映着逻各斯的言语，而人作为受造位格的主体，则是逻各斯的直接形象，逻各斯是世界所有理性之物的非受造的位格主体。理性之人因此受命去掌握万物的理性，通过将自身的理解和爱赋予万物而将之带到逻各斯内。这种掌握是“一种综合的和直接的认识行为，一种心灵的洞察，这种洞察本身激起一种开放的理性，并开拓和丰富对世界的理性认识”。[③] 斯塔尼洛埃神父写道：“所有具有理性结构的事物不过是位际性对话的手段。因此，作为理性对象的世界不过是发生在思想层次或者在最高理性位格与人的理性位格之间，以及人与人之间

---

① D. Stanisloaë, *Prière de Jésus et expérience du Saint-Esprit*（《耶稣的祈祷与体验圣神》）, coll. Théophanie (Paris: Desclée, 1981), p. 103.

② D. Stanisloaë, *Prière de Jésus et expérience du Saint-Esprit*, coll. Théophanie (Paris: Desclée, 1981), p. 104.

③ O. Clément:《序言》, D. Stanisloaë, *Le génie de l'Orthodoxie*, Coll. Théophanie (Paris: Desclée, 1985), pp. 19-20.

仁爱事业上的对话手段”。[①] 若从具体的生活情形来看这点，那么显然地，只要世上的物件、财富、资源不用于共融，那么生命就会变得贫乏或消亡。如果人的理性不再作为共融的“工具”，那么它就不再是“生命的逻各斯”。它为自私自利的拥有筑起了“围墙”，开发摧毁生命的武器。[②]

此外，由于深受时代哲学的影响，斯塔尼洛埃欲同时坚持有关天主肖像的两种看起来有冲突的类比：实质的类比和关系的类比。对于这位罗马尼亚的作者来说，天主肖像表达的当然是一种共融的可能性和愿望，这是一种人的本然品质。然后，天主肖像在人内存在的唯一理由却是使人与造物主的共融成为可能。人作为基督肖像是朝向他人的共融主体。

东方关于自然与恩典存在连续特征的观点促使斯塔尼洛埃认为，人的完全实现就是神化。神化是人之为人的实现。圣洁是人的完满。置于共融的概念内，人的位格须实现于他与造物主，与他人的共融中。东正教建立在共融原则上的增效论坚持认为，天主是有位格的，他爱他的造物，他创造世界是为了在爱内与之进行永恒的对话。

但造物主并非单一位格，他是三位一体的天主。瓦尔在给斯塔尼洛埃的《东正教教义神学》英文版作序时指出，依斯塔尼洛埃的看法，天主的主体关系性是所有人类关系，尤其是教会的模式和意义样板。[③] 这种评价是正确的，因为斯塔尼洛埃神父令人难忘地论述了一种有关人的圣三论观点，即共融的位格观念，这种位格思想足以使 20 世纪的人们从焦虑的孤独中走出来。就此而言，教会不过是人体认复活和与圣三同化的实验室。按三位一体的天主肖像，或者说按生命在共融中的最高奥秘的形象造出来的人，他因此是一共融存在，即真正的位格。让我们再一次看斯塔尼洛埃是怎样说的：“只有到位格的彼此不混而又完满合一的三位一体天主内，位格的特征才完全显示出来。没有共融的位格不是位格”。[④]

译者单位：中国天主教“一会一团”研究室
联系方式：tanlizhu@hotmail.com

---

① D. Stanisloaë, *Teologia Dogmatica Ortodoxa*, I, 2nd ed (Bucuresti: IBMBOR, 1996), p.18.

② 参见 D. Daniel de Roumanie, *La joie de la fidélité*（Paris: Cerf, 2009）, p.63。换言之，这种理性的最终追求是生命的共融。受造物的理性根本上是交流和共融，或者说是生命的理性，是“生命逻各斯”思想的简明表达。

③ K. Ware，“序”, *The Experience of God*（《经验天主》）(Brookline: Holy Cross, 1994), p. XX.

④ D. Stanisloaë, *Le génie de l'Orthodoxie*, Coll. Théophanie (Paris: Desclée, 1985), p.115.

独一理智论*

□费尔南德·凡·斯坦伯根 著 □白 虹 译

Abstract: This article is the second part of *Thomas Aquinas and Radical Aristotelianism* which is a collection of three lectures of Professor Fernand Van Steenberghen in the Catholic University of America. As we know, whether there is only one intellect for all persons is a very important debate in the development of Scholasticism in 13 century. In his lecture, Professor Fernand Van Steenberghen who has just published his new book *Maître Siger de Brabant* illustrated the origin of Monopsychism in the anthropology of Aristotle, and distinguished two sides of the debate according to their different attitudes to Aristotle' s thought; he described the situation of the debate and indicated the necessity of introduction of the view of creation in the debate. Based on the detailed textual analysis of Aquinas against the Averroists—*On There Being Only One Intellect*（*De unitate intellectus*）of St. Thomas Aquinas, he has given an outline of Aquinas' anthropology and emphasized that the debate about the monopsychism with the Latin Averroists is the most important background of Aquinas' anthropology.

译者导言：本文作者为20世纪著名新托马斯主义学者、鲁汶大学教授费·凡·斯坦伯根（Fernand Van Steenberghen，旧译汪斯坦伯根）。1978年他到访位于华盛顿的美国天主教大学接受荣誉博士学位，其间就世界的永恒、独一理智和理性主义等问题作了三个讲座，天主教大学于1980年将这三个讲座的内容集结出版，命名为《托马斯·阿奎那与极端亚里士多德主义》（*Thomas Aquinas and Radical Aristotelianism*）。如所周知，关于独一理智问

* 本文译自 *Fernand Van Steenberghen, Thomas Aquinas And Radical Aristotelianism* (Washington, D. C.: The Ctholic University of America Press, 1980)。原文为第二讲，标题为 *Monopsychism*。本文译成于科隆大学托马斯研究所（Thomas-Institute der Universität zu Köln）。——译者

题的争论是13世纪经院哲学发展过程中的一次极其重要的哲学论争。在关于这一问题的演讲中，长期从事中世纪哲学史研究、并于1977年刚刚出版了新作《布拉邦特的西格尔大师》（*Maître Siger de Brabant*）的斯坦伯根教授不仅通过回顾亚里士多德学说来揭示独一理智问题产生的历史渊源，而且还将继承亚里士多德思想的不同路径作为区分争论双方不同立场的标志；他不仅依靠文本还原了争论的面貌，更通过冷静分析，对争论的后果进行了评说。在讨论阿奎那观点的时候，斯坦伯根不仅精要地介绍了阿奎那人学思想的基本内容，并且指明，与拉丁阿维洛伊主义者就独一理智问题的争论是阿奎那人学思想产生的重要背景；在探讨这场争论的后果的时候，他又指明了引入创造论的必要性问题。该文可以为我们研读阿奎那重要人学著作《论独一理智》，进而领悟阿奎那人学思想精髓提供必要的帮助。

由极端亚里士多德主义者所发明的，而被托马斯·阿奎那不断反驳的第二个有问题的观点就是独一理智论（Monopsychism）。你们当然十分熟悉这一公案。根据独一理智论，所有人类成员共有一个非物质的灵魂，也就共有一个理智。这个集体所有的灵魂也就成了思想的真正的主体。当一个个别的人认为是他自己在思考的时候，事实上，是这个对于全人类来说唯一的灵魂在他之内，为了抽象出观点而借助于他大脑所形成的心像（phantasmata）来思考。

这个理论首先被12世纪居住在西班牙科多巴的阿拉伯哲学家阿维洛伊所创立。随后，在13世纪，在巴黎大学文艺学院的某些教授那里，到了14世纪初，又在坚顿的约翰（John of Jandun）和他的巴黎学派那里得到复苏。最后，同样的理论被博洛尼亚和帕多瓦的意大利阿维洛伊主义者们教授了几个世纪。独一理智论成为了一个典型的阿维洛伊主义理论，由于那些极端亚里士多德主义者在这一问题上采取同样的立场，因此他们又被称为“阿维洛伊主义者”。

乍看起来，这个如此奇怪，如此相反于心理学经验，同样也相反于基督宗教基本教义的理论竟然能够被一些基督宗教大师深信不疑地教授了数个世纪，这确实让人难以理解。我们将看到，这既是出于这些大师对亚里士多德异乎寻常的尊敬，同时也是出于对形上学价值同样异乎寻常的尊敬，即使这样做似乎就跑到了经验材料的反面，他们也在所不惜。

我们的课程也将包括三个部分，首先，介绍独一理智论的起源和性质，这部分的说明将列举一个具体的例证，即布拉邦特的西格尔的《〈论灵魂〉卷三问题集》（*Quaestiones in tertium de anima*［Ouestions on BK III of the De anima］）。然后我将介绍托马斯对这个奇怪的问题的回应，特别是集中分析他的《论独一理智》。最后，我将对这个论战进行批判性的反省。

一

在亚里士多德的哲学里能够发现独一理智论的历史源头。斯塔利亚人不知道创造的学说。其结果就是亚里士多德将宇宙看作是一个永恒的等级秩序，其中必定包含着两个次级的世界，它们在本性上根本相反，一个高级的或者天的世界，一个低级的或者地的世界。高天界由永恒的实体组成，每一个实体构成一个单独的种相。在这个高天界里，一方面，有透明的天上的球体，它们围绕着地，它们中的每一个都带有一个或者多个天体，也就是行星或者恒星；另一方面，还有一些非物质的球体的推动者，在这些推动者中间最高级的是第一推动者，或者绝对不动的推动者，它用引力或者作为爱的对象，也就是作为所有宇宙运动的原因推动整个宇宙。与之相反，低级的或者地的世界由作为生长和坏灭之主体的实体所组成。当种相本身是永恒的时候，它所包含的个体在时间中一个接一个地延续。为了保证种相的永恒，其中的个体能够借助于原初质料，亦即个体化的原则，以及种相之完美单纯在数量上增殖的原则，得到再生或者复制。在这个地界，只有原初质料是永恒和自存的。

在这个宇宙中，对于亚里士多德来讲，人的本性的问题上升到了难以解决的程度。斯塔利亚人把思考当成人的一种活动，而理智（nous）是灵魂的一部分，也就是说，是人的生命原则的一部分。更何况，理智是人的种差，因为人被定义为一个“理性动物”。在《尼格马可伦理学》（*Nicomachean Ethics*）中，理智的沉思被描述为人的最终的成全。但是同时，哲学家又强调思想和作为其原则的理智的非物质性。是非物质的，理智就不能由质料的实体性变化而生长出来。事实上，在他的论文《论动物的生长》中一个著名的段落里，亚里士多德指出，人的理智“无从所出”（字面意义：穿门而过）。人们如何能够使得这一切协调起来呢？很清楚，人属于可坏灭的有形的实体的范畴，属于“动物”属相。因此他是由质料和形式复合而成的，他和动物一样被生出，然后要经历死亡。但是这个非物质的，不依赖于器官的理智似乎属于另外一个世界，一个由永恒的、单纯的、每一个在种相中都是唯一的、非物质的实体所组成的世界。这样一个理智是如何与个体的人的存在结合在一起的呢？这个理智是什么时候来的呢？它是如何构成人之种相的成全的呢？在个体的人死亡时它又变成了什么呢？每一个个体的人是否都拥有他自己的理智？如果是，这个非物质的实体是如何在同一个种相内被复制的呢？这些问题不可能在亚里士多德形上学的框架里得到解释。在多大程度上，他意识到了这些问题？我们说不上来，但是有一点是肯定的，那就是他有智慧使得他自己绕开了这些问题，而不是使自己陷入到违背经验的假设之中。这既证明了他的常识，也表现出他的天才。[①]

但是他的审慎却引起了他的门徒长达几个世纪的论战，首先是在希腊人中间，然后是在阿拉伯和犹太思想家那里，最后是在基督宗教世界里。时间不允许我们在这里回顾这些论战漫长的历史，以及那些试图揭开亚里士多德《论灵魂》（*De anima*）之谜的种种讨论。我将限定我自己只做一种考察，一方面是因为这种考察十分重要，同时也是因为在那些研究这些论战的史家那里我还没有发现这样的考察。亚里士多德的门徒们受到新柏拉图主义的影响有多深，他们脱离亚里士多德心理学困境的程度就有多深，这是因为他们放弃了亚里士多德形上学严格的框架体系。这个事实在阿维森纳那里尤其显著。由于他的发出理论使得他毫无困难地说出，众多的非物质的灵魂是从第十个理智实体所发出并且将它们自己与出生在较低级的此世的身体结合在一起。但是稍后，阿维洛伊非常严厉地反击了阿维森纳方面的这种“背离”，并且回归到更加正统的亚里士多德主义。然而很快，《论灵魂》的众多自相矛盾之处就显现出来了。

事实上，只有两条可能的道路避开亚里士多德的心理学所陷入的僵局。一条道路是保留亚里士多德形上学的框架体系，从而接受独一理智论。这就是阿维洛伊所遵循的道路。还有一条道路就是从《论灵魂》和《伦理学》的心理学分析入手，借助于创造论因果关系的理论来弥补斯塔利亚人形上学的缺陷。这就是阿奎那所选择的道路。

让我们首先考察一下阿维洛伊的解答。他的基本的论点是单纯的和非常

① 参见费·凡·斯坦伯根：《亚里士多德在西方》（*Aristotle in the West*），2nd ed.(Louvain,1970)，第 10—15 页。

合乎逻辑的。他坚持，亚里士多德已经证明了理智是一种不依赖于器官的活动，并且在本性上是非物质的。所以，理智活动的原则，或者理智灵魂就是一个非物质的实体。但是，根据亚里士多德的观点，一个非物质的实体就是永恒的，不会生成变化的，不坏灭的，并且在其种相中是独一无二的。所以，理智灵魂也就是一个永恒的实体，并且所有人类共有一个。

一旦这个论点建立起来了（一个巴黎西格尔学派的大师正确地把这种论点称为基本诠释［Fundamentum Commentatoris］），阿维洛伊就必须要解释，作为这个脱离质料的，唯一的实体的理智的活动如何能够以某种方式变成个体的人的活动。任何人都必须考虑到这样一个事实，毕竟我们至少具有从事思考的这种印象。阿维洛伊必须要解释，他自己何以能够写出学术著作并在其中讨论那些与他自己立场不同的哲学家的观点。独一的理智显然是以不同的方式在不同的个体中思考的。阿维洛伊坚持不懈地试图解释所有这些事实。他的中心论点是这样的：独一的理智在本性上被命令朝向个体的人。通过运用在他们大脑中形成的心像抽象出观点，并且运用这些观点在他们中思考，从而使自己在他们的大脑中与他们结合。正是以这样的途径，独一的理智的活动以不同的方式发生于不同的个体之中，每一个个体都会产生他正在思考的印象，而实际上是属于整个种相的理智在他之中利用他的心像在思考。

在 1260 年到 1270 年的十年间，巴黎大学文学院的一些大师们臣服于阿维洛伊主义对《论灵魂》的诠释。对他们而言似乎只有这样才是正确地对待亚里士多德主义伟大形上学原则，特别是其基本原则的唯一途径。这个基本原则就是：非物质的实体在种相中只有一个，它与质料脱离，并且是永恒的。这正是相关于人的理智灵魂的情形。

这种态度最为显著的特点就是它的辩护者对那些他们以为难以名状的形上学价值的异乎寻常的依赖。这与在今天，尤其是在美国非常普遍的经验主义者的思想正好相反。正如我已经指出的，正是由于这种对于形上学价值的尊重，加上对于亚里士多德权威始终不渝的忠实，才使得阿维洛伊学派一直生存到 17 世纪早期。

但是还是让我们回到巴黎大学文学院的第一个“阿维洛伊主义者”。对于这个学派早于 1270 年以前的初始阶段我们还知之甚少。至于独一理智论，到目前为止，我们所有的关于这一异端理论的唯一直接资料就是布拉邦特的西格尔（Siger of Brabant）的《〈论灵魂〉卷三问题集》。这部著作，我们已经引用了其中关于世界永恒的部分[①]，全本出版于 1972 年。我们所拥有的这本著作，并不是西格尔自己编写的，而是对大师讲授的课程的一个记录，也就是说，是一个听课者在上他的课的时候的笔记。有充分的证据显示课程是在 1269 年讲授的。

在这里西格尔所呈现的立场与阿维洛伊的立场完全一致。整个人类只有一个能动理智和一个可能（也就是接受）理智。这两个理智并不是在它们的实体上，而只是在它们的活动上与个体的人组合在一起。当我们意识到是我们自己在思考的时候，实际上是可能理智借助于我们大脑所形成的心像在我们中思考。让我们追寻我们的哲人在这个阿维洛伊主义教义上的发展。

西格尔的《问题集》是一个短小的、结构良好的论文，由四个部分组成，分别论述理智和灵魂其他部分的区别，理智本身的本性，理智与人的身体的关系，以及理智运作的能力。

在第一部分作者只考察了一个问题。理智的原则与营养的和感觉的原则是置根于同一个实体吗？[②] 乍看起来，这样的措辞正是在打消疑虑，因为在前面几行里，理智两次被提到都是作为灵魂的“部分”，而在灵魂中与“灵魂的其他部分”组合在一起。于是人们就形成了这样的印象，对于西格尔来说，理智确实是属于个体的人的灵魂的。但是我们马上就会看到这种值得赞许的印象并没有建立在良好的基础上。

由于，在 13 世纪头五十年里发展出了两个分歧的立场，所考察的问题使得经院学者产生了持续多年的分裂。这些分歧的立场可以概括地描述为哲学家的视角和神学家的视角。哲学家通常允许人至少拥有“两个灵魂”——一个感觉－营养的灵魂，“来自于质料的潜在”以及自然生产过程的完成，还有一个非物质的理智灵魂，是由天主在受精或者胚胎形成时直接创造的。另一方面，神学家通常只承认“一个灵魂”的存在，这个灵魂因为其所具有的三种运作的能力而成为人的所有活动的原则。

大阿尔伯特首先在他的《论创造大全》（*Summa de creaturis*，约成书于 1240—1245）里为神学家的立场作出辩护。但是他在其可以肯定是写作于 1260 年之后的著作《论灵魂起源的本性》（*De natura et origine animae*）中呈

---

① 指作者在第一个讲座中的引用。——译者

② “Utrum intellectivum radicatur in eadem animae substantia cum vegetative et sensitive” (Bazán ed., p.1).

现了一个新的立场。被天主创造的理智灵魂，与日益增长形成于胚胎中的营养–感觉灵魂相结合。理智灵魂与后者（营养–感觉灵魂）组合而成一个单独的复合实体，这个复合实体具有部分内在的和部分外在的起源（partim ab intrinseco et partim ab extrinseco）。同样的立场呈现于匿名著作《灵魂问题》之中，这本著作由 J. 凡耐布兹出版，他认定该作写成于 1260 年前后。①

这个简短的历史回顾是为了阐明西格尔在他论文第一部分中的立场。在将人的灵魂呈现为“复合”灵魂的过程中，他坚持了“哲学家的”传统。人们可能会相信他在为一个完全传统的立场辩护。但是让我们更加近距离地来考察这一点。

在拒绝了神学家的立场之后，西格尔表明，无从所出的理智，与营养的和感觉的原则相结合。因为这个结合，“人的灵魂”本身就是组合而成的复合的灵魂。在这里，西格尔似乎承认在人的灵魂的两个成分之间存在着实体性的结合，这进而暗示了人的实体性形式的二元性：理智灵魂和营养–感觉灵魂。但是这样的解释被论文随后对阿维洛伊主义最为经典模式的表达所排斥。理智是单个的（与质料）相分离的实体。它不能够成为身体的实体形式（问题 7），而只能够通过它的运作的能力来成全（perficit）身体，这种运作与个体的运作的能力，也就是心象相结合。还有，正因为理智是分离的实体，因此它是唯一的和永恒的（问题 9 和问题 2）。因此在论文的第一个问题中，一个真实的实体性的结合是没有问题的。

第二部分就理智本身研究理智的本性。理智是“永恒的”，至少如果人们坚持亚里士多德的观点（我们先前曾经讨论过这些观点）的话。② 所以，理智是“非生长性的”。在亚里士多德的注解者中，只有阿夫罗迪西亚的亚历山大（Alexander of Aphrodisias）持相反的立场。但是我们意识到是在我们之中接受普遍的形式（观念）的。因为一个物质的能力只能抓住物质的对象，也就是个体的事物，那么，理智就是一个非物质的实在，并且是不能生长出来的。

由于不能由生长所出，理智在本性上也就是不朽的。然而，因为它是有限的，因此它本身没有能力永远存在。那它的永恒性就要归于它的原因，这

---

① 关于这个问题的历史请参见 J. M. da Cruz Pontes, “ Le problem de l’ origine de l’ âme de la patristique à la solution thomiste”, *Recherches de théologie ancienne et medieval* 31(1964), pp. 197-227。

② 在第一个讲座中，作者指出西格尔根据阿维洛伊所诠释的亚里士多德确立了人的理智的永恒性，并且分析了这一观点所显现出来的亚里士多德与基督宗教教义（奥古斯丁）之间的对立。——译者

个原因在创造它的时候同时也赋予它永远存在的能力。但是这个能力依赖于神圣意志。

最后，理智并“不是由质料和形式组合而成的”。在一个与精神质料辩护者所进行的长而有趣的争论的结论里，西格尔从理智中排除了所有的质料。它只是由属相和种差组成。

第三部分是关于独一的理智与人的身体的复多性之间的关系的，这部分最为重要，因为西格尔在这里清楚地表明了他阿维洛伊主义立场。理智成全身体并不是通过它的实体，而是通过它的运作能力。它与身体的结合也就只是通过运作的结合，而不是实体性的结合。这个运作的结合由什么组成呢？包括两个部分。作为身体的推动者，理智从本质上（per se）推动整个身体而偶然地（per accidens）推动身体的每一个部分。作为理智活动的原则，理智只同心像（phantasia），以及心像的器官——大脑结合。作为一个分离的实体，对于整个人类种相而言，理智是独一的（unique）。再者，因为理智是不朽的，整个种相被独一的一个理智充分表现，就如同在真正的分离实体那里一样。但是理智的活动因在不同的个体里而变化，因为每一个个体提供给独一理智它自身的大脑心像。

在第四部分，西格尔考察了理智的两种能力及它们的活动。正是在这里，显露出阿维洛伊主义立场无法克服的困境，而西格尔则表现出对此的绝对忠诚。首先，在其活动中，理智是被动的吗？它不是以质料的那种方式而是被动的，它是“接受的”（receptive）。它就其本身相对于它所接受的可理解的表现形式而言是潜在的。但是，如果和所有非物质的实在一样，它是无感的，那它是否能够忍受火呢？这很难说是一个哲学问题，但是西格尔注意到了，因为这个火显而易见代表着地狱之火，一个与其说是相关于哲学，还不如说是相关于神学的事物。虽然如此，我们的哲人考察了这个问题，因为他看到在神学家的解释中存在一些观点没有表现出与哲学理论的和谐。他仍可以通过求助于他的阿维洛伊主义立场直接避免这个问题。全人类所共有的独一的理智灵魂不存在于一个分离灵魂的条件之下，因为，它总是和许多的个体结合，在其中实践它的理智活动。一句话，根据阿维洛伊的观点，生命到来的问题根本就不必提出，而地狱之火的问题根本就是一个假问题。但是在得出这个结论之前，西格尔允许他自己享受对神学家提出的不同观点的批评。

正如我们所说的，理智是接受的，处于潜在之中。那它是怎么进入到现实的呢？借助于能动理智的活动，它通过从我们心像中抽象产生出观念并把它“通知”给与它们在一起的接受的理智。接受的理智首先以一种不落空的方式抓住第一原则，然后其他的所有一切都在这些第一原则的光照之中。接受的理智总是知道能动理智，但是并不在这样知识的高级种类中与我们结合。我们知道能动理智的存在因为我们有一种确定的关于这样一个事实的经验：接受的理智接受抽象观念。这向我们揭示了能动理智的抽象活动。

但是西格尔自己所列举的这一切造成了一些困难。能动理智如何在一个单纯的、非物质的和不依赖于器官的理智中制造出可理解的多样性？如果理智本身仅仅借助于我们那与理智毫不相干的心像而与我们结合，那理智的运作如何被认为是我们自己的呢？这些问题获得了长久而有趣的讨论。西格尔的回应主要是这样的：理智的运作成为我们的，在某种程度上是因为理智本性上需要我们的心像以便实践它的活动。这就是为什么阿维洛伊要显示，这个独一的和永恒的理智与同样唯一和永恒的人类种相的结合要比其与任何特定个体的结合更加本质。

但是西格尔满足于这样的回应是过于聪明了。在后面的文字里他总结了他先前所遭遇到的困难，这一次他把它们总结为三个方面。独一的理智是如何与我们结合的？这个理智的知识是如何在不同的人的个体中被多样化的？如果理智是一个分离的实体，它为什么还需要有形的心像呢？以下是他回应的要旨。我们与理智的结合是一个事实，因为我们都意识到在我们之中拥有抽象思考的内容。因为这个结合不可能是实体上的，我们就必须得出结论，这个结合仅仅是由于运作而成的。这是另一个事实。理智的活动以不同的途径实现于不同的个体之中。这个事实只能用不同的大脑提供不同的心像这个原因才能解释。但是难以解释的是我们的心像何以能在我们自己和理智之间充当一种结合，因为它们一旦在理智中变成观念，他们就不再是心像了。除了理智是本性地与我们结合之外，西格尔找不到其他的解释。正是出于它的本性理智才从我们的心像中抽出它的观念。

因为对于西格尔而言理智是脱离质料的实体，他提出了两个关于知识为分离的实体所拥有的问题，却没有超越他的主张的界限。首先，分离的实体们知道它们自己吗？其次，分离的实体知道另外一个吗？一个分离的实体知道它自己因为它是现实可理解的。这并不奇怪，只是质料充当了思想的障碍。

但是一个分离的实体不可能知道其他的，因为，根据亚里士多德，一个分离的实体仅仅通过了解它自己的实体而获得知识。这种知识既能够向它揭示原因的存在，也能够向它揭示结果的存在。但是脱离质料的实体并不作为原因或者结果相关于其他的脱离质料的实体。所以，它们不可能彼此了解。但是它们知道第一因，显然是因为它们是它的结果。

西格尔提出了他的最后一个问题。理智能够知道个体吗？这个问题在13世纪是很值得争议的。他解释到，对于个体的某些知识是可能的，因为普遍观念的内容是实现于那个观念所代表的个体的。但是理智不能够在固有的形式之中（forma propria）了解个体，也就是说不能在形式地构成其个体性的事物中了解个体事物。

在这里，我们确信，我们所看到的是一个对亚里士多德心理学极度异端的解释。西格尔毫不犹豫地提出了这些如此颠覆宗教的立场。然而，他还是数次经验到了相关于他的阿维洛伊主义论点的犹豫，他同样明白无误地宣布了这一切。他的行为表现出他的年轻——轻率、不妥协和莽撞。但是年轻的大师将马上要遭遇到来自于神学家的反对以及教会权威的谴责。他在更加成熟和更加小心的时候将摆脱这一困境。总之，《〈论灵魂〉卷三问题集》展示了一个大胆而又忠实的年轻大师，他深受亚里士多德影响，并在阿维洛伊那里看到了对斯塔利亚人心理学的最佳解释。[①]

二

人们会问，托马斯对独一理智论的反应是什么？为了回答这个问题，我将首先简要概括托马斯的人学思想，这一思想在很大程度上是为了回应阿维洛伊的挑战而发展起来的。然后我将分析他短小的专题论文《论独一理智》，这篇文章写于1270年，是为了反驳布拉邦特的西格尔（Siger of Brabant）以及巴黎大学其他阿维洛伊主义独一理智论的辩护者而写的。[②]

正如我在我们第一课里所指出的，圣托马斯在他事业的开始就了解希腊

① 对于《〈论灵魂〉卷三问题集》更详尽的分析，请参见费·凡·斯坦伯根：《布拉邦特的西格尔大师》（*Maître Siger de Brabant*），（Louvain-Paris,1977），第339—347页。

② 正如我首先在鲁汶、然后在米兰以及卢布林（波兰）所经验到的，仔细研读《论独一理智》的文本是中世纪哲学课程讨论的绝佳选题。在每一个地方，这一富有活力而又重要的文本都引起学生的极大兴趣。

和阿拉伯哲学的缺点。于是人们在他对《箴言》(*Sentences*)所作诠释的第二卷(写于1255年)里，发现了一个关于理智问题的显著的历史性的说明(第17章，问题17，第1条)，在其中阿维洛伊的独一理智论得到了详尽的解释和批判。这说明从那个时候起，托马斯已经发展出了他自己的人学。我说“他自己的人学”乃是因为，在这里，也正如在其他的一些领域里，他的思想是非常具有原创性的，同时也是十分个性化的。

为了显示这一点，我只需要提及，教会教父们的人学，基督宗教哲学家们的人学，以及13世纪中期以前神学家们的人学无不是唯心主义的和二元论的：说它们是唯心主义的，乃是因为在它们那里人的灵魂被定义为一个精神的和非物质的实在，所以也就是一个不朽的实在；说它们是二元论的，乃是因为在他们那里人被思考为一个混合的存在，由两个实体组成，一个是有形的，一个是精神的。这种关于人的本性的二元论观点显然来自于柏拉图。二元论通常都被非基督宗教思想家们重点强调。例如希腊人中的普罗提诺，穆斯林世界里的阿维森纳和犹太教的阿维斯布朗。另一方面，在基督宗教世界里，柏拉图主义的二元论总是受到基督宗教的影响或多或少变得比较温和，因为道成肉身和基督圣死与复活带来拯救的教义意味着救世主的身体是他人性的真实部分。这一点被整个人类都将肉身复活的教义所再次肯认。例如，对圣奥古斯丁而言，身体不再如柏拉图所说是灵魂的“监狱”。身体和灵魂是两个实体，但是它们紧密结合从而共同构成人的本性。直到13世纪，尽管亚里士多德的影响在增长，但是直到阿奎那之前的基督宗教思想家都持一种二元论的人学观。这个结论对于圣波那文都(文都辣)也是适用的，尽管他对维护人之位格的统一性作出了不可否认的贡献。对大阿尔伯特——托马斯在科隆的老师而言，情况也是如此。

一些人在读圣托马斯的这些先驱者的著作时，因为他们使用亚里士多德的术语而被误导。但是事实上，他们的法则并没有在他们谈及人的时候体现出亚里士多德关于在有生命存在中身体与灵魂实体性结合的真正教导。

为什么圣托马斯要摒弃这个传统的人学呢？我相信有两个原因。第一是因为一个纯粹哲学的原因。二元论的观点并没有公正地对待人之存在的显著的统一性，因为一个存在是真实的“一”就不可能由两个实体构成。第二是因为一个建立在权宜基础上的原因，这个原因使得第一个原因得到强化。亚里士多德的哲学通过严格地将人视作形质复合体，也就是质料–形式的复合体来对克服二元论的可能性保持开放。在此基础上，就有可能通过显示其与亚里士多德人学的不协调来反驳阿维洛伊主义的人学。而二元论人学的维护者们，由于他们以与亚里士多德主义不相干的哲学作为自己的基础，因此不可能从哲学家的那些忠诚的继承者那里获得承认，甚至都不可能进入到与他们之间有意义的对话之中。

托马斯·阿奎那就这样引入了一个新的人类学，其基本理论是这样的：

> 人是一个单一的实体，由形式和质料组合而成。但是这个“实体的形式”在本性上完全不同于那些低级的形式，也包括动物的形式。人的灵魂是一个“非物质的”形式，因此是“独立存在的”和“不可坏灭的”或者不朽的。

可以看出，这个基本的理论包括将亚里士多德的形质论完全地运用到人，同时又保持灵魂的非物质和独立存在的特性。这个立场在阿奎那之前没有被人辩护过。

阿奎那不是仅仅申明了这个新的立场。他还通过显示这是唯一对意识材料保持公平的形上学解释，从而以严格的方式证明了这个立场。现在让我们来展示这个基本的理论。

1. 人是一个实体，也就是说，一个独立存在的存在，真正地是一

所有经验，特别是意识所提供的材料都指向这个统一的实体。我意识到的是“我自己”，一个单独的“意识主体”。我也意识到一个事实，那就是“我的身体”是“我自己”的一个构成元素，而不是一个分开的和并列的、我与它之间只有或多或少关系的一种存在。在这个身体中所进行的一切活动都是我的：我呼吸，我取用食物，我有胃病或者肝病，我看见，我理解，等等。

2. 这个实体因此也是不同层级上“多种活动的”原则或者“源泉”

这些活动的大多数发生于一个形体的器官，但是理解和欲望本性上却是非物质的，因此也是“不依赖于器官”的活动。所有这一切都再一次地以经验为起点来建构，并且表达为一个真正值得关注的关于展开一个有限实体的活动和能力的教导。由于这个能力，这个实体进入到与其他有限实体的联系中并且被充实起来。

3. 这个实体是一个真正的“形质复合体”(hylemorphic composite)

于是，我们再一次地要处理一个经验材料所要求的诠释。在亚里士多德主义中，一个人可以以不同的，但却趋于一致的方式证明有形实体的质料－形式组合。我将在这里简单地回顾一下。一个人可以开始于实体变化（substantial change）的事实，这在有生命事物那里是十分清楚的，因为它们是生和死的主体。一个人也可以以包含在身体活动中的被动性（passivity）为起点。还可以从接续性的（continuous）变化开始，这种变化因为推究他们的数量，以及有形存在相区别的特性而被发现的，因为形体是受限于外延的。最后，还可以从个体在种相中的复多性（multiplicity of individuals within the same species）开始，这是一个至少在有生命的存在中难以否认的事实，这些有生命的存在在同一个种相中再造他们自身。但是所有这些都指示出质料－形式复合体的信号在人身上发现和在动物身上发现是一样的。人是生和死的主体。他在其器官活动中是被动的。这种活动是时间的主体，是接续性变化的意义。最后，人在人的种相中再造他自己，包括了无数的个体的人。如果人被看作是一个“纯粹的形式”，也就是被看作一个单纯的本质，或者在单纯状态中的实体的决断，那这些事实就没有一个能够得到解释。

4. 但是人的实体性形式或者人的灵魂在本性上是非常不同寻常的(unusual in nature)，**这使得它能够作为有形世界和纯粹精神世界的交汇点**

正是在这里圣托马斯的原创性，我认为，还有他的天才得到了显现。再一次地，我们正在处理的不仅仅是一个假设，或者一个为了解决某个特殊问题，或者拯救某个宗教教条而从真空发明出来的理论。毋宁说这是一个意识的材料所要求的形上学结论。正是在这里托马斯回应并且超越了阿维洛伊的立场。

确立托马斯有关人的灵魂的形上学观点的决定性事实，简言之，就是思考（cogito）。我自我意识到地思考。“很明显，是这个个体的人在思考”，托马斯在他的《论独一理智》中写到。用另一句话说，被亚里士多德认定为非物质的和不依赖于器官的理智的活动，确实是我之所是的人之个体的活动。从这个无可否认的事实开始，圣托马斯确定，灵魂，作为这个活动的实体性原则，必须是人的实体性形式，尽管它本身在本性上是非物质的。简而言之，它同时间既是质料的形式（form of matter），又是一种非物质的形式（immaterial form）。

——质料的形式：它同质料原则一起构成人这个实体，并且构成所有人之活动的唯一源泉。

——非物质的形式：也就是说，这个形式在本性上是精神的，相当于亚里士多德的（与质料）分离的形式，或者基督宗教神学的纯精神体。所以，它是一个可以独立存在的（subsisting）形式，于是，即使当其他的组成原则，也就是质料，在人的实体因为死亡而解体时消失了，灵魂也是不坏灭的，不变的和不朽的。

这个基础性的论点蕴含着一个非常重要的结论。在导致新的人之个体产生的生物过程的终点，人的灵魂直接被天主创造。正是由于他的创造性的形上学，托马斯能够回避亚里士多德自身所发现的僵局。正如我们已经指出的，斯塔利亚人（亚里士多德）不可能构想一个非物质的灵魂在时间之中进入存在，因为对他而言，每一个脱离质料的实体都是永恒和自存的。正相反，对圣托马斯而言，正如对所有其他的基督宗教导师而言，承认非物质的实体在时间过程中进入存在并没有什么特别的困难，因为对他们而言，创造的流入是一个永恒的因果关系，它将存在赋予所有在宇宙发展过程中出现的新的实在。这样，在灵魂起源于创造的问题上，圣托马斯的教导与他的基督宗教前辈没有什么不同。

人们可以看到，托马斯·阿奎那的人学是如何与阿维洛伊的人学相遇并驳斥它的。意识的材料要求人们承认理智灵魂是人的实体性形式。和所有的实体性形式一样，它由其与质料的关系得以个体化，并且可以在其种相中获得号数上的复制，因为天主在确定的身体之中并且为了这个确定的身体创造每一个灵魂。于是人的灵魂也就不再是一个亚里士多德意义上的“脱离质料的实体”，并且，也就不需要如阿维洛伊所坚持的那样必须是种相中唯一的。它确实是一个“实体性的形式”，同时又是一个“独立存在的形式”。

现在，我们将要转向托马斯的《论独一理智》来考察他对阿维洛伊独一理智论的反驳。在巴黎大学有限的限制中，并且在波那文都 1267 年和 1268 年的不顾一切的干涉之后，西格尔在那里出格的教学不可能不为人们所知道，更何况他的教学并不是一个孤立的案例。这个时期的文件表明在他周围存在着一个异端老师的集团。托马斯·阿奎那不可能忽视由波那文都所激发起来的愤怒的抗议，并且，可以肯定的是，当他回到巴黎后，他小心地使自己了解波那文都所想象的那些大师们的心境和教学。对于托马斯而言，当他还在圣雅克的道明会会院的时候，就已经不难了解在文学院学习的学生们的笔记。他很快就察觉到情况的严重以及在这种情况下在学院传播的错误立场，他认为阿维洛伊的独一理智论有严重的危害。他的判断是完全公正的，因为在被波那文都宣布为异端的学说中，没有哪一个比这个排除个体人的位格特征、道德责任和不朽性的立场在道德和宗教本性上产生更加严重的后果。

忠实于其服务于真理的使命，托马斯开始准备一篇小的论文，在这篇文章里他将把自己严格限定在哲学的层面来系统地反驳阿维洛伊的立场。他很了解如何启迪年轻的文学硕士们的真诚信念。他们对亚里士多德的热情使得他们走到了常识，也包括基督宗教信仰的反面。在这种情况下，劝告和咒骂没有什么效果。有必要在对手自己的领域里面去对这个对手，也就是说，在目前这种情况下，要开展一场在亚里士多德主义和纯粹哲学原则光照下的论战。

托马斯的这篇小论文从1270年，很可能是这一年的早期就开始流传。如所周知，题目是《论独一理智》（*De unitate intellectus*），尽管某些抄本在此之外附加了“驳阿维洛伊主义者”（*contra Averroistas*）或者“驳巴黎的阿维洛伊主义者”（*contra Averroistas Parisienses*）。牛津大学基督圣体学院的第225号抄本包含了极其珍贵的版本记录：“这由托马斯写于天主降生1270年，旨在反对布拉邦特的西格尔大师以及在巴黎的众多哲学家。”（Haec scripsit Thomas [ms. Taliter] contra magistrum Sigerum de Brabantia [ms. Barbantia] et alios plurimos Parisius in philosophia regentes anno Domini 1270.）阅读托马斯的论文显示出许多有趣的观点。

首先，他的阐述首先针对的是阿维洛伊本人的教导，此人的立场经常被指名道姓地被提出来讨论。其次，在很多段落里，托马斯在提到他的对手时用了复数，此时他脑子里很清楚，他所指涉的是评注家（阿维洛伊）的拉丁追随者们。最后，他还抨击了某位他没有指名的大师。这首先出现在这样一个段落里，在那里他似乎在脑子里有了一个确定的对手：“谁这样说，他就必须首先被问到，这个单数的苏格拉底究竟是什么……只要他的立场能够被识别，那就显示出，他采纳了第三种可能性。”（*Quaerendum est autem ab eo qui hoc ponit, primo, quid sit hoc singulare quod est Socrates...Et quantum ex sua positione videtur, hoc tertium accipiet.*）但是必须注意的是，托马斯然后马上转用复数：“那么让我们着手反对他们。”（*Procedamus ergo contra eos...*）但是提到某个确定的对手在论文的结尾处表现得最为明显（122—124 段），在那里托马斯轻蔑地公开指责了一个大师让人无法容忍的态度，这个人一直宣称自己是基督徒，而他的立场是基督宗教信仰所绝对无法接受的。在这里托马斯逐字逐句地引用了这个大师著作的某些段落，但是其来源现在尚未发现。

然而，托马斯在这篇论文里似乎并没有使用阿维洛伊主义大师公开出版的著作。首先，在某些段落里，显露出他在部分关涉到其对手所辩护的立场方面有些犹疑。托马斯对他们的立场似乎并没有很确定和清晰的认识。还有，在论文结尾的段落里，托马斯指责他的对手没有将自己的立场表露给学术界以求批评："就让他不要只是在角落里说，或者只是对那些还不知道如何对如此困难的问题做出公正评价的孩子们（coram pueris）说。让他直接写文章来回应我的这篇论文吧，如果他有此胆量的话"。

人们怎么能够将所有这一切与上述托马斯在文末的引文协调起来呢？如果人们了解到他使用了关于西格尔以及其他阿维洛伊主义教师课程的报告（reportiones），那就没有问题了。当他引证了这些报告所收集起来的那些带有诽谤性质的立场时，他就公开地谴责了他们反复教导的阴暗性。

普遍接受的说法是，《论独一理智》结尾部分意有所指的是布拉邦特的西格尔，正如牛津抄本的版本记录所提示的那样。然而，那些对基督宗教具有攻击性，并为托马斯所引用的内容并没有在流传至今的西格尔的《〈论灵魂〉卷三问题集》的报告（*reportatio*）中被发现。这些引文可能来自于关于相同课程的更加完备的报告，或者来自于西格尔其他课程的什么东西。无论如何，很难确定《论独一理智》的作者了解《〈论灵魂〉卷三问题集》。我们能够说的只是，很多这个报告所表明的立场都被托马斯在他的小品文中予以了反驳：人是复合存在，来源于唯一的理智与激活了身体的营养－感觉灵魂的结合；理智与身体的结合是作为身体的推动者，而不是它的实体性形式，尽管这个结合比天上的推动者与其所推动的事物之间的结合还要更紧密一些；西格尔详尽讨论的地狱之火；最后，除了从阿维洛伊和阿维森纳那里，他没有任何对于其他逍遥派的直接认识。虽然如此，关于西格尔的报告与托马斯小品文之间的相似处并不足够大，以至于能够肯定两者之间存在着文字上和文本上的相互依赖。

由于布拉邦特的西格尔在道义上被肯定为《论独一理智》结语部分所针对的大师，作为托马斯表达了其个人情感的不多的页面之一，它同时也很好地揭示了西格尔在1270年前的个人立场。他说到"拉丁人"和"他们的法律(宗教)",似乎他并不属于他们。他不确定独一理智论是相反于基督宗教信仰的。他把信仰的教育确定为一个"立场"。他说即使天主本身也不能复制人的理智,因为这将是完全矛盾的。当他确认了理智的单一性是人的理性所建立起来的必然结论时,他主张持守一个相反于信仰者的立场。这意味着,信仰倾向于一个错误的和不可能的对象,因为它与必然正确的事物相矛盾。他设定讨论一些不属于哲学而只属于信仰的问题,例如确定分离的灵魂如何能够忍受地狱之火。在这里他拒绝了神学家的观点。最后,他在秘密的地方(字面的说法:在角落里)向年轻人传播他的观点。这些批评完全与《〈论灵魂〉卷三问题集》的理性主义和大胆创新态度相吻合。

托马斯反对阿维洛伊主义的论文具有非同寻常的哲学深度,而对同一问题的仔细研究需要漫长的讨论。在这里我将我自己限定在对本质问题的研究上:一个总体的分析,以及一些对于著作者教导立场的反思。①

《论独一理智》包括一个引言(第1—2段),论文主体(第3—123段)和一个简短的结论(第124段)。在最古老的手稿中这个论文的主体部分被分为五章,而这个分法可能回归到了圣托马斯自己的意思。而文章的结构更为完整。这一点在对文本的仔细阅读中会得到明确的显现,因为作者通过非常清楚的转折短语展示了他对表达内容的组织。托马斯区别了阿维洛伊主义者关于人的理智的立场的两个基本方面:理智不是身体的实体性形式;由于不是它的实体性形式,理智也就不能够在个体中被复制,而只能是对整个人类而言唯一的。阿维洛伊主义者的这两个错误的立场构成了托马斯论文的总体分段。

引言提供了一些关于阿维洛伊主义运动起源和流传范围的标识(第1段,第6—7行)。隐约指示出托马斯早期反对阿维洛伊主义的著作(第1段,第12—13行),并且表明,现在的阐述完全是以对亚里士多德批评性评注为基础的纯哲学性质的(第2段,第17—31行)。

---

① L. W. 科勒(L. W. Keeler)1936年出版了关于这个论文的一个非常好,但是几乎是批判性的版本:《圣托马斯反独一理智论》(*Sancti Thomae Aquinatis tractatus de unitate intellectus*)。更早的版本没有被用到。参见费·凡·斯坦伯根:《十三世纪哲学》(*La philosphie au XIII e siècle*),《中世纪哲学之九》(Louvain-Paris,1966),第432页,第36条。《论独一理智》最近出现在利奥本中(第43卷,第243—314页,1976),但是为了方便读者,我将引用科勒的版本。也请参考费·凡·斯坦伯根:《托马斯·阿奎那〈论独一理智〉文本校正》("Corrections au texte du *De unitate intellectus* de Thomas d'Aquin"),《中世纪哲学通讯》(*Bulletin de philosophie médiévale*)1977年第19卷,第65—67页。

论文主体的第一部分（第 1—3 章，第 3—85 段）包括一个评注部分（第 1—2 章）和一个哲学部分（第 3 章）。在评注的部分，托马斯首次从事了对《论灵魂》呈现其关于理智教导的主要段落的评注工作。并且，通过娴熟的评注，他力图显示亚里士多德的文本对阿维洛伊注释的排斥（第 3—26 段）。为了支持其对《论灵魂》的解读，他还引用了《物理学》的一段文字，从而更精确地呈现了亚里士多德关于形式层次性的观点。人的灵魂是与质料相结合的最高级的形式，因为它所具有的一种运作能力——理智，并不参与到形体的器官之中。正是在这个意义上，理智被说成是“分离”的，而不是在阿维洛伊的意义上，他把理智当成了一个分离的实体（第 27—30 段）。延续其对亚里士多德的评注，托马斯拒绝了阿维洛伊主义者从理智的非物质性出发所作的推论（第 31—43 段），以及他们以理智的起源为基础所作的推论（第 44—50 段）。

紧随着对亚里士多德文本的解释，是对希腊（第 51—56 段）和阿拉伯（第 57—58 段）逍遥派的补充调研（第 2 章）。托马斯显示了希腊人中的提米斯替乌斯（Themistius）、泰奥弗拉斯托斯（Theophrastus）、阿夫罗迪西亚的亚历山大（Alexander of Aphrodisias），以及阿拉伯人中的阿维森纳和安萨里（Algazel）都认为理智是灵魂一种能力，而不是一个分离的实体。他非常满意地沉浸在提米斯替乌斯的注解里，并且从中引证了一个长长的段落。他是第一个使用该著作最新的莫柏克的维廉姆（William of Moerbeke）的译本的人，并且非常明显地乐于反对那个由阿维洛伊的评注所呈现的真正的提米斯替乌斯。这个长长的评注部分以一个著名的结论收尾（第 59 段），在这里阿奎那声讨了阿维洛伊的亚里士多德主义：“作为逍遥派哲学的堕落者就不那么是一个逍遥派。”（quam philosophiae peripateticae depravator）

第一部分的哲学内容（第 3 章）包括一个对论题的说明，借此可以表明理智灵魂是人的实体性形式（第 60—82 段），然后是对阿维洛伊主义者所构想的异议的反驳（第 83—85 段）。肯定性的阐述落脚于对基本论题的详尽论述，它从亚里士多德而来，提起了意识的无可否认的证据（第 62 段，第 22 行）：hic homo singularis intelligit（“这个个体的人理解”）。托马斯表明了不管是阿维洛伊本人的解释（第 63—66 段），还是由某些阿维洛伊主义这所提供的解释（第 67—69 段）都解说不了这个无可否认的事实。继这个心理学性质的主要的论证之后，还有两个补充的论证：一个以对关于人的种相的逻辑性考察为基础（第 80 段），一个则基于关于道德秩序的急迫需求（第 81—82 段）。对于阿维洛伊主义者异议的反驳使得托马斯有机会表明人的灵魂是质料的形式（forma materiae），而不是一个物质性的形式（forma materialis）。所以它就处于纯粹物质性形式和分离的形式之间（第 83—85 段）。

论文主体的第二部分（第 4—5 章，第 86—123 段）进展到阿维洛伊主义立场的第二个方面：整个人类共有一个理智。在精确指示出所争论的主题后（第 86 段），托马斯将他自己的说明分成两个部分，一个肯定性的，一个否定性的。在第一个部分，他力图显示，可能理智的单一性将导致不可克服的困难（第 87—98 段）。在第二个部分里，他反驳了阿维洛伊主义者的异议（第 5 章，第 99—123 段）。

理智的单一性导致可笑的结果（第 87—91 段）。只有一个人存在（第 87 段，第 21—25 行），或者至多只有一个理智体存在于所有人中（第 89 段，第 62—63 行）。其结果就是，将只有一个存在享有一个意志（第 89 段，第 63—73 行），最后，相关于同一个对象只能有一个理解活动（第 90—91 行）。所有这些导致了滑向人的经验的反面。但是理智的单一性也同样与亚里士多德的教导相矛盾，在这里托马斯完善了他在第一部分已经呈现过的评注（第 92—98 行）。

被托马斯所关注的异议在数量上有五个。第一个异议，作为对主要难点的补充，还包括第二个异议，这一异议由阿维洛伊主义者将其从第一个中引申出来（第 99—105 段）。托马斯对这个基础性异议的讨论是他论文的一个制高点。正是在这里，人们可以发现一个早已在不同的阿奎那评注者那里引起广泛争议的段落（参见 *Valde autem ruditer*）。在这个由两个部分组成的关于理智灵魂本性的异议之后，另一个以理智活动为基础的异议，使得托马斯有机会呈现其关于人的知识的实在性以及知识对其他人传递途径的杰出解说（第 106—113 段）。第三个异议以精神实体的终结为基础（第 114—116 段）。第四个，与世界以及种相永恒性的假设一样，力图表明如果理智灵魂被在数量上复制为个体的人，就将导致分离的灵魂的无限性，而这作为不可能的事物应以拒绝（第 117—118 段）。最后一个异议，求助于希腊和阿拉伯逍遥派的权威，转向反对阿维洛伊主义者。安萨里和阿维森纳，提米斯替乌斯、泰奥弗拉斯托斯、亚里士多德，甚至柏拉图本人都承认，人的理智的复多性。托马斯再次评论，阿维洛伊必须要被视作“逍遥派哲学的败坏者”（第 119—121 段）。

托马斯马上把他对阿维洛伊的攻击转向对拉丁阿维洛伊主义者的批判，特别针对其中的未指名者，但是从他那里托马斯为了谴责而复制一些莽撞的记号，这些记号只有当其为一个基督徒所发出时才能被视作反叛（第122—123段）。

在他的论文的简短结论中，托马斯回顾了他对阿维洛伊主义所进行的驳斥，他是按照严格的哲学程式来进行的，并没有将他的观点建基于信仰的权威。最后他向他的反对者发出挑战，并且邀请他们回应，如果他们敢于这样做的话，而不要秘密地传播他们的观点，也不要向那些不能准确评估这种困难问题的年轻人传播。他保证，他们将遭遇到很多真理护卫者的强硬反抗（第124段）。

《论独一理智》所表现出来的这种激烈的反应，毫无疑问，是由阿维洛伊主义对基督宗教信仰所造成的严重威胁所导致的。但是在托马斯这方面，也显示出他渴望与阿维洛伊争论，以及成为亚里士多德追随者的愿望，他已经臣服于亚里士多德，并且要为基督宗教思想而保存逍遥派遗产的精髓。

对照阿维洛伊，我们如何看待托马斯对亚里士多德的诠释呢？如果要充分地回答这个问题，那就需要进行详细的考察。但是就主要方面人们也可以这样说，当人试图要解决理智本性的问题的时候，阿维洛伊依照亚里士多德的形上学合乎逻辑地得到他的结果。而托马斯则把他的判断建基于由亚里士多德所提供的关于理智活动的心理学分析和经验主义的材料之上，并且显示出，这些材料和分析表明了他（托马斯）关于理智的看法。他们两人都引用那些支持其诠释的文本。每一个都把那些给自己造成困难的文本抛在一边。每一个都朝着支持自己观点的方向注解那些晦涩难明的段落。《论独一理智》中对亚里士多德文本的逐字逐句诠释常常是令人信服，也确实是敏锐的。但是它却以一种创造性和有说服力的方式，将发展他的学说和接受他陈述的结果天衣无缝地结合起来，赋予亚里士多德，而将由“托马斯式”解释在其整体框架下所造成的困难搁置一旁。阿维洛伊也做了同样的事，但是却从相反的方向。

例如，让我们来比较两者对《论灵魂》中同一段落的处理。[①] 在说理智是一

① 参见亚里士多德：《论灵魂》二，第2章（413b 26—27）；阿维洛伊：《论灵魂》二，注21；托马斯·阿奎那：《论独一理智》，第8—9段。

种“永恒”的实存时，亚里士多德毫无疑问是将其与灵魂的其他“部分”对照，其他部分是可朽坏的。但是在阐明理智是不朽的时候，他承认，它的实际存在是与身体以及灵魂的其他“部分”的实际存在不相关联的。但是在这里他没有对理智的本体论状态多置一词。阿维洛伊和托马斯都同意，对于亚里士多德来说，理智幸免于个体人的死亡。但是在斯塔利亚人（亚里士多德）形上学的框架里，一个永恒的和非物质的实存——与形体相分离的——只可能是一个脱离质料的实体。阿维洛伊也是这样说，而托马斯却拒绝迈出这一步。

在关涉到人的问题的形上学研究方面，在何种程度上，《论独一理智》成功回应了由阿维洛伊主义所引起的困难?

在这个讨论中，双方都共同持守了许多观点：神圣的因果关系，存在的普遍来源，潜能与现实原理及其不同运用，在其原初单纯意义上的质型论，实体与偶性的区分，以及亚里士多德的物理学。而关于人的问题，托马斯和阿维洛伊都接受斯塔利亚人（亚里士多德）的生物学观点，在人之中作为身体的实体性形式的灵魂的存在，理智的非物质性，以及它相对于形体活动的超越，主动理智的存在，以及抽象原理。这样一来，争论就被清楚地限定了。需要做的就是确定理智的本性，或者理智活动原则的本性，它与个体的人之存在的确切关系，以及（作为这个关系的）后果，它在个体中的复制，它的起源和它未来的命运。

在亚里士多德的哲学里，一个非物质的实体就是一个脱免于物质条件以及宇宙变迁影响的事物。它只能是永恒的，无从所生的，非形体的。由于它不能是自然生长的结果，那它何以能够在时间中的某个特定时刻“开始”是其所是呢？所以，如果心灵（nous）是一个非物质的实体，那它如何能够在一个个体的人作为一个生物生产过程之结果开始其人间生涯的时刻开始其存在呢？如果它作为一个分离的实体先就存在，它又如何能够成为质料的实体性形式，并且像那些物质形式一样被在号数上复制呢？很容易理解为什么亚里士多德在这些问题上保持沉默。

乍看起来，阿维洛伊和拉丁阿维洛伊主义者在他们的处理中有一个新的、非常重要的元素来解决这些难点，因为他们承认天主的创造因果关系。人们会因此认为这样的观点对于他们而言并非是不可接受的：当一个人的种相中新的、生物意义上的个别成员进入存在时，一个精神的灵魂被创造召唤进入存在。由于那些必须要在具体案例中去探讨，同时又必须从其后来者向前追溯的原因，这个结论完全被规避了。一方面，对亚里士多德主义框架的过度依赖使得他们毫无保留地接受一个将精神实体世界与物质实体世界截然对立的宇宙二元论观点。在另一方面，更为突出的是，对于创造因果关系认识的严重不足妨碍他们采用托马斯·阿奎那的结论。对他们而言，第一因的每一个直接结果都是永恒和不变的。所有实在中的“新事物”都应该用适合于物质宇宙的发展来解释。在这里，新的非物质实体的出现并不比在原始亚里士多德主义那里更可想象。于是阿维洛伊主义者发现他们自己沿着与亚里士多德自身相同的道路，而不顾他们的形上学原要比哲学家的更加优越。

当考察托马斯在其《论独一理智》中的反应时，人们惊讶地发现，他并没有明确地从创造的因果关系立场出发来提出问题，也没有直接就此指出他的对手的不足。他没有抓住问题的这个关键方面吗？或者是由于他对西格尔及其圈子的形上学原则知之甚少，以至于似乎没有体察到他们困境的焦点。可能如此。但是另一种解释似乎更有可能。托马斯很了解亚里士多德主义在形上学方面的不足，出于在本质洞察方面保存逍遥派思想而在必要的地方修正之的深刻关怀，可能的情况是，他选择了不将争论引导到形上学的层面，从而避免呈现一个负面的亚里士多德，一个已经完全被阿维洛伊拖累了的亚里士多德。

正如这种可能的方式，托马斯·阿奎那采用了另外一种方法，或者如果你愿意说成，另外一种斗争策略来反对阿维洛伊主义。他在心理学经验的层面呈现理智的问题。“因为，很明显，是这个个体的人理解。除非我们理解过，否则我们不会进行相关于理智的探究”（第 62 段，第 21—23 行）。从这个无可否认的意识的依据入手，他以亚里士多德主义原则的完整的严整逻辑建立了这样的论断：理智是一个运作的能力，它的实体性原则，无疑是一个非物质的实在，但是同时又是人的实体性形式。这个原则就是理智的，或者就是人的灵魂，所有的人的运作的唯一来源。人的灵魂是物质的一个形式（A form of matter），而不是一个物质性形式（material form）。它并不是事先被包含在物质的潜能里，它的出现即使在第二因的层次上用宇宙进化的法则也不能被解释。它在人出生的过程中被天主所造。作为物质的形式，人的灵魂由其与这个特指质料的关系而被个体化，因为这种关系对它的成立是本质的。因为人的灵魂被造为这个给定的人的有机体的实体性形式。于是，认为人的灵魂在人的种相中被复制，并不比认为其他实体形式的复制更加困难。作为物质的形式，人的灵魂本身还是一个非物质的（immaterial）形式，从本质上超越于物质的秩序。由于能够不依赖器官运作，它能够没有身体而独立存在，因为运作是存在的表达。诚然，人独立存在，但是人的灵魂在人之中独立存在，并且导致了人这个复合体独立存在的事实。最后，作为一个独立存在的形式，并独立于物质的条件，人的灵魂在人的有机体解体后依然不停止其独立存在。人的灵魂幸免于复合体的毁灭，以其自身的实在、个体性以及活动继续存在，只是它活动的样态在分离的状态里被极大地改变了。

这就是《论独一理智》关于理智灵魂问题的主要结论。它的论证对于任何一开始就接受“这个个体的人在理解”的亚里士多德主义者来说都是无可辩驳的。阿维洛伊主义者将不得不迅速地回应这一点。但是如果其作者更深入地探讨那些困扰阿维洛伊主义者的形上学困难的话，《论独一理智》一定会具有更具决定性的影响，这些形上学的困难可以被还原成如下基础性问题：一个精神的和独立存在的形式同时间何以成为一个身体的实体形式？反对意见在《论独一理智》中被清楚地呈现出来了。一个实体性形式并非偶然地与质料相结合，它与质料的关系是本质的。自然地，如果身体是可朽坏的，灵魂作为其实体性形式，也必然与之一起消失。[①] 换言之，实体性形式本质地是一个共同原则，因此，就不能被设想为没有那个与之相关的原则。一个实体性形式本质上是由其与质料的关系构成，而且正是在其与这一特指质料的结合中，才能发现其独立存在和个体性的原因。一句话，阿维洛伊主义者不允许在物质的形式和独立存在的形式之间，在一个作为存在者原则的形式与一个作为完全的和非物质实体的形式之间有任何的调和。

为了化解这样形成的问题，托马斯再一次跳回到心理学经验的坚实基础，并且通过对某种生命活动的分析，得出了存在着两种类型的形质复合体的结论。在第一种类型里，是复合实体独立存在，而形式只是复合实体存在的原则（这种形式不可能自行存在，而只能是某种事物由于它们而存在 huiusmodi formae ipsae quidem proprie loquendo non sunt, sed eis aliquid est。[第 37 段，第 76—78 行]）。在第二种类型里，也就是在人这种复合实体里，是形式拥有存在（或者能够独立存在）而复合实体由于形式的原因而独立存在（它并不是像其他形式那样，仅仅是由于复合物的存在才存在的；而毋宁说复合物是由于它之存在才得以存在的。ipsa est quae habet esse, nec est per esse composite

① 《论独一理智》，第 32 段。这一难点以其他形式呈现于该著后面的部分。参见第 83—84 段和第 9—100 段。

tantun, sicut aliae formae, sed magis compositum est per esse eius［第 38 段］)。由此得出结论，人的灵魂可以没有身体而独立存在。于是，它能够接连在实体的形式和脱离质料的形式两种情形里被发现。

在这些解释的光照下，托马斯认为他自己此刻正站在简要回应以上主要难点的立场上。对灵魂而言与身体结合是必然的，他说，但是这个结合因身体的解体和消失而偶然地被解散（第 43 段，第 138—140 行）。人们可能会指望他对这个令人吃惊的表述作些解释，但是取而代之被提供的却是亚里士多德物理学的一个例证："……正如轻的东西出于本性（perse）总是在上面……而它也可以因为某些阻碍而不在上面"（第 43 段，第 140—143 行）。然而，一个比喻并不构成一个论证。他应该要显示在何种意义上灵魂之与身体结合并不比轻的事物在其应在的本来位置上更加"必然"。为了做到这一点，他必须要对作为实体性形式的灵魂在人的生成临界点的原初生成和其后来的实际存在进行区分。对于人的灵魂而言是必然的，因为在人的生成临界点它被造于一个身体之中并为一个身体所造。没有了这一点，它就不是一个实体性形式，而仅仅是一个天使样的形式，由此它独立存在而且在种相中是唯一的。对于这同一个灵魂而言，保持结合于身体又不那么必然，因为，一旦它在其实在和个体性中被生成，由于它能够独立存在，它就不再本质地依赖它的共同原则。简言之，在这里托马斯应该进入灵魂的创造问题。没有这一点，一种形式的存在既是实体性形式又是独立存在的是难以想象的。他没有做这一点，原因对于我们而言还不得而知。[①] 可能，正如我所提示的，他不愿意将争论引导到创造的因果关系上，在这一点上，亚里士多德的立场是非常有问题的。但是也有可能无论是托马斯还是他的论敌，都没有意识到他们争论的难点的核心问题和根本原因在这个层次上。历史所提供的后见之明使得我们更加清楚地认识论战的情形。[②]

三

在本演讲的第三部分我愿意尝试简要地回答两个问题：第一个：托马斯·阿奎那以其人学恰如其分地回应了阿维洛伊主义者所引起的困难吗？第二

① 圣托马斯在其早期著作里探讨了这个问题。例如可以参考《论潜能》，第 3 问，第 9—11 条。

② 对于《论独一理智》更加完备的分析，参见费·凡·斯坦伯根的《布拉邦特的西格尔大师》，第 347—360 页。

个：对于20世纪的人们来说，他的人学依然是安全的吗？

对于第一个问题，人们可以通过研究阿维洛伊主义者在托马斯《论独一理智》之后的著作来回答，这些著作或多或少是对这篇文章的直接回应。让我们限定在这样一个例证，它透露出一个智慧的阿维洛伊主义者的很多反应：布拉邦特的西格尔的著名论文《论理智灵魂》大约写于1273年，故此显然是在托马斯著作问世大约三年之后。①

显然，西格尔并没有被阿奎那希望证明理智的灵魂是人的实体性形式的论证所征服。西格尔不能够同意一个非物质的灵魂在实体上与物质的结合。那将把它降低为物质性形式，而这将导致两个不可接受的结果。抽象的理智知识将不成为不可能，以及灵魂的不朽将受到拖累，因为一个物质性的形式本质上与物质结合并且当结合体消失的时候也会消失。

然而，圣托马斯强调，一个物质的形式并非必须是一个缺乏其自身任何独立存在的物质性的形式。他还避免了西格尔所描述的两种结果。他通过区分灵魂和其能力的运作避免了第一个结果，即抽象的理智知识将不可能的这一结果。灵魂是身体的形式，因此直接与质料相结合，但是它的能力——理智，是一个非器官性的能力，也就是说，是一个其运作不依赖于身体器官的能力。于是它能够接受抽象和普遍的观念。对于第二个结果，即对不朽性值得怀疑的否认，他通过事先承认这一点来回应，即实体性形式与一个质料的结合是必须的，但是这个结合能够偶然地由于身体的消失而受到阻碍。并且他还通过与出自亚里士多德物理学的对比来证明这种可能性。一个轻的物体本质上是位于上面的，也就是说在其“本性的位置”，但也有可能，这样一个物体由于某种阻碍而落下来。

西格尔并不认为这种解释是可以接受的。对于第一个解释他回应道，一个能力的运作不能够比它由之所出的实体更加不朽。他没有明确地回应第二个解释，但是人们可以确定他不接受这种对比，人们也能够懂得为什么。因为一个轻的物体“在上面”很清楚是出于它的本质（根据古老的物理学）的特性，但是由于外部的阻碍而以一种“暴力”的方式拉向相反的方向则是一种偶性的特性。但是“与质料相结合”则显示出它是一个实体性形式的本质本身。

---

① 参见B. Bazán:《布拉邦特的西格尔，〈论灵魂〉卷三问题集，论理之灵魂，论世界的永恒》（*Siger de Brabant. Quaestiones in tertium de anima. De anima intellectivva. De aeternitate mundi*），第70—112页。关于灵魂本性的讨论请参考第三章，第77—88页。

要怎么认识（西格尔的）这些回应呢？第一个回应并没有很好地坐实，因为圣托马斯很清楚地处理了这个困境："如果一个人要反对，"他说道，"灵魂的一种能力不能够比灵魂的本质更加不朽和单纯的话，这种反对只有当人的灵魂是一个单纯的物质性形式，完全依赖于质料的时候才能成立。但是人的灵魂有其自身的存在，而且这个形式的尊严超越于物质的能力。(《论独一理智》，第 84 段）。换言之，圣托马斯毫无保留地接受了其反对意见所持守的原则，根据一个著名的说法，"活动相称于实体的形式"（agere sequitur formam），一个运作的能力不能比发出它的实体更加成全。

西格尔的第二个回应倒是值得多加关注，因为正如我已经指出的，与一个轻的物体的类比无疑是不够充分的。按照我的意见，托马斯应该以另外的方式设计他的反击，表明对于人的灵魂而言，与质料结合并不是本质性的，但是对于它而言，造于质料和为质料所造才是本质性的。换言之，为了证明灵魂是物质的形式而非一个物质性的形式这一地位，人们必须诉诸创造的观念。人的灵魂必须为一确定身体所造，并且被它与这个身体的本质关联个体化。丧失了这一维度，人的灵魂就变成一个分离的实体，一个纯粹的精神。但是人的灵魂同时被造为一个非物质的和可以独立存在的形式，非此它就只是一个单纯的物质性的和可以朽坏的形式。

这个关于人的灵魂的创造的教义完美地与圣托马斯的思想相适应并且呈现于他的很多著作中。它也被清晰地预设，甚至隐藏在他《论独一理智》的某些段落中，但是这个关于灵魂创造的主题在这里并没有被明确地介绍，这可能就是西格尔抗拒这一著作的主要原因。

现在让我们考察第二个问题：托马斯的人学在今天依然是安全的吗？

第一个考察是明确的。他的人学首先是对人的本性的一种形而上的或本体论的诠释。所以对于那些将形上学知识拒斥为一种智力的游戏，一种没有意义的心理构建的人来说，它没有任何意义和价值。在这里，我不能够引入关于形而上学本性和价值的探讨。就个人而言，我十分清楚形上学知识的局限和困境。同时我也确信它丰富的可能性，以及它的方法和讨论的价值。如果一个人接受了这些，他又会如何认识托马斯·阿奎那对于人的本性的理解呢？

按照我的看法，这个观点完美地回应了心理学经验所提供的证据，而根据我的知识，从 13 世纪以来没有更好的诠释被提供出来。但是这并不意味着托马斯的人学在 13 世纪就已经被最终地和完美地认识到了。它能够并且必须在很多方向上继续发展，我愿意提示一些可以这么做的路径。

1．关于灵魂精神性的证明

圣托马斯，也许，在这一点上太依赖于亚里士多德。某些被斯塔利亚人忽略了的思考的特性，比起他所用到的更加清楚地呈现出这一活动本身在本性上并非是器官的活动。例如，我关于过去之为过去，将来之为将来，缺席之为缺席的知识。我把康德设想为18世纪的人。我言说2000年世界的人口。我向自我“显现”教宗保禄六世，但是我知道他正在罗马，离开此地有3000英里。人们绝不可能诉诸单纯的相关器官的知识来说明这些事实。

2．对于灵魂不朽的证明

一些心理学家今天拒绝灵魂的免于死亡，坚持我们的一切活动，甚至最高级的活动都是以我们有机体的状态为条件的。因此，一次大脑的损伤就可以干扰我们的理智活动，甚至终结我们有意识的生活。这是一个明显的事实，托马斯也完全了解。他不仅教导如果没有感觉和想象的帮助我们就不能在知性上认识，并且还教导，即使在我们获得观念之后，如果没有想象的同时发生，我们也无法运用它们。甚至于，如果没有感觉经验的参与，我们无法形成一个与实在相关的完整判断（《神学大全》第一集，第84问，第7、8条）。但是根据他的意见，这些都是灵魂与身体相结合时人的思考所要求的条件。这并不阻碍灵魂，作为一个非物质的和独立存在的形式，能够幸免于人的复合体的死亡。此后将在“分离的灵魂”的状态下开始一个新的生命，并将具有相称于这种状态之本性的活动。

3．在很多地方圣托马斯使用了奇怪的语言来描述人的灵魂的本性，至少乍看起来是如此

在低于人的质料–形式复合体那里，他说，存在只属于复合体，而复合的原则（质料和形式）仅仅是由于复合体的存在而存在。但是在人的情况下，存在首先是属于灵魂，而复合体“参与了”灵魂的存在。这一教导显然是以引人注目的方式表达人的灵魂作为实体性形式的一般状态。但是人们也可能形成这是一个特殊诡辩的印象。所以，就必须要更加精确地表达这个教导的意义，并且显示这确实是被建基于他的人类学的经验的证据所要求的。

4．今天的托马斯主义者面临着一个巨大的任务：使他们的人学与人的科学的发现相呼应，特别是实证心理学的发展

由于圣托马斯的教导要求成为对心理学经验的严格的形上学的解释，所以，我们有很好的理由相信，这种相遇将显示人的知识的这两个领域之间的完美和谐。

5．最后，在正确表达圣托马斯的人学方面还需要相当多的努力

这需要做出一些解释。我在前面提到，圣托马斯的前辈运用亚里士多德的术语去构建他们二元论的人学，这种人学受到柏拉图和圣奥古斯丁的启德。我注意到，这种术语可能导致不准确的解释。我们发现在圣托马斯那里我们面对着相似的情况，但是却是在相反的方向。他经常以二元的方式表达他的亚里士多德人学。这发生在他把灵魂当作“身体的形式”（forma corporis），而人们毋宁说是“质料的形式”（forma materiae）的时候。因为身体是具体的，伸展开来的实在，我们通过感觉察觉到它。灵魂作为实体性形式，与之结合的不是身体而是原初的质料。这里还必须注意到，几乎所有的基督宗教神学、道德和灵修作品不仅在其语言上，而且经常在其思想上都是二元的。这很不幸，因为这样的语言要适应人的科学的结论就显得不准确和错误。所以，托马斯主义者要努力修正天使博士著作中的这种二元论表达。如果希望展现这一作为托马斯人学基础的杰出教导的价值，那么这就是一个非常重要的任务。

译者单位：武汉轻工大学艺术与传媒学院
联系方式：971005185@qq.com

何谓中世纪的唯名论?

□欧乐林 著 □田书峰 译

Abstract: Anyone reading medieval Western theology or philosophy will have come across a bewildering number of references—some of them quite pointed — to the nature and implications of "nominalism" . However, despite the frequency with which historians of later medieval thought refer to "nominalism" , it is very hard to get a grip on what the term means! If you have been frustrated in this way, then this essay may help.

只要我们阅读西方哲学或神学作品，就会碰到一些令人疑惑不解的与唯名论有关的引用，有些更是直述。然而，尽管那些研究中世纪晚期思想的历史学家频频引用唯名论，但为弄明白此词真义仍不是易事！如果您曾经有过这样的麻烦，那这篇文章将会对您有所助益。

中世纪晚期的拉丁词语 nominalismus（来自名词 nomina，即：名字）被用来指称一种长达五百年之久的运动，描述的是包括逻辑学、形而上学和神学研究领域的广大而繁多的思想观点。这种关于此词的确切用法之区分在很多情况下在不同的学科领域内变得含糊不清，如此添增更多混淆；在多数情况下，它是一个用来指称别人的作品的名字（几乎作为一种羞辱之词），或是因为这些作品在方法上与唯名论有雷同之处，或是因为这些作品中有接受唯名论的某些立场的内在危险趋势。如此，我们在处理这个主题的时候需要一系列的历史步骤，而抛开这种观念，即存在着一种可以被美其名曰‘唯名论’的思想共同核心。但是，很多问题不断地被提出来，作为在一个学院传统中存在着的中世纪教育之效应（即有这样一种坚定的看法，有一些每个学生都要去吸收学习的基本的文本，如此一代又一代的学生不得不重新面对他们的老师要面对的问题来开始哲学研究），他们首先接触的同样的论辩即是关于唯名论者的论辩，这使得他们的继承者具有同样的论证和重复着先前的结论。

因此，将唯名论作为11—15世纪的一个现象，历史性地对其进行研究有其价值。这种连续性事实上并不是前期的唯名论者的立场的承继之结果，而是源自于这种论争自身之本性：唯名论提出的问题只接纳很小范围的彼此互相排斥的答案，而这些回应会极容易地被划分到不同的确定好的群组里。在这种极为宽广的参数里，唯名论者是指那些拒绝为观念给出一个额外的智性存在，而只不过是区分感知的不同对象，并由此对于人类的认识论持有一种保守的看法。如此我们有两种相互对应的极端立场：实存主义者认为，世间的诸多概念都是真实的外在精神实体（extra mentem），而唯名论者则拒绝这样的看法，而宣称这些概念其实不过是我们使用的词语和名字而已。

一、论争之根源："巨人"的遗产

这个在中世纪来来回回地进行了多少个回合的论争的辩中之辩可以追溯到在古代广为研读的亚里士多德的《范畴论》（*Categoriae*）中的模棱两可的模糊性词语。波尔菲利（Porphyry，234—305）在他关于亚里士多德《逻辑学入门》（*Isagoge*）一书中对这种模糊性进行了研究（这本由波尔菲利写成的并被译为拉丁文的著作在第10世纪后成为中世纪哲学的基本教材之一），后来波艾丢斯（Boethius，480—524）在他对波尔菲利作品注释中对这本著作又加以修缮补充（In Porphyrii Isagogen commentorum editio duplex）。波艾丢斯所做的注释本自成一体，伴随着在10世纪末与11世纪初的辩证法的复兴成为老师们的必备参考书。波艾丢斯提出如下问题：属与种是否是在人的心智官能之外（extra mentem）而存在，或者有没有一种仅仅存在于感知者的理性之内的真实？他的这个问题成为典型的经院哲学的令人棘手的难题，并在接下来几个世纪里成为关于普遍真理的论证的基础。一个问题，两种形式的表达，伴随着中世纪的辩争方式，意味着每一个在这些基本的教材传统中被教育出来的作者不得不选择这个问题的一种形式，或者寻求妥协。那些主张普遍真理外在于人的心智而独立存在的学者，或接受一种被认为暗示此立场的知识论的学者都被称为"实存主义者"，那些倾向于另外一边的学者则被称为"唯名论者"；但大多数人还是择取中间路线（一种实际上比较接近亚里士多德关于普遍真理的存在的整体学说的立场，尽管他们并不知道这一点），摇摆于同一问题的这极或那极的边缘（俗称“温和的实存主义”）。

在中世纪的哲学中，柏拉图与亚里士多德都被看作是“实存主义者”。尽管二者都没有发展出一套关于自己的学说立场的全面理论，他们的作品仍然在很多地方涉及这个基本问题，亚里士多德对于柏拉图在普遍真理问题上的批判被认为是他自己学说的中坚部分。在中世纪的西方，人们除了《蒂迈欧篇》（*Timaeus*）的部分章节以外并不能读到柏拉图的其他作品。柏拉图常使人想起，他坚持一个早于并优越于我们的感觉的变动不居的具体世界的理念世界的存在，我们只有通过一些独特的理性思辨过程才能获得进入这个世界的通路（比如，我们的心灵对于那些理念的回忆早于我们的心灵对于这个具体的物质世界的理解）。这种知识存在于我们的经验里——因为它产生于我们与物质体的接触，但是这种知识并不是来自我们的经验。如此，普遍的真理就真切地存在于任何物质物体与我们的心灵之外——在中世纪艰涩难懂的术语中，这种立场被称为在事物之先既已存在的普遍真理（universalia ante rem）。亚里士多德拒绝这种完全超越于此世（supramundane world）的理念世界的观点，他认为感知的对象在其自身是真实的，这些就是我们认知的现实对象。认识起始于我们对于那些在物质世界里的我们周围的物体的感觉经验。然而，当我们看到一个物体，我们看到一个“某物”，因为每个物体具有特定的固有的本质属性，这些本质属性可以被得知和被定义。这个知识是人的理性能力的产物，即感觉育成记忆，而记忆又形成更多的感知。然后借着一种直觉的归纳和不断重复的经验，我们可以有能力辨识出事物不同种类的特性。所以，心灵可以凭直觉认知到那些在物质事物中存在着的必须而普遍的东西（universalia in rebus）。普遍真理是真实的（因为心灵“看到”在每一具体事物中的本质），但是这些普遍真理只是通过人的心灵（mind）的直观而成为“可见的”，而它们并不独立于感知的物体之外而存在。这种立场的巧妙足以击败后来的很多老师、学生和教科书写作者，他们都希望能对这两种不同立场进行一个简单而明了的分析，他们都知道亚里士多德反对柏拉图的立场。但不幸的是，中世纪的这个争论被后来的两个因素弄得更加复杂。

第一，因为亚里士多德否认普遍真理独立存在于具体事物之外，他亦曾在《范畴论》里运用这一问题方式：“因为确实我们谈及第二实体（ousiai）：

是指作为种（species）而包含第一实体的东西，就像种包含属一样”（5, 2a）。这段话被经常引用来说明如下主张，对于亚里士多德来说，属（比如“人”或“动物”不同于约翰或“我的小狗”（Prisca）确实是实体，而且“包含”它们的具体事物。这样一种模糊性以及随之而来的问题在波尔菲利那里得到进一步的强调，而在波艾丢斯那里又成为争论焦点。

第二个复杂性源自这样一个事实，截止到在10世纪末期的西方对于辩证法的兴趣的兴起，知识分子的主力领军人物一直是希玻的奥古斯丁（Augustine of Hippo，353—430）。他发展出一套人类认识能力理论，它允许一种不会将受造物弃之于黑暗中而不顾的神圣的善，但同时又有另外一种善允许受造物学习，而且能触犯难逃其咎的过错。普遍真理作为理念存在于天主的理性里，而人则被赋予一种特殊的光，凭借这光可以明了这些更加高超的道理（参见咏36：9，玛5：16以及其他一些奥古斯丁关于这个问题的圣经阐释）。这特殊之光的礼物可以通过罪恶而被忽视，人类的心智会变得更加盲目无明；但是，一旦人拒绝罪恶寻求神的救助，逐渐地人的心智就能明了更为高超的事理，远远超越于世间物质事物；通过神的宽仁的光照，人还可以看到在神的心智里存在着的真理。这种神圣光照说起初并不是认识论，而是门徒训练 / 教育神学的一部分，是恩典神学的必然结果；但是当我们在逻辑学中关于普遍真理的讨论的角度下审视的时候，它就可以被看作一种柏拉图主义的认识论，是一种对 universalia ante rem 的形而上学之义务。更为重要的是，鉴于拉丁中世纪思想总是与基督宗教神学有着千丝万缕的关系，这意味着，任何关于普遍真理的问题的解决方案都有着某种神学上的寓意，事实上，必须与以奥古斯丁为主的神学思想相一致。这样，为经院哲学登场的舞台就准备好了：显然地，他们只能在柏拉图的立场与亚里士多德的立场之间做出选择；他们可以默契地将不同细节展示出来。

二、经院哲学争论的肇始：贡比涅的若瑟林（Roscelin of Compiègne）

何时何地，又为何这个争论的问题在11世纪末期变得如火如荼，至今并不清楚。但是，若瑟林（Roscellinus, 1050—1120）可被视为第一位持有这样观点的唯名论者，即普遍真理只存在于感知的心灵里。我们对于他在此问题上的思想所知甚少，因为他的所有作品中唯一得以保存下来的是一封写给皮埃尔·阿伯拉尔（Peter Abelard，1079—1142）的论三位一体的平常无奇的书信。关于他的学说的最关键之处是来自于坎特波利的安瑟尔莫（Anselm of Canterbury，1033—1109）的一段话："若瑟林，我们时代的辨证家或逻辑学家之一，把他描述为辨证学的异端者更为恰当，他认为普遍真理只不过是空气中的烟雾而已（flatus uocis）。"（De incarnatione Verbi, 1; and cf. De fide trinitatis, 2）是什么产生了对这样的一种逻辑论点如此激烈的反应？答案在于众多因素的错综交织。第一，若瑟林认为逻辑学所涉及的是具体的物理事物，从我口中发出的声音只是作为这些事物的口头符号，而涉及的不是事物本身，这些声音只是标记。若瑟林之前，很多人将逻辑学看作是与具体的物理世界，与发自我口中的作为事物的文字记号的声音相关的学问，而不是与事物本身打交道，那些声音是其记号。这种逻辑观的变化——但我们并不确定这是否是他的立场——将会颠覆整个奥古斯丁在《论基督宗教之教义》（*De doctrina christiana*）的第一和第二章中为西方世界所表达的基督宗教的神圣的新柏拉图主义。由阿伯拉尔——另外一位反对者——我们得知，不仅属与种只是空气中的烟雾，而且我们本身也不过是过眼云烟，若瑟林否认颜色是不同于这些具有颜色的物体的东西。结果是，我可以谈论这个绿色的苹果，但"苹果"这个种，"可食用的水果"这个属以及"绿色"这个属性只是声音而已。若瑟林拒绝承认存在着一个为很多事物之共同基础的外在于心灵之外的实体。自阿伯拉尔的时代起，这样的一种对在人的意指之外仍存在着不同事物的共同真实实体的拒绝被看作是唯名论之特质。第二，笼统地来说，我们知道，在1902年若瑟林被迫扬弃一些关于圣三神学的错误。中世纪早期神学的不足之处的其中之一就是这样的一种趋势，单意地运用创造的或者非创造的秩序之词语而并不参照这些词语的历史语境。比如"个体"（indiuidua）、"本质"（substantia）以及与之相关的同质（consubstantial），"差异"和"区别"被认为在逻辑学和神学里具有相同的意义。在逻辑学里，这些词语的意义已经非常含糊不清，作为单个的词语却具有不同的希腊文词语的意义。在教义神学中，这些词语是专业术语的混合形式，形成于4—5世纪时关于耶稣的身份的争论：耶稣作为个体的人、作为"天主的儿子"，以及他与"圣父"和"圣神"的关系。这些术语在古希腊文中恰恰首先具有否定意义（比如，将那些不符合这种看法的主张排除在基督宗教论述之外，因为如果吸纳积极意义，就会是对天主进行定义)，但是，一旦这些词语被翻译为拉丁文，就被理解为具有言说天主之本性的积极意义。在这样一种神学语言的氛围中，如若瑟林的观点，就可以很快引发不同的难题。比如，在三位一体中的每一位都具有独立的位格（中世界神学的一个前提），而且每个位格都是“神”（另外一个前提），这样“神”就是种，但是，如果这仅仅是一种言说声音，那么另外一个前提“神只有一位”的信条就会被否定，这样矛盾就产生了，引发这种矛盾的思想者就会被认为是异端者（他在授教来自非教会权威的教义）。

对于西方思想来说，与若瑟林之争带来的好处是这样的一种关于学术术语运用的澄清厘正，特别是这样的一种共识，即关于神与受造物的这些术语不能被单意地运用。当人们拒绝或接受逻辑学中的某些立场的时候，不能眼睛直盯着那种对于在神学的某些领域中的立场的阐释，而是应该存在着一种贯穿整个学问的连贯性。这种趋势作为这争论的特色一直保持到16世纪。

三、争论的发展：阿伯拉尔与其他学者

若瑟林的两位门生反倒成了他学说的主要反对者，尽管以不同的方式。威廉·尚博（William of Champeaux, 1170—1121）主要反对的是若瑟林关于普遍真理的神学阐释，他借助于一种极端的唯实主义来反驳若瑟林的学说。每一个属和种在这样一种程度上存在于属和种的每一个具体所属成员中，即每一个属和种在任何一个情况下都保持不变：当我今天吃一个苹果，我所享用的是和我昨天保存着的苹果一样的本质。这两个不同的苹果通过一些附加的形式连同这共同本质被区分开来，这些形式就是那些本质的表述。因为这样的一种唯实主义会变得摇摇欲坠，如果那区分这两个苹果的标准是，一只苹果摘自一颗苹果树的一个枝头，另外一只来自另外一个枝头。它确实允许一种非物质的实体存在，比如“正义”，它可以在一个诉讼案子中存在，也可以在另外一个案子中存在。

同样地，这样一种唯实主义可以被运用到圣事神学中，保证圣事的一体性以及在不同教堂里的叠加成为可能，比如圣体圣事。尚博的反驳本身也成了阿伯拉尔（他也是尚博的学生）要反驳的对象，尽管他鉴于阿伯拉尔的批

判而修正了自己的立场，但不久他就退出了这场争论。阿伯拉尔看到，当多样不同的形式彼此相对立时，尚博的立场会导致一种同时容许互不相容的特性存在（比如，不可能同时为真）。所以，阿伯拉尔做出结论，普遍真理不能独立于单独个体而存在。

阿伯拉尔对于若瑟林的批判远非谈谈而已。他从未认为自己的老师错漏百出，相反，他的学说有欠于恩师，甚至他对恩师若瑟林的反驳也常常被历史学家更多地看作为一种改进，而非对若瑟林作品的扬弃。既然他拒绝尚博的立场，即普遍真理是一个实体（res），他也反对若瑟林的立场，即普遍真理只是空气中的烟雾（flatus uocis），因为普遍真理确实具有真实意义和表谓，而认为普遍真理对于感知者来说是具有意义的智性世界（sermo）——即我们有时称为“概念”的东西。下面两段话最能表达出这种温和的实体主义的理论基础：“用另外一事物来表述一事物是很愚蠢的”（rem de re praedicare monstrum）——这是回应尚博的唯实主义——“没有什么事物可以用来表述不同的多个事物，除了名称而已”（nullam rem de pluribus dici sed nomen tantum），这句话是第一个格言，表述重点从声音转到名称，这是对若瑟林的回应。意外的是，普遍真理在这里作为“名字”（nomina）出现，如此，整个争论也就得到了这个名字。更为混淆不清的是，自从阿伯拉尔引进了这种用法，他常被看作是一位“唯名论者”。

宣称普遍真理是一个名称或概念而已是一回事，但问题依然存在：首先，这些普遍真理与它们所指称和表述的事物之间的关系是怎样的；其次，这些普遍真理源自哪里，如何产生的。如果在每一个具体的事物中不存在着一个单一的实相，那这些名字还具有什么意义？（比如，如果并不存在一个我所遇到的具有“约翰本性”或“托马斯本性”的人的实相，那当我遇到约翰或托马斯的时候，我如何能说“约翰是一个人或托马斯是一个人”。）如果这些名字具有意义，我们如何知道“人”这个名词可以表述不同的个体，不仅仅是约翰或者托马斯，而且还包括我没有遇到的其他个体呢？阿伯拉尔的解决方案的基础源自常识：所有人都承认这些和其相似的同类是人。然后，他在人的感觉行动和理解行动之间做了区分。我们并不知道组成这些个体的所有总和，我们也没有必要理解所有我们将共同名字用到其身上的个体。我们所感知到的只是不可分的个体，通常只是一个名称外延的一小部分。但是从这些一小部分中，理性通过抽象功能产生出一个普遍的概念；这个概念是人的心灵自己造作（res ficta）的对象，然后被理性用到理解中，又被作为一个名称来表述人们所感知到的分散的个体事物。这种心灵图像是我们所见事物的再现，作为图像它比那些所表述的事物更缺乏明晰性，因为它忽略了所有其他同类个体与这些个体相比之下并不具有的特性，而且他仍然还是处于感知者的心灵之内，而不是处于感知者的心灵之外。这图像是既有共同性而又有差异的（communis et confusa），但它的作用可以足够来充当每个具体事物的标记：它不是另外一个事物（aliud），而是在不同的方式（aliter）被人的心灵感知到的一个相同的事物，从一些它已经在别处察觉到的特征里抽象出来。所以名字并不是一个自立体（除了作为在心灵中的一个思想），亦不是一个附属体，而是指向每个个体的记号。这种指向一个实相的记号的地位具有另外一个好处，这一点阿伯拉尔在他的圣事神学中全面地展开记述，即阿伯拉尔的这个理论可以被看作是对在若瑟林与安瑟尔莫和尚博的碰撞之后而产生的问题的回应。因为他回避了神圣光照说的问题（光照说暗示一种唯实主义），阿伯拉尔得以继续使用被创造的宇宙的圣事观作为指向一个实相的记号，这一点与奥古斯丁有关。

阿伯拉尔对极端的唯实主义与若瑟林的唯名论的回应为他以后的世代开创了先河，比如，托马斯·阿奎那所做的无非就是对阿伯拉尔的立场进行了改善而已，并将其理论与整个认识论相连（关于他在普遍真理问题上的立场，请参见 De ente et essentia, c. 4）。阿伯拉尔所做的贡献很容易被仅仅看作是复苏了亚里士多德的抽象理论，并摈弃了神圣光照说为基础的认识论。然而，这样的一种贬低没有看到阿伯拉尔在其所处的时代中所取得的成就。第一，他澄清了这自波尔菲利之时起就缠缚在这场争论中的模棱两可的语义模糊性，并形成了一个为这场拉丁哲学的辩论更加全面而准确的术语。第二，今天我们能看到阿伯拉尔和亚里士多德的《论灵魂》在抽象能力上的相似之处，我们可以这样断言是因为我们可以读到这部作品，但是阿伯拉尔并不能读到这部作品：他所能读到的亚里士多德的作品都是关于逻辑学的。《论灵魂》直到阿伯拉尔谢世多年之后才有拉丁文版本面世，所以，阿伯拉尔的解决方法是基于他自己对我们如何认知的问题和对人类认识能力的反思。第三，神圣光照说作为信仰的对象被基督徒以这样或那样的方式广泛地接纳，因为对于基督信徒来说，这光照说远远超过了那被视作对逻辑或认识论的问题的权宜之计的解决。这样一来，光照说就成为在逻辑学中应被接纳或拒绝的开局策略，所以他只是让光照说在基督宗教神学的框架里来履行其他的任务。因此阿伯拉尔为界定哲学与神学之思的适宜范围做出了贡献。

四、后期的大学内的争论：威廉·奥坎（William of Ockham）

亚里士多德全集以及相应的注疏集的到来使得人们能够对逻辑学，特别是语词逻辑进行与早期的研究相比更加全面的研究工作，比如阿维森纳（Ibn Sînâ，980—1037："Avicenna"）与阿维罗伊（IbnRoshd，1126—1198："Averroes"）的注疏，他们通常被称为注疏家，除此之外，还有大学的学者们越来越多。于是，比如像威廉·奥坎（1287—1347）这样的学者就应运而生了，这个新生学院的学员们就被冠以唯名论者的称号"nominalists"。然而，这次对逻辑学的兴趣却是在一个新兴的学术天地里产生：关于人如何获得知识的问题的范式有了转变，即从一个由一些学生围绕着单个老师的小学院圈子转变到大学学府，前者的研究立足于一小部分的经典文本，这场争论的范围扩大多了，学术的讨论也更为精细。甚至昔日哲学家的作品，特别是那些被认为是知识的创造者的作品，比如亚里士多德，被再阅读和注释，有关逻辑学和普遍真理的争论不再是若瑟林与阿伯拉尔曾经争论过的议题的重复，而是一些只能在一个新的世界里产生出来的争论。因为当时很多人以为这些争论无非就是早期争论的重演，所以我们作为历史学家必须谨慎，而不是不假思索就轻易接受这个论调：最起码我们应当以 14 世纪时的争论为"新唯名论"，或者统观全局，这至少在西方哲学史上是一个新的篇章。这为理解威廉·奥坎的"唯名论"思想带来进一步的困难。奥坎关于普遍真理问题的作品在这篇文章中都会被涉及（因为它的范围总是被早期的范围所决定）；但是这只是一个有关奥坎对逻辑学的贡献的摘要，这样的摘要只有在他对于逻辑学的完整的看法中才能被正确地理解——这样的探讨超出我的范围。

奥坎的出发点可以被理解为一种想要去除关于亚里士多德的阐释中的那些柏拉图主义倾向以及与阿维森纳的思想相联系的论调。具体来讲，这其实是对于董思高（John Duns Scotus，1265—1308）思想中的某个方面的拒绝，他认为心智可以在个别事物中区分出共同本性（共相）。比如，以约翰和汤姆为例，我们可以这样认为，他们二者都分有"人"和"动物"的共性。所有这样的区分都被奥坎所拒绝：唯一可以被接受的区分是关于实相的区分，比如"组成部分就像事物本身一样是个体性的”。如此，存在着约翰的头和约翰的脚，但是脚和头就像约翰一样是个体性的。所以，任何普遍性的东西都只是一个名称或者一个术语，只存在于感受者的意识中；另外，他主张这些普遍的名称并不指向事物的共同特征，而只是作为术语指向它们的共同性而已，他比阿伯拉尔有过之而无不及。名称作为名称只是与其自身相似（conueniunt se ipsis）：我使用“人”这个名称来称呼汤姆，我也使用一个相似的名称来称呼约翰——但这只表达我使用了相同的名称，并不表示在约翰和汤姆之间存在着任何相同性。但是，能够理解他的这种观点，需要一种特殊的人类认知能力。

一开始，奥坎将这些词语看作是心理图像或者概念，作为思想操作的产物（res ficta），是大脑抽象和综合能力的结果。但是，后来他更倾向于利用一个更为简单的假设来陈述这些词语——这就是奥坎的剪刀理论的应用——如此，当心灵看到一个外在于他的事实，把每个名字 / 名称 / 心灵图像看作是与思考的主观行动是一致的，这样做是适宜的。理性的每个思考活动都是具体而独特的：就如每一个词语都表达一个事物，每个理性的思考行动都与一个个别的真实外物相连。如此，逻辑学与科学并不处理与事物的关系，而是在我们的理性思考行动中与代表那些事物的词语打交道。对于那些接受奥坎理论的支持者来说，这种对词语的侧重产生出另外一个名字：名称论者。

奥坎的逻辑学理论使他也成为一位本体论的唯名论者——也正是基于此点，他最被后人所称道，但被那些继续清除经院派的形而上学为己任的人所诟病，就是在某一个 13 世纪的大师的传统上建立起来的形而上学，比如阿奎那或董思高。如果人的理性并不能领悟事物中的必要关系，物质关联除外，那么这种关联就不能说存在于事物中。这种观点与他关于天主的绝对能力的神学立场完全吻合，尽管这并不是他的神学思想的来源（potestas absoluta Dei）。神性往往被描述为一种能力，没有任何限制或者界限，且具有绝对自由。通过宣称事物中的唯一区别是真实的区别，奥坎意识到这意味着天主可以创造任何一个成分，或者干脆毁掉它而不需要任何别的程序。如此，一种本体自然论——事物与事物之间实实在在彼此相连，上下秩序有别——就成了挑战天主自由的前线阵地，因为这种论调可以被视作是局限和控制支撑宇宙万物的神圣力量。就如受造物的存在相对于天主的自由来说是偶有的——一个被当时中世纪所有基督徒思想家所接受的论点——所以这些息息相关的受造物的共存也纯然是偶有性的。事实上，全部的被创造秩序和天主的恩典之所以是这样的，是因为天主所愿意的。让我们回到人类的知识，这表示着所有人类的判断都只能具有可能性的地位。

五、争辩的遗产

奥坎，更多地是因为他在神学和教会权利方面的，而不是关于逻辑学方面的著作，被看作是一个思想流派之父，其中很多人都接受他在逻辑学方面的思想，并将自己看作是与那些更为早期的托马斯主义者和思高主义者相对应的现代之路（via moderna）。他们擅长于使用老师的逻辑分析方法来突出自己传统的权威。他们也往往在很多地方受到反对（比如1339年有一道法令，禁止他们在巴黎的文科院系内教授这个新的方法），他们的反对者宣称，奥坎主义者们只是对词语的知识感兴趣，而非像他们那样关心真理："我们走向事物本身，并不关心那些语词。"（nos imus ad res, de terminis non curamus）

后来，黑死病肆虐之后（1347—1351），很多举足轻重的思想家又重新被奥坎的著作所吸引，而且形成了一所持续到15世纪末期的唯名论学院。他们更多地被尊为神学家，而非哲学家——包括很多尊奉"大公会议至上论"的思想家，如让·热尔松（Jean Gerson, 1363—1429）。一个神学中的唯名论的好例子是加俾额尔·比艾勒（Gabriel Biel, 1425—1495）的作品，他强调，天主必须被看作是全能的（在绝对全能的传统进路中［potestas absoluta］），而且绝对仁慈的。他拒绝承认在天主内存在任何的多元属性，并且否认在天主的理智和天主的自由意志之间的区分用法在神学中有任何实质性的效力。比艾勒甚至采纳这样的主张，并与圣三神学比照，那在天主不同位格之间作出区分的仅仅是在信仰的基础上被接纳的形式上的区分；与他对一种因果论的本体论的拒绝相对应的是，自然神学没有任何存在的可能性。

这样的看法由来已久，即在唯名论者们对形而上学的拒绝与来自改革派神学对这种学说的排斥之间（否认自然神学）有着某种直接的历史关联；事实是，马丁·路德（Martin Luther, 1483—1546）就受到比艾勒的影响，这可作为此种联系的佐证。但这是一种对一种详细的本体论的两种不同的拒绝案例，只有在他们的最后立场中才显示出一些相同性。事实上，很多被看作是改革神学的前锋的，比如若望·威克里夫（John Wyclif , 1324—1389）和若望·胡斯

（John Hus, 1373—1415），以及加尔文（John Calvin, 1509—1564）都曾经是思高主义者——威克里夫曾是唯名论的反对者。当天主教主义反对改革的时候，艾克（John Eck, 1486—1543）曾是一名唯名论者。

因为在晚期的唯名论者与哲学家的立场之间存在着很多相同性（比如，托马斯·胡伯斯（Thomas Hobbs, 1588—1679）就使用了一套极为相同的逻辑词语），因为在 17、18 世纪的经验论者的思想中有很多结论是相同的，这使得这种历史阐释延展到这样一种程度，即在任何一种方式上，这些思想都与奥坎的思想或中古世纪的其他思想保持着一致。因为很多人可能将奥坎看作是来自更为早期时代的一种亲缘精神，如此这些后来的运动才兴起于西方哲学中，从不同的出发点达到曾经使中世纪的争辩蔚然成风的关键点。

译者单位：北京师范大学
联系方式：petertiansf@hotmail.com

教宗若望·保禄二世论人性尊严

□周兰兰

Abstract: Pope John Paul II is the loyal guardian of human dignity, he expounds his views on human dignity from two aspects, one is the creator God and the other is the creature man. God is the foundation and source of which the man can have human dignity, because God created man in his own image and gave man the holy dignity; meanwhile, as a creature, man has been granted the faculty of reason by God and possesses free will. Therefore, man is able to develop his own dignity based on reason and action. But man cannot achieve it because of sin. The recovery of human dignity must rely on being completely conformed to Christ, that is conversion to the mind of Christ, using his conscience and enduring sufferings.

天主教会历来重视人的尊严，尤其近代天主教社会训导出现以来，人性尊严成为教会社会思想最重要的核心原则之一。天主教前任教宗若望·保禄二世可谓教会史上人性尊严的忠诚卫士，他一生都致力于倡导尊重和维护人性尊严。若望·保禄二世的生平常被如此概括：诗人、神父、哲学家、剧作家、教宗。他本名卡罗尔·华迪卡（Karol Wojtyla），1920 年 5 月 18 日出生在波兰，年轻时不但热爱运动也喜欢戏剧。第二次世界大战开始时，他正在上大学，亲历了纳粹的残暴恶行后，他开始决志做一名神父。1954 年到 1958 年间，他曾担任卢布林的天主教大学的伦理学教授。1964 年他成为克拉科夫（Cracow）的大主教，三年后升为红衣主教，1978 年当选为教宗，取名若望·保禄二世。他是教会历史上四百五十多年来第一位非意大利籍教宗，也是任期第三长的教宗。他的神学思想根源于他自己的个人经历，在他早年的教育和学院时期，他的思想成形得益于许多哲学传统，包括托马斯主义、现象学和人格主义。”[1] 成为教宗以来，若望·保禄二世始终关注和维护人及其尊严，将之作为自己的神圣使命。他所颁布的通谕、劝谕、牧函和文告等总是涉及这一主题，同时，他还通过周游世界进行牧灵访问和发起并参与宗教对话的方式实践自己的使命。若望·保禄二世是梵二会议以后最重要也是影响最大的一位教宗，他关于人性尊严的思想是梵二会议精神的发展和延伸，更是根植于天主教的神学传统尤其是社会训导的传统中的。

一、人何以具有尊严——肖似天主

对于人性尊严，天主教会内历来就有诸多阐述。例如，按照正统神学家托马斯·阿奎那的观点，人有三重尊严：第一重是人因为按照神的形象和样式被造而具有的尊严；第二重是人虽然是以一种不完满的方式，但依然顺服神的恩典而能认识并爱神而享有的尊严；第三重是人因为完全与神合一而具有的尊严，这是进入天国者的尊严。[2] 而根据梵二大公会议的教导，人具有两重尊严，其一是人内在的尊严，是来自天主的恩赐和赠与的，可称为先天的尊严（connatural dignity），而另一重尊严也是内在的，但是人自己获得或实现的，可称为存在的尊严（existential dignity）。[3]

若望·保禄二世在论述人性尊严时曾反复引用《论教会在现代世界牧职宪章》（*Constitutio pastorali De Ecclesia in mundo huius temporis*）（即《喜乐与希望宪章》，Gaudium et Spes）的第 22 章，尤其是这一部分的开头段落：“诚然，除非在天主圣言降生成人的奥迹内，人的奥迹是无从解释的。第一个人：亚当，是未来亚当：主耶稣基督的预像。新的亚当：基督，在揭示圣父及其圣爱的奥迹时，亦替人类展示了人之为物和人的崇高使命。无怪乎，一切上述真理，均以基督为基石、为极峰。他号称为“无形天主的肖像”（哥，1：15）[4]，是一个完人；他将因原罪损坏的相似天主的肖像，给亚当子孙恢复起来了。就因为他曾取了人性，而并未消灭人性，故我们所有人性，亦被提升至

---

① Beabout et al, *Beyond Self-Interest — A Personalist Approach to Human Action* (New York: Oxford), Lexington Books, Lanham. Boulder. p. 44.

② See William E. May, *An Introduction to Moral Theology*, Foreword by Cardinal James A. Hichey, Our Sunday Visitor Publishing Division, Our Sunday Visitor, Inc., Huntington, Indiana, 46750, 1994, p. 40, note 1.

③ Ibid., p. 23.

④ 新约（天主教圣经思高版），哥罗森书（Colossians）1 章 15 节。

崇高地位。”[①] 这一段论述显明了若望·保禄二世关于人性尊严阐释的三个要点：即，首先，它显明了若望·保禄二世对人是“按着天主的肖像”被造的重要性的强调，这也是若望·保禄二世对人性尊严理解的基础，而且这一点也只有在基督借着“肖似天主”的人的形象再来中，才能得到清晰的表达。其次，若望·保禄二世强调，基督是通过启示“天父和他的爱”来启示人，这一启示被用来启示基督自己同父的关系。最后，若望·保禄二世坚持认为人的尊严只有在基督对人命运的启示中才能得到更深的揭示。

若望·保禄二世指出，人的尊严的基础和源泉就是人是按照“天主的形象创造的”。他以圣经的启示为基础，强调人因为按照神的形象和样式被造，被神赋予了独特而不容侵犯的尊严。若望·保禄二世在他所颁布的诸多文件中多次阐明了这种观点，在《妇女的尊严与圣召》牧函中，若望·保禄二世引领大家回到圣经“太初”的背景中，借着对创世纪中关于人的创造的启示，即“天主于是照自己的肖像造了人，就是照天主的肖像造了人：造了一男一女。天主降福他们说：‘你们要生育繁殖，充满大地，治理大地，管理海中的鱼、天空的飞鸟、各种在地上爬行的生物！’”（创，1：27—28），指出“……人是整个创造秩序的顶点，人类，其原始来自一男一女的存在，是整个造物工程的冠冕；男人和女人地位平等，同是照天主的肖像受造的人。天主的肖像和模样，对人来说是重要的，是由为夫妻为父母的男女传给他们的后代……造物主把治理大地的权能托付给人类，一切的人，所有的男人和女人，他们从共同的‘肇始’获得他们的尊严和圣召。”[②] 在若望·保禄二世看来，虽然人因着罪而扭曲了天主的肖像，破坏了天主赐下的尊严，但天主对人的爱仍坚定不移，“他的爱是没有止境的，他派遣独生子耶稣来救赎每一个人，恢复每一个人全部的尊严”[③]。在若望·保禄二世看来，耶稣基督是天主的肖像，“是将亚当的子孙因罪而被扭曲的天主的肖像重新恢复过来的完人。在圣言的天主性位格所摄取的人性中，除了罪恶之外，众人所分享的人性，已被提升到无上

---

①《论教会在现代世界牧职宪章》，第一部分第22章，载《天主教梵蒂冈第二届大公会议文献》，天主教上海教区光启社，2001年12月。

② Pope John Paul II，*On the Dignity and Vocation of Women*，No.6，Pauline Books & Media (Boston: Vatican Translation, 1988), p. 22.

③ Pope John Paul II, *Respect for Human Rights: The Secret of True Peace, Message of His Holiness Pope John Paul II for the Celebration of the World Day of Peace,* No.13, January 1, 1999, http://www.vatican.va/holy_father/john_paul_ii/messages/peace/documents/hf_jp-ii_mes_14121998_xxxii-world-day-for-peace_en.html，2013/1/25.

的尊严：‘因天主圣子的降生成人，在某种程度上，他同每一个人都合在一起。他曾用人的双手作工，用人的头脑思考，用人的意志行事，并用人的心肠爱人。他既生于童贞玛利亚，就真实的成为我们当中的一员，除了罪过以外，在一切事上，他都与我们相似’。”①

若望·保禄二世在《生命的福音》通谕（*Evangelium Vitae*）中也表述了同样的思想，他说：“人与造物主藉亲密的结合，得到了至高的尊严：在人身上，闪耀出天主本身的映象”，同时，他强调：“天主赐给人的生命，是一件礼物，借着这恩赐，天主与受造物分享他本身的某些部份”。②若望·保禄二世在这里表达了这样的思想，即我们的创造不仅意味着我们拥有一种独特的生命，而且意味着这种生命被命定地在分享上帝自己的生命中达到圆满。若望·保禄二世强调，每个人的生命都是上帝赐下的礼物，人都活在一种完全依靠神的关系中。如果人能理解这点，就能认识到人只有与上帝和好才能完全享受生命。若望·保禄二世还经常引用《论教会在现代世界牧职宪章》的第一部分第24章，指出“唯有人是天主为人的本身而喜爱的受造物”。人不同于其他受造物，因为“人的本性是在寻找真理。这种寻找不只为获取部分的、经验的，或科学的真理；人也不只为个别的决定来寻找真理。他的寻找朝向进一步的，可以用来解释生命意义的真理，因此，这种寻找最后只能止于‘绝对者’。”③这里的“绝对者”就是指至高的天主，人的理智能力以及人的身体都是神赐下的，是神所喜悦的，而人也只有不断地朝向天主，朝向作为真理的耶稣基督，才能使自己作为人而达至完满，若望·保禄二世也深信这是神所喜悦我们做的事。若望·保禄二世在《论基督信友平信徒》劝谕中总结了作为创造者的天主在人性尊严中的核心地位，他说：“从人的起源和终向来看，人性的尊严显示出光彩：他是依天主的肖像所造，为基督的宝血所赎，人被召成为‘在圣子内的子女’和圣神的活圣殿，预定要永远与天主合一。”④

---

① 教宗若望·保禄二世：《第三个千年来临之际》牧函（*Tertio Millennio Adveniente*），第 4 节，1994 年 11 月 10 日，http://www.vatican.va/holy_father/john_paul_ii/apost_letters/documents/hf_jp-ii_apl_10111994_tertio-millennio-adveniente_zh.pdf，2013/1/25。

② 参见教宗若望·保禄二世：《生命的福音》通谕，第 34 节，1995 年 3 月 25 日，http://www.vatican.va/edocs/ENG0141/__PF.HTM，2013/1/25。

③ John Paul II，*Fides et Ratio*，No.33，Pauline Books & Media (Boston: Vatican Translation, 1998), p. 45.

④ 教宗若望·保禄二世：《“基督信友平信徒”劝谕——论平信徒在教会与世界中的圣召使命》，第 37 号，1988 年 12 月 30 日，http://www.vatican.va/holy_father/john_paul_ii/apost_exhortations/documents/hf_jp-ii_exh_30121988_christifideles-laici_zh.pdf，2013/1/25。

总之，在若望·保禄二世那里，人所具有的尊严是以“人按照天主的形象和样式被造”并“为基督的宝血所救赎”为基础和核心的，这一尊严既将人的生命作为一种独特的生命与至高的创造者紧密地联系起来，指明了人生命的基本方向就是朝向天主，同时强调每个人的生命都是天主赐予的礼物，人不是从属于其他造物的，而是受命于天主来管理和治理全地的。人的这种尊严还显示出天主赐予人认识真理和获得自由的能力，这些能力是人命定具有的，而人要实现这些能力则必须进入到对天主的认识和爱的分享中。按照若望·保禄二世的观点，创造者天主是人能具有尊严的源泉和基础，人的被造与被救赎彰显出人与天主的亲密关系以及天主对人的不止息的爱，这也正是人能具有尊严的根本原因。

二、人如何实现尊严——理性和行为

从创造者天主的角度阐述了天主是人具有尊严的根本原因后，若望·保禄二世则转向作为被造物的人，继而从人的角度阐述人如何实现自身的尊严。若望·保禄二世指出，在原初的创造中，“……使人肖似天主的事实是——不同于整个其他生物界，包括那些有感觉的生物——人是理性的动物。由于这个专有性，男人和女人能够‘统治’可见的世界上的其他受造物（参见创1：28）。”[①] 若望·保禄二世特别强调人与其他被造的区别，人不只分享了天主的肖像，而且从天主那里获得了理性的恩赐，他将人置于被造世界的核心地位，他说：“在世上所有的生物中，只有男人或女人是一个‘位格’，一个有意识及自由的人，也因此成了世上所有一切的‘中心和巅峰’。”[②] 在这里，若望·保禄二世充分肯定人的主体性和自由意志，他在自己颁布的许多教导中强调这点，他甚至指明，“……在人类历史上，天主的一切行动无时不尊重人性‘我’的自由意志”[③]，在他看来，“从天主处，人获得了必要的尊严，以及随之

① Pope John Paul II，*On the Dignity and Vocation of Women*，No.6，Pauline Books & Media (Boston: Vatican Translation, 1988), p. 22.

② 教宗若望·保禄二世：《“基督信友平信徒”劝谕——论平信徒在教会与世界中的圣召使命》，第37号，1988年12月30日，http://www.vatican.va/holy_father/john_paul_ii/apost_exhortations/documents/hf_jp-ii_exh_30121988_christifideles-laici_zh.pdf，2013/1/25。

③ Pope John Paul II，*On the Dignity and Vocation of Women*，No.4，Pauline Books & Media (Boston：Vatican Translation, 1988), pp. 18-19.

而来的能力，去超越一切社会秩序，转而追寻真与善。”[①] 若望·保禄二世一直强调，“人不是被利用的‘物品’或是‘客体’，而主要是一个负责任的‘主体’，一个有良知和自由的，被召负责地在社会和历史中生活，并且导向属灵的及宗教的价值。”[②] “由于人格尊严，人本身就是价值，个人要求被视作是人，受到人的对待，绝不可被视为客体、工具或是物体来对待。”[③] 他引梵二会议的教导，阐明“人性尊严要求人有意识的自由抉择而行事，犹如出于个人衷心悦服而行事，而非出于内在的盲目冲动，或出于外在的胁迫而行事。人将自己由私欲的奴役中解放出来，并以自由选择为善的方式追求其宗旨，同时，又辛勤而有效地运用适宜的手段，这样的人才算拥有人性尊严。”[④] 总之，若望·保禄二世强调人的位格、主体性及自由意志，认为这是人实现存在尊严的决定性要素。

人虽然从天主而获赐了理性和自由意志，然而，按照圣经的记载，人却因为错误地运用自由意志而悖逆上主，切断了自己与作为智慧和爱之神圣根源的天主之间原初的联系。因而，人一出生就因着始祖的原罪而处于远离天主的处境中。在《主及赋予生命者》通谕（*Dominum et Vivificantem*）中，若望·保禄二世深入地分析了原罪及其带来的严重后果，他指出：“……尽管创世的见证，以及与创世俱来的救恩计划的见证，黑暗之神是有能力指明天主就是他自己创造物的敌人，首先是人的仇敌好像是对人构成威胁和危险的来源。以此方法撒旦设法在人的灵魂播植敌对的种子，‘从起始’天主就被视为是人的仇敌，而不是慈父。人被挑唆成为天主的敌手！罪在其原始幅度上的分析指出，由于‘撒谎之父’的影响，在人类历史的过程中，人不断地遭遇抗拒天主的压力，甚至达到怨恨他的程度：诚如圣奥斯定所指，‘私爱自己达

---

① John Paul II，“Centesimus Annus”，No. 38, *see The Encyclicals of John Paul* II, Edited with Introductions by J. Micheal Miller, C.S.B., Our Sunday Visitor Publishing Division, Our Sunday Visitor, Inc., Huntington, Indiana, 46750, 1996.

② 教宗若望·保禄二世：《“基督信友平信徒”劝谕——论平信徒在教会与世界中的圣召使命》，第 37 号，1988 年 12 月 30 日，http://www.vatican.va/holy_father/john_paul_ii/apost_exhortations/documents/hf_jp-ii_exh_30121988_christifideles-laici_zh.pdf，2013/1/25。

③ 教宗若望·保禄二世：《“基督信友平信徒”劝谕——论平信徒在教会与世界中的圣召使命》，第 37 号，1988 年 12 月 30 日，http://www.vatican.va/holy_father/john_paul_ii/apost_exhortations/documents/hf_jp-ii_exh_30121988_christifideles-laici_zh.pdf，2013/1/25。

④ John Paul II，*Veritatis Splendor*, No.42, Aug, 6, 1993, http://www.vatican.va/edocs/ENG0222/__P5.HTM，2013/1/25。注，凡下文中援引若望·保禄二世的通谕的英文版本，其中译文皆参照中文天主教门户网站——“天主教在线”上关于若望·保禄二世通谕的译本，具体网址为 http://www.chinacath.org/book/html/47/content.html，下同。

到对天主蔑视的程度’。”[1] 在这里，若望·保禄二世清晰地指明，人因为原罪的关系已经失去了原初的与天主如同父子般的亲密关系，人将天主置于敌对而不是慈父的位置，甚至蔑视天主。但是人不知道的是，当人们失去了对天主的意识后，对人的意识也将受到威胁和破坏，若望·保禄二世引用《论教会在现代世界牧职宪章》的表达：“受造物而无造物主，势必等于虚无……人一旦忘掉天主，受造物便晦暗无光。”[2] 总之，在原罪的影响下，人的理性黑暗，自由被破坏，不仅人与上主的关系被割断，甚至会因此危及人与人的关系。在《生命的福音》通谕中，若望·保禄二世强调：“人藉罪恶反抗造物主，最后还崇拜受造物偶像：‘他们将虚妄变作天主的真理，去崇拜事奉受造物，以代替造物主’（罗，1：25）。结果人不但使天主在他自己身上的肖像变形，而且也禁不住要冒犯天主在别人身上的肖像，把彼此共融的关系，代以不信任、冷漠、敌意，甚至恶之欲其死的恨意等态度。当人不再承认天主为天主，就辜负了‘人’的深长意义，也殃及人与人之间的共融。”[3] 若望·保禄二世认为，原罪是现代社会的人们将人性尊严排除在人自主行动之外的广泛趋势的最深层根源。罪使得人否定自身身体存在的内在价值，并因此创造了一个“位格存在”（personal existence）和“仅仅是生物的存在”（merely biological existence）的二元主义[4]，人类社会的和谐被极大地破坏了。并且，因着这原罪及其带来的严重后果，人对自身存在尊严的实现已成为不可企及。

三、人如何恢复尊严——皈依、良心和苦难

若望·保禄二世指出，人要恢复自身存在的尊严只能依靠基督的救赎。人必须敞开自己接纳基督——即天主的完美肖像，才能在自身内恢复天主的肖像，也因此，人才能自由地分享天主无私的爱。他强调这爱对人而言是极其重要的，“没有爱，人不能生活，他会成一个不了解自己的人，他的生命会毫

---

① John Paul II, *Dominum et Vivificantem,* No.38, 18, May, 1986, http://www.vatican.va/edocs/ENG0142/__PB.HTM.

② 教宗若望·保禄二世：《生命的福音》通谕，第 22 节，1995 年 3 月 25 日，http://www.vatican.va/edocs/ENG0141/__PF.HTM，2013/1/25。

③ 教宗若望·保禄二世：《生命的福音》通谕，第 36 节。

④ See Christopher Tollefsen, University of South Carolina, Colunbia, Sc, U.S.A., edited, *John Paul II' s Contribution to Catholic Bioethics*, Springer, 2004, p. 16.

无意义。……这就是救赎奥迹的人性幅度，在此幅度中，人重新找到了属于人类的伟大、尊严和价值。……他应该把他整个的进入基督内，他应该‘占有’并吸取整个降生和救赎的实体，为的能找到自己。”① 在若望·保禄二世看来，人存在的尊严的恢复只有当人在基督内转变自己才是可能的，这种转变能使人活在天主爱的秩序中。按照若望·保禄二世的观点，这转变的根本就是要皈依，即信仰的表达。若望·保禄二世在《救主的使命》(*Redemptoris missio*)通谕中分析了皈依的重要意义，他指出：“皈依是天主的恩典、天主圣三的工作。是圣神开启人们的心，使他们能相信基督并‘明认他’……从一开始，皈依就在完整的和彻底的信仰上表达出来，它不限制也不阻碍天主的恩典。同时，皈依激发活泼和终生的进程，要求不断地背向“依照肉欲的生活”而转向‘依照圣神的生活’(罗，8：3—13)。皈依意谓由个人决定接受基督拯救的至高权力，并成为他的门徒。”② 若望·保禄二世还特别指明，这种“接受基督拯救的至高权力”不能只停留于表面的追随和尊崇，而是要人全身心地去效法基督，他说：“跟随基督不是外表的效法，因为是属于人心灵深处的。作耶稣的门徒，就是怀有耶稣基督的心情，他成了仆人，甚至在十字架上奉献了自己(斐，2：5—8)。基督借着信德居住在信者心里(弗，3：17)，就这样门徒与主相似。这是圣宠的效果，也是在我们内工作的圣神临在的效果。”③

在对基督的皈依和效法中，若望·保禄二世重视人的行为的作用，他指出：“……正是经由人的行为，人达成其所以为人的完美，因为人被召叫，‘自动地寻求天主，并自由地皈依天主，而抵达其幸福的圆满境界’。人的行为就是伦理的行为，因为它们表达并确定行为人的好坏。它们不只是改变人的外在的形势，而且因为它们是自由的选择，因此给予行为人伦理的界定，确定他深刻的灵性特征。”④ 在若望·保禄二世看来，人因为能自我拥有、自我管理而能做出自我决定，自由地实施自己的行为，因而人是自身行为的主体，而

---

① 教宗若望·保禄二世：《人类救主》通谕，第 10 节，1979 年 3 月 4 日，http://www.vatican.va/holy_father/john_paul_ii/encyclicals/documents/hf_jp-ii_enc_04031979_redemptor-hominis_zh.pdf，2013/1/25。

② 教宗若望·保禄二世：《救主的使命》通谕，第 46 节，1990 年 12 月 7 日，http://www.vatican.va/holy_father/john_paul_ii/encyclicals/documents/hf_jp-ii_enc_07121990_redemptoris-missio_zh.pdf，2013/1/25。

③ 教宗若望·保禄二世：《真理的光辉》通谕，第 21 节，1993 年 8 月 6 日，http://www.vatican.va/edocs/ENG0222/__P3.HTM。

④ 教宗若望·保禄二世：《真理的光辉》通谕，第 71 节。

人的行为也决定并揭示人。人对基督的皈依和效法是人自己做出的自由选择，是人作为主体而实施的行为，因而对人恢复自身的尊严至关重要。

除了皈依，若望·保禄二世特别强调人的道德良心和苦难的价值在恢复人性尊严上的重要作用。在他看来，人的良心能依据真理的标准而判断人当做的事和当避免的事，因而对实现人的尊严起着决定性的作用，而苦难所承载的救赎意义也在恢复人性尊严的过程中扮演着重要角色。

若望·保禄二世在《主及赋予生命者》通谕中反复论及了良心的重要作用，他说："藉着圣神的德能，'关于罪恶的指证'同时成了'有关罪恶赦免的见证'。伯多禄在耶路撒冷的讲演召唤人们悔改，就如耶稣开始默西亚使命活动召叫他的听众悔改一样。悔改需要对罪的信认！包括良心内在的判断，这是真理之神在人心灵深处行动的证明，同时也成为获得恩宠和圣爱的新开始：'你们接受圣神罢！'因此，从'关于罪恶的指证'来看，我们发现双重恩典：良心真实性的恩典，及赎罪确实性的恩典。真理之神就是护慰者。"① 他结合梵二大公会议对人的尊严和良心的教导，阐明良心对人尊严实现的决定作用，他指出："梵二大公会议，当其论及人的职责，尤其是有关人格的尊严时，谈到天主教有关良心的训导，尤其良心决定人格尊严。因为良心是'人的最隐密的核心和圣坛，在那里人单独与天主会晤，而天主的声音响彻于良心深处'，'在必要时，便告诉人心：这事应当执行，那事应当避免'。由造物主安置于人肉心这行善及避恶的指挥能力，是人格主体的主要特征。……在这意义上，良心才是'秘密圣坛'，'天主的声音响彻'其中。良心是'天主的呼声'，即使人认识良心仅仅是伦理秩序的准则，这点谁也不会疑惑；即使对造物主没有任何直接的敬重。良心通常发现其基础与评会正因为有此认识。"② 若望·保禄二世在《真理的光辉》通谕中继续论述了人的这种良心要在主基督为所有的人舍身的爱德中培育。他强调基督是天主的德能和智慧（参见格前，1：24），认为基督揭示了自由的真正意义，并召叫门徒一同分享他的自由。这自由是以爱和基督的整个生命启示给人的，因为基督自由地迎向受难，并在十字架上听命于圣父，为众人舍弃生命。若望·保禄二世将基督舍身的恩宠视作教会取之不竭的泉源，号召教会和每位基督信徒都来参

① John Paul II, *Dominum et Vivificantem,* No.31, May, 18, 1986, http://www.vatican.va/edocs/ENG0142/__PA.HTM, 2013/1/25.

② John Paul II, *Dominum et Vivificantem,* No. 43.

与被钉十字架的基督的任务，分享他的恩宠和责任。[①]若望·保禄二世借此总结了基督信仰的真谛，指出："……那不是单纯的由理性同意接受的一些条文。信仰却是活出对基督的认知，对他诫命的活的记忆，要生活出的真理。一句话，在任何事上，不能算真的被接受，除非此话见诸实行，除非真的实践。信德就是包含一个人整个存在的决定。信仰是信者同耶稣基督、道路、真理与生命（参见若，14：6）的相遇、交谈、相爱与生命的共融。它引发完全信靠耶稣基督的行为，他使我们能活出他的生活（参见迦，2：20），也就是深爱天主和我们的弟兄姊妹。"[②]

若望·保禄二世重视苦难的救赎意义在人性尊严恢复中所扮演的重要角色。在若望·保禄二世看来，人的痛苦是与原始的罪过紧密联系在一起的，虽然基督以十字架上的牺牲和复活为人赎了罪并战胜了死亡，但是却并没有废除人生现世的痛苦，他甚至更以自己在十字架上的苦难使人类的痛苦达到了巅峰，同时，若望·保禄二世也指出，人类的痛苦借着基督的苦难也进入了一个全新的幅度和一个新的秩序：痛苦与爱连结在一起了。在若望·保禄二世看来，基督以受苦的方法将至高者无上的爱表达出来，正是在基督受苦的十字架上，爱不断地流露出来。[③]人在现世的痛苦是对基督苦难的分担，这痛苦不会损害人之为人的尊严，反而能帮助人更好地实现自身的尊严。因为，"分担基督痛苦的信德，带来内心的确定，使受苦的人感到'他补充基督的苦难所欠缺的'；这种对救赎工程精神幅度的确定，使他像基督一样，为他的兄弟姊妹们的得救而服务。"若望·保禄二世强调这痛苦对人实现在基督内转变的价值，他说："痛苦比其他一切更能为改变人灵的圣宠铺路。痛苦比其他一切更能使救赎的德能，临于人历史之中。"[④]因为这痛苦的存在就是为了激起人的爱心，将人类社会变为"爱的社会"，在这样的爱中，痛苦的救赎意义才算完全实现。若望·保禄二世总结道："……基督救赎的痛苦是人类一切痛苦的根底。基督说：'你们是为我做的'。他自己是在每位身上经验到爱的一位；任何受苦的人得到帮助时，是他自己接受帮助。他临在于每一个受苦的人身上，

---

① 参见教宗若望·保禄二世：《真理的光辉》通谕，第 85—87 节，1993 年 8 月 6 日，http://www.vatican.va/edocs/ENG0222/__P8.HTM。

② 参见教宗若望·保禄二世：《真理的光辉》通谕，第 88 节。

③ See John Paul II, *Salvifici Doloris,* No.18, Feb, 11, 1984, http://www.vatican.va/holy_father/john_paul_ii/apost_letters/documents/hf_jp-ii_apl_11021984_salvifici-doloris_en.html.

④ See John Paul II, *Salvifici Doloris,* No.27.

因为他救赎的苦难曾一劳永逸地为每个人和所有忍受痛苦的人开放。所有受苦的人，一齐被召‘分担基督的苦难’，就像所有的人被召以自己的痛苦‘补充’那‘基督的苦难所欠缺的’。同时基督教导人：用自己的痛苦去行善，并为受痛苦的人行好。在这双重的观点下，他完全启示了痛苦的意义。这是痛苦的意义，它实在是超性的而又是人性的。它是超性的，由于它扎根在世界救赎的神性奥迹上，但也非常地具有人性，由于在痛苦中，人发现他自己，他自己的人性，他自己的尊严和他自己的使命。”①

综上所述，若望·保禄二世从至高的创造者和作为被造者的人两个角度阐明了人性尊严。他从创造者的角度阐明天主是人性尊严的根源和基础，因为人是按照天主的形象和样式被造，并且因其本身的缘故而被天主喜爱的造物，人的整个生命都是天主的恩赐。因此，人能拥有人性的尊严，而天主对人的爱与救赎更是坚固了人的这种尊严。同时，若望·保禄二世从人的角度分析了人如何能获得并实现自身的尊严，若望·保禄二世强调人的自由意志和行为是人实现尊严的决定性因素，人是具有理性能力的被造物，人能通过自由选择和行动获得并实现自身的尊严。然而，人因为原罪却使自己失去了这份得来不易的神圣尊严，而人性尊严的恢复只能依靠在基督内完全的转变。若望·保禄二世指出，实现在基督内转变的三个要素即是：对基督的完全皈依，运用自身的道德良心，以及在痛苦的过程中发现尊严。若望·保禄二世在《人类救主》通谕（*Redemptor Hominis*）中的论述可以总结他对人性尊严的基本立场和观点，他说：“……在基督内并藉着基督，天主将自己完全启示给人类，并且决定性地与人类接近；同时在基督内并藉着基督，人完全意识到自己的尊严，提升他自己人性的超越价值以及他自己存在的意义。”②

作者单位：吉林师范大学马克思主义学院
联系方式：moqiwandou@163.com

① See John Paul II, *Salvifici Doloris,* No.30-31.

② 教宗若望·保禄二世：《人类救主》通谕，第 11 节，1979 年 3 月 4 日，http://www.vatican.va/holy_father/john_paul_ii/encyclicals/documents/hf_jp-ii_enc_04031979_redemptor-hominis_zh.pdf,2013/1/25。

从《人类救主》通谕看基督徒的社会责任

□李景玺

Abstract: On the 4th of March 1979, Pope John Paul II wrote his first Encyclical "The Redeemer of Man" (Latin: Redemptor Hominis). This Encyclical is a guideline document. It provided a very important base and thought for the Pope to write the other encyclicals in the future. In this Encyclical, the Pope, from the view of Christology and Christian Anthropology, constructed a framework for dialogue with the world. In the foreword of the Encyclical, the Pope addressed: Christ, whom we believe, is the center of the universe and of history. He is the Center of our vocation and our mission. The main teaching on Christology of the Encyclical is: Christ is the Savior of the world and of human beings. In fact, the teaching on Christology in the Encyclical is about Soteriology. We can use one sentence to state: The human is the way of the church, because Christ is the way of the human. The focal point of the Encyclical is about what the relations between Christ, Human and the Church are. At the same time, the Pope emphasized the honor of the human is untouched. In the end of the Encyclical, he addressed what the social task of the Christian is. In this article, I want to follow the thought of the Pope John Paul II, and to combine it with the development of the society; informing the reader: 1) In the multilayered culture and varied world, how a Christian can engage in social development. 2) Especially, relating to the change of Chinese society. I want to point out: That dialog is very important for Evangelization in China.

引　言

1979 年 3 月 4 日，教宗若望·保禄二世颁布了他当选教宗后的第一篇通谕——《人类救主》通谕。这篇通谕是一个纲领性的文件，也为他以后颁布通谕奠定了基调和思想基础。[①] 教宗用浅显易懂的句子来撰写这篇通谕。此通谕从基督论和人类学的视角来构筑一个完全开放与世界对话的思想。在通谕的前言中，教宗强调说：我们所信仰的基督是宇宙和历史的中心，他是我们召叫与派遣的中心（《人类救主》通谕第 11 号），[②] 由此他又引申出人的尊严，我们应对单个人和整个人性忠信负责。此通谕有关基督论的核心教导是：基督是世界与人类的救主，此通谕在基督论方面的教导实际上是救恩论。[③] 如果用一句话来概括此通谕的内容，那就是：人是教会的道路，因为基督是人的道路。[④] 在这篇通谕中教宗重点阐述基督、人与教会的关系。同时他也强调人的尊严神圣不可侵犯，最后他也指出了基督徒的社会责任。

在本文中笔者拟按照教宗若望·保禄二世的思想脉络，并结合今日社会的发展，谈谈基督徒在这多元文化与多变的世界中应该承担的社会责任。特别针对中国社会的变迁，笔者想提出对话在中国当代福传中的重要性。

一、天主降生成人

基督徒的信仰特色是：把天主的面貌置于人类历史中，并且视纳匝肋人耶稣——死而复活的基督为主。也就是说，基督徒相信：基督是天主的肖像，即耶稣基督是人类历史中的天主肖像。（哥 1：15）[⑤] 教宗若望·保禄二世在《人类救主》通谕的开端就这样强调说："人类救主，耶稣基督，是宇宙和历史的中心。此值教会和人类大家庭所生活的世界的重要时刻，我们的思想和我们的心皆指向基督。"（第 1 号）圣保禄宗徒认为，凡是领了洗归于基督的，就是穿上了基督。（迦 3：27）这也意味着，基督徒和基督已建立了深度的关系，因此他进一步强调说："我生活已不是我生活，而是基督在我内生活。"（迦 2：20）从保禄的话语中我们已经清楚地看出：保禄把"人是天主的肖像"，清

① 王美秀：《当代基督宗教社会关怀：理论与实践》，上海三联书店 2006 年版，第 146 页。

② 若望·保禄二世：《人类救主》通谕，王愈荣译，台北，1979 年。（下边只标出通谕号码）

③ Bernhard Haering, *Die Wuerde des Menschen in Christus: Die Antrittsenzyklika "Redemptor Hominis" von Papst Johannes Pauls II..Mit einem Kommentar von Bernhard Haering*, Freiburg-Basel-Wien 1979，p.114.

④ Vgl.ebd.Rueckdeckung von das Buch："Der Mensch ist der Weg der Kirche,weil Christus der Weg des Menschen ist."

⑤ 参阅谷寒松：《神学中的人学》，天主教上海教区光启社，2003 年，第 159 页。

晰地具体化为“人是基督的肖像”。[1]由于人类的罪过（骄傲与私欲），悖逆天主，从而远离了天主，可是天主对人类依然慈悲为怀，并派遣他的儿子来拯救堕落的人类，正如《希伯来人书》所说的：“天主在古时，曾多次并以多种方式，藉着先知对我们的祖先说过话；但在这末期内，他藉着自己的儿子对我们说了话。”（希 1：1—2）天主通过降生成人的方式进入人类历史，这种救赎的行为，使人类历史在天主爱的计划中，达到了顶峰。天主进入人类历史，并且以人的身份成了历史的角色，是千千万万人中的一个，同时他也是唯一的。（第 1 号）

耶稣基督进入人类历史并与我们人类一起生活，他就是道路真理和生命（若 14：6），借着他整个人类将获得救恩。正如若望宗徒所说的：“天主竟这样爱了世界，甚至赐下了自己的独生子，使凡信他的人不致丧亡，反而获得永生。”（若 3：16）他在世时，为了向人类显示他的爱，心甘情愿被钉死在十字架上，但第三天又从死者中复活了。基督也曾许诺，他要派遣真理之神来到我们中间，让我们明了一切。（若 16：7，13）

为了使整个人类认识天主及其真道，基督亲自建立了教会，教会是他的身体，他是教会的头，因着教会与基督的关系，教会好像一件圣事，他是全人类彼此团结的记号和工具。教会不断聆听他的话，以最大的敬意重建他生命的每一细节。并在每日的感恩祭中找到了生命和圣德之源、圣宠的有效标记和与天主的和好，以及永生的保证。由于教会活她的奥迹，并把主的奥迹带给整个人类，所以教会也包含在救赎奥迹之内，同时救赎已成了教会生命和使命的基本因素。（第 7 号）

二、人的重要性

由于教会把握一切得救的真理，因此他向所有人发出号召，让他们认识真理，加入教会，以便获得基督的救恩。（参阅弟前 2：4）教会是由基督徒组成的信仰团体，在此团体内每个成员都分享了基督的恩赐，因此每个成员都有义务把基督爱的喜讯向一切人去传播。作为基督徒自身来说，他也应该在天主恩宠中生活，使自己不断肖似基督，以便成为一个名副其实的基督徒。

① 谷寒松：《神学中的人学》，天主教上海教区光启社，2003 年，第 160 页。

由于人是天主的肖像（创 1：27），因此人的尊严是神圣不可侵犯的。尊重他人人格本身就是对人的尊重。

基督洞察人心深处，并藉着一颗人性的心爱着我们。一个没有心的人，人不会选他作朋友。透过心灵，人能够认识爱我们的天主。法国哲学家帕斯卡（Blaise Pascal）说：我们认识真理不仅藉着理智，也藉着心灵，透过心灵我们认识基本原则。很显然，帕斯卡所说的心是被恩宠感动的心，因着恩宠，他向天主开放自己。心指导着我们的道德和宗教生活，以及人际关系。① 德国哲学家瓜蒂尼（Romano Guardini）认为，心是爱的器官，从这爱，诞生了柏拉图的哲学和但丁的神曲。爱是“eros”一个无限的欲望，是精神上对真善美的渴求，它是直观心性的器官。② 的确，心认识事物是透过直觉，虽然有时并不能清楚地说明原因，但它并不盲目。

基督藉着与人内在奥秘的接触，让人认识到：在有形的世界中最重要的是人。人到底是什么？人的奥迹如何解释呢？梵二正确地教导说：除非在天主圣言降生成人的奥迹内，人的奥迹是无从解释的。由于基督是无形天主的肖像（哥 1：15），是一个完人，因此他将因原罪所损坏的相似天主的肖像，给亚当的子孙恢复了起来。因为基督曾取了人性，并未消灭人性，所以我们所有人性被提升至崇高的地位。同时因着他的降生，天主子在某种程度内同人人结合在一起。他曾以人的双手工作，以人的智慧思想，以人的意志行事，并以人的心肠爱天主爱人，所以他是人的救主。（第 8 号）

如果没有爱，人不能生活，他会成为一个不了解自己的人，他的生命将会变得毫无意义。可是救主基督“完全把人启示给人”（第 10 号），这就是救赎奥迹的人性幅度。在此幅度中，人重新找到了属于人类的伟大、尊严和价值。在此奥迹中，人重新被再造。“不再分犹太人或希腊人，奴隶或自由人，男人或女人；因为你们众人在基督耶稣内已成了一个。”（迦 3：28）如果一个人愿意彻底了解自己，那么他必须带着他的不安、易变，甚至他的软弱和罪过，他的生命和死亡，靠近基督。或者说，他应该使整个的人进入基督内，占有并吸取整个降生和救赎的实体，以便找到真正的自己。（第 10 号）

其实，在基督宗教或在福音里对人的价值和尊严特别赞赏，这种坚信和

① 简·博文玛：《圣经中“心”的灵修》，石磊译，河北信德社，2010 年，第 203 页。
② 简·博文玛：《圣经中“心”的灵修》，石磊译，河北信德社，2010 年，第 229 页。

确定的赞赏也决定了教会在现代世界的使命。教会在不断瞻仰整个的基督奥迹时，她完全确信藉十字架所完成的救赎，正式地恢复了人的尊严，并给予人在世生命的意义。这一救赎是在逾越奥迹中完成的，藉着十字架和死亡而达到复活。教会在不同时代，尤其在我们这一时代的主要任务是：指点人的思想，引导整个人类意识并体验天主的奥迹，帮助人在日常生活中深深地觉察到在耶稣基督内所完成的救赎。同时人的最深处，即人的心灵，良知和事件，也卷入此奥迹中。（第10号）

三、教会的神圣使命

梵二大公会议有一个很重要的思想就是普世性的教会意识，而且这种普世性的教会意识是在“交谈”中形成的。在使这种交谈成为会话前，我们必须注意另一方（对方）。对于非基督宗教，大公会议文献特别对它们伟大的精神价值深表尊重。其实教父们早已看到：在不同的宗教中，有着唯一真理的不同图像。从此让我们看到：虽然所取的道路不同，但只有一个目标：就是人心在追寻天主时所表达的深切愿望，同时藉着对天主的追寻，也寻求人性的整个幅度——追寻人生的圆满意义。大公会议对犹太教和回教徒有了新的认识。正如教宗若望·保禄二世所表述的：“犹太教是源，基督宗教是流。没有源，哪里有流呢？”教会对伊斯兰教徒也十分尊敬，因为基督徒和回教徒有共同的祖先亚巴郎。

从此可以看出：基督的奥迹是教会使命和基督宗教的基础。由于梵二的开放精神，使教会和所有基督徒能够对基督的奥迹达到更完美的意识，并在耶稣基督内，在各个时代不断地启示出来。同时在基督内，藉着基督，人完全意识到自己的尊严被提升，自己人性的超越价值和他自己存在的意义被肯定。“通过救恩，新的创造再次复兴人的尊严，这也是福音的本质所在。”[①] 因此所有跟随基督的人，都应该集合在基督的周围并团结起来，并让全世界知道，我们在宣报基督的奥迹，在启示救赎的天主性和人性的幅度，以及在不屈不挠争取每个人已达到和在基督内不断争取的尊严所作的奋斗中，我们是

① Bernhard Haering, *Die Wuerde des Menschen in Christus: Die Antrittsenzyklika "Redemptor Hominis" von Papst Johannes Pauls II..Mit einem Kommentar von Bernhard Haering*, Freiburg-Basel-Wien 1979, p.116.

团结一致的。（第 11 号）

教会的使命是传教性的和使徒性的。传教的态度是从极度尊重人内在的一切开始，并尊重人自己在内心深处已经探讨过的有关最深刻而又重要的问题。同时我们尊重使徒时代就有的传教士的态度去研讨一切文化和意识形态。这种态度似乎适合我们现代的需要，因为人的真正自由，并不在许多制度和个人所看和所宣称的自由中找到，因着教会的神性使命，她却成了此自由的保护者，而自由是人性真正尊严的条件和基础。（第 12 号）

由于天主的降生成人，在某种程度内，同人人结合在一起，所以教会也看清了自己的使命：就是使这种结合能实现并不断更新，教会也愿意对这唯一的目标服务：使每一个人能找到基督，使基督能与每一个人同走生命的道路，以在降生和救赎的奥迹中所包含的有关人和世界的真理的力量，以及从此真理所发射出的爱的力量，面对不断成长的历史过程，尤其在现代许多不同体系，世界的意识形态和政权的发展中，耶稣基督是以新的方式临在。虽然从表面上看来，教会是有限的临在，并有限地做制度性的活动，可是耶稣基督以真理和爱的力量临在。这种力量以一劳永逸的圆满在基督内表达出来。（第 13 号）教会非常关怀在各方面“更符合人性尊严的世界”的生命，而此生命“更适合人性”，然而“教会决不能与政府混为一谈，亦不与任何政治体系纠缠在一起，她是人类超越性的标记及监护者。”（《论教会在现代世界牧职宪章》第 76 号）很显然，以上所谈的是人的全部真理以及人的重要性。在此我们所探讨的不是抽象的人，而是真实的、具体的、历史性的人，而且每一个人都包括在救赎奥迹中，并藉着基督此奥迹永远与每一个人结合在一起。我们也知道，每一个人经由其母胎怀孕并来到世界，而托付给教会的，正是救赎的奥迹。教会关心的是整个的人，并以特殊的方法注意他，教会照顾的客体是一个举世无双的实体的人，他保持本有的天主的肖像和模样。因为人是天主所喜爱的，并自始被天主所召叫，因此人就成为天主奥迹的分享者。（第 13 号）

四、人是教会的道路

由于人的蒙召，生命和死亡，得救与丧亡都与基督紧密的连在一起，因此人在救恩的奥迹中有他的特殊任务。因为每一个人的存在和行动，理智和意志，良心和心灵都是完整而独一的实体，因此教会从来不放弃每一个人。

因为人是位格，所以人在他自己的实体中，有他生命的历史，更为重要的是，有他心灵的历史。人为了保持他精神的豁达和他肉体及今世生存的各种需要，经由连接他和别人的许多关系、接触、现状和社会架构而撰写他个人的历史，从他存在于世的那一刻，从他受孕和诞生的开始，这整个的人，他的存在，他的位格，他的团体性——在自己家庭方面，在他的社会和不同的环境方面，在他的国家或民族方面，以及在整个人类方面——此人是教会在完成她使命的旅途中应走的第一条路：人是教会第一条主要的路，是基督自己规划的路，是经由降生和救赎的奥迹而不断走的路。（第 14 号）

尽管如此，在人内依然存在着张力：虽然人向往真善美、正义和爱，可是他的整个生命、良知不断倾向于罪恶。因此梵二《论教会在现代世界牧职宪章》对人的内在分裂也做了详细的描述："在人性内，存在着许多互为水火的因素。一方面，由于人类是受造者，故感到自身受到多方面的限制；另一方面，又感到自身具有无穷的愿望和有走向更高级生活的使命。人类既为众多欲念所吸引，故必须经常有所选择，有所放弃，甚至由于自身的柔弱无能及向恶成性，往往做出本心不愿意做的事，又往往不做本心所愿做的事。于是，人在自身内，便感到分裂之苦，而社会上如此众多与巨大的争执，便造端于此。"（第 10 号）[①] 虽然在人内有分裂，但是人必须履行他的责任，沿着基督的足迹，在教会的指引下逐步完成他在世的使命。从某种意义上讲，人是教会的道路，而且这条道路是教会应走的其他道路的基础。

既然人是教会的道路、教会日常生活和经验的路、使命和辛劳的路，那么教会在今日应该不断地以新的方法来发觉人的各种境况：一方面，教会应注意到人以新的方向所显示出来的能力；另一方面，教会也要意识到一切阻碍合乎人性尊严所带来的危险。

五、基督徒的社会责任

由于人是社会性的动物，因而人在社会发展中扮演着十分重要的角色。基督徒是蒙天主召叫的人，他是天主救恩奥迹的分享者，也担任着宣讲福音

①《论教会在现代世界牧职宪章》，天主教上海教区光启社，2005 年，第 152 页。

与推动天主救恩临显于世的历史重任，因此基督徒应该关心宗教、文化、社会、政治、经济的发展，当然人也应该承担一定的社会责任。如果我们能够把握时代的信号，我们便会清楚地意识到在今日飞速发展的社会环境中人应该承担什么，身为基督徒应该如何实践福音的教导，去推动社会的进步与发展。笔者想从以下几点稍作分析：

（一）基督徒应该推广生态文明理念

今日科学技术发展十分迅猛，社会进步日新月异，人类能够飞往月球，探索火星。可以说，人控制世界的能力已经达到了前所未有的程度。可是人自身也受到严重的威胁，因而使人屈服在败坏的状态之下，屈服于空虚之中（第 8 号），比如：在快速工业化的过程中，自然环境的污染对人的生存与健康带来严重的威胁；或者因运用原子、氢子、中子和类似的武器而自灭前途；或者对未出生婴儿生命的不尊重等等，从这些事实我们不难看出：这个新时代的世界，同受产痛（罗 8：22），难道它不“热切地等待天主子女的显扬吗？”（罗 8：19）由于天主创造了世界，也造生了人。他先给人创造了一个良好的生存环境，然后让人快乐幸福地在里面生活（参阅创 1—2 章），可是人却忘记了天主创世时交给他的任务——天主让人管理这个世界。由于人滥用自由，随意妄为地破坏自然环境，因而也受到自然的惩罚。正如教宗方济各所说的：“如果人破坏了自然，人类可以原谅，天主可以原谅，但是自然不会原谅我们。”由于恶劣的自然环境（大气污染、雾霾、核辐射等）对人的生存已经构成威胁，并且严重地影响人的健康，因此基督徒应该呼吁世人：遵从圣经的教导，建立一个良好的人与自然的和谐关系，同时推广生态文明（神学），让今日人类回归到原始的天人关系和人与自然的关系中。人们可以减少煤炭、石油等燃料的开采与使用，因为一方面这些资源很有限，另一方面燃烧后排放在空气中的气体会造成严重大气污染。因此要充分利用太阳能、风能、水能等。中国早在 1988 年就开始发展风力发电工业，当时在丹麦政府的支持下在新疆建立了风力发电站，1994 年中国电力部发表了风力发电场并网运行管理规定，同时出台了风电政策。2010 年国务院为风电行业制定了再生能源政策，以便促进风电工业的健康发展。2012 年中国累计并网风力发电能力达 6100 万千瓦。目前中国风能在蓬勃地发展，连续四年且位居世界第一。如果中国政府继续坚持发展低碳能源，据估计在 2030 年中国风电就能够产生696万亿千瓦时的电力，足以支撑2030年中国的电力需求。[①] 当然这是一项艰巨的任务，基督徒应该在信仰光照下，在良心的驱使下，去建立一个美好的世界，从而使自己天主儿女的身份得以彰显。

（二）基督徒应加强与不同宗教间的对话

今天是一个多元文化并存的时代。有不同的文化，必然就会有不同的宗教存在。当我们研究文化时，我们会发现：每一个文化都蕴藏着该民族深远的理想与愿景。这理想构架着人们的人生观、价值观，甚至对于生命的终极关怀也包含其中，这理想超乎现实的社会生活，关切人们的来源与归向，以及在天、地、人之间安身立命的生存意义。因此一个文化中最高的层次，应属于宗教的范畴。[②] 因此宗教和文化之间存在着密切的关系，正如保禄·蒂利希（Paul Tillich）所说的："宗教是文化的内容，文化是宗教的形式。"[③]

按照梵二大公会议的精神，基督宗教尊重不同的文化形态，同时也非常尊重不同的宗教，因为教会发现在非基督宗教中也暗藏着伟大的精神价值。不可否认，在宗教和伦理道德中所表达出人类的精神对整个文化都有直接的影响。（第11号）在不同的宗教中含有真理的不同图像，或真善美圣的因素，都有"圣言的种子"，虽然道路不同，但目标只有一个——即追寻人生的圆满意义。也就是说，不同的民族不约而同地追寻着万物的根源——最高之神，致力于天人合一的远景，并在宗教的范畴中，寻求面对痛苦和挑战的安慰与力量，这也就是所谓的"救恩"。[④] 由于教会拥有基督所传授的全部真理，因此基督徒在展开其使徒工作，向外邦人宣讲救恩的喜讯时，应该大胆而明智地与其他宗教进行"救恩的会谈"，这也是教宗保禄六世在其通谕《他的教会》（*Ecclesiam Suam*）中所强调的。[⑤] 耶稣是犹太人，他敢于打破犹太教的传统，建立了基督宗教，因此基督宗教的源头是犹太教。由于救恩来自犹太，因此基督徒应该展开与犹太教的对话。对话是寻找真理的媒介，[⑥] 教宗若望·保禄二

① 参阅《驿》，香港《驿》编辑委员会，2014年9月，第210期，第8页。

② 参阅柯博识著述，吕慈涵编写：《福传神学》，天主教上海教区光启社，2005年，第174页。

③ Paul Tillich, *Systematische Theologie*,Band III, Stuttgart 1966, p.285.

④ 参阅柯博识著述，吕慈涵编写：《福传神学》，天主教上海教区光启社，2005年，第175页。

⑤ Paul VI, *Enzyklika "Ecclesiam Suam"* , 1964,AAS 56, p.650.

⑥ Johannes Paul II, *Gewissen der Welt*, Freiburg i. Br. 2002, p.206.

世主张展开与不同宗教间的对话。同时他认为，福音的神贫是和平的泉源。① 如果我们以福音的精神来展开对话，那么就会使不同宗教间享有和平。他首先进入犹太教会堂，在教会的历史上是史无前例的，今日的基督徒也应该积极地展开与犹太教的对话。同时也不可忽略与伊斯兰教的会话，因为伊斯兰教和基督宗教有共同的祖先亚巴郎，只有真诚地进行对话，才会促进宗教间的和平，也正如瑞士神学家孔汉斯所说的：没有宗教间的和平，就没有世界的和平。宗教间的和平预示着社会的稳定，因此推动宗教对话是基督徒责无旁贷的责任。

中国是一个具有悠久历史与灿烂文化的国度。在中国有儒、释、道三种宗教形态。基督宗教在华夏传播时间较短，中国基督徒应该熟识中国传统宗教，不断挖掘传统宗教的内涵，并以梵二所推广的本地化的思想，建立和发展中国神学。我们可以进行这样的尝试：（1）把基督宗教中的“爱”与儒家的“仁”进行比较，找出切入点进行对话；（2）把基督宗教中的“神（天主）”与道家的“超越者”（道）做一比较，找出共同的有关对神的理解；（3）把基督宗教中的“永生”和佛教的“涅槃”做一比较，因为这两者都是讲生命的另一种形式——人生的彼岸。这样藉着与其他宗教的对话，使真理更加明晰，从而也消除对其他宗教的误解。从另一方面来说，这也是一种福传，因为福传和对话是不能分开的。如果我们与其他宗教搞好关系，和平相处，从宗教的社会功能来说，它也促进了社会的稳定和发展。

（三）基督徒应唤醒社会对人格的尊重

天主按照自己的模样造了人，因此人是天主的肖像（创 1：27）。人在一切受造物中是最尊贵的，因为人有灵魂。在中国传统文化中也讲究顺天应人，意思是：人与万物相感互通，万物都在人的生命中映现，因此人是万物之灵。② 不难看出：不管是《圣经》，还是中国传统文化，都表露出：人的尊严是神圣不可侵犯的。③ 人应当活一个有尊严的生活，人的尊严应该得到维护。可是遗憾的是，随着今日社会经济的飞速发展，人却成了经济的奴隶、金钱的奴隶、产品的奴隶。人是不是真的像黑格尔（G.Hegel）所说的：人是金钱、

---

① Vgl.ebd.p.179.

② 参阅谷寒松：《神学中的人学》，天主教上海教区光启社，2003 年，第 128 页。

③ Johannes Paul II, *Gewissen der Welt*, Freiburg i. Br. 2002, p.41.

权力和性的本质？[1] 其实人作为有理性的动物，能够自由地自我反思。当人认识到：人失去自控能力时，他便会贪婪金钱、权力和性满足。但是如果人能够驾驭自己时，他便会产生正能量，去度一个正直与纯洁的生活。教宗若望·保禄二世引用圣伊仁尼乌斯（Hl.Irenaeus）的话这样写道："人的光荣是天主，但是天主的工作、天主的智慧和天主的权力的容器却是人。"[2] 意思是说，天主的工作、天主的智慧和天主的权力的彰显必须依靠人来完成，因此人在推动天主化工显扬于世时扮演着重要的角色。正是由于人的这种特殊性，人才成为教会的第一条道路。既然教会是天主救恩的保存者，所以人，尤其是基督徒，应该肩负教会的使命，把基督拯救普世的意愿向所有的人群去宣扬。

发展经济的目的是为人服务，金钱也是为改善人的生活水平，但是我们看到的恰恰相反。今日的人在发展经济时，根本不顾及伦理道德，缺乏诚信，因此存在着很多问题，从而使经济发展出现畸形，发展出一套缺乏伦理思考的经济，因而非常危险。从长远来看，这种经济不会持续发展，也不会繁荣。如果我们发展经济时，首先考虑到人的因素，或伦理的原则，那么我们就会创造出一个以人为本、以基督信仰为核心的健康的经济体系。在西方经济学中，时常会从伦理的角度去考虑经济原则，这是国人应该借鉴与学习的。

金钱本来是好的，可是今日的人却成了金钱的奴隶，他不是用金钱去做一些有益于社会发展的事，而是用金钱做一些伤风败俗、违背良心和道德的事。教宗本笃十六世（Benedikt XIV）说："如果一个人的心不好，那么其他的一切都好不了，心的良善只能来自于天主，他本身就是善。"[3] 在每个人的心中，他会发现其选择某种生活方式和支持某种意见的真正原因。在没有启示以前，人心已有对主的渴望，借着信德的恩赐，可以使这渴望得到满足。可是因着外在环境的影响，人的良心能够被扭曲。如果一个人的良心变坏了，他什么恶事都能做得出来：用金钱去购买官位，贪污腐败，破坏公益，戕害无辜者的生命等。由于他们杀人成性，因而认为草菅人命很正常，只要能赚钱，哪怕伤天害理的事都能做。例如，在西安某个民营医疗机构每年做"无痛人流"7000 人次，在这十年内（2004 年到 2014 年）就有 7 万生命丧失。

---

① Petrus Bsteh, Brigitte Proksch(Hg.), *Spiritualitaet im Gesprech der Religionen* I, LIT Verlag, Wien 2009, p.13.

② Vgl.ebd.p.42.

③ 小若望·艾伦：《真理与自由：教宗本笃十六世希望你知道的十件事》，刘丽君译，台湾光启文化事业 2013 年版，第 23 页。

也就是说，平均每天就有20个生命丧失。A女士是此机构的院长，她说：做无痛人流很赚钱，至少有30%的利润（4S店销售汽车的年利润只有5%—10%），而且手术只需3分钟。当初她认为做这样的事很有意义，很有价值，因为可以减轻患者的痛苦，但是现在她认为做这样的事不再有什么价值和意义了，她反思自己十年的经历，突然醒悟了，她认为根源还在于宗教，她这样说："在自省内视中，我的思路和眼界近两年与从前不同了。我想要厚德载物，不愿有损阴德。"她清楚地认识到自己当初的错误决定及盲目的行动，并这样说："我开始考虑得太少，头脑发热做出这个决定，有些欠考虑，我应该全面综合处置一切。"但她也希望通过媒体，让有关部门出台相关政策来遏制这个势头。她认为人流不是帮人，而是害人。因为借着错误的手段，从而造成很多人宫外孕、畸形乃至不孕不育症（除先天外，88.2%的患者曾做过人流）。①

在这世代，基督徒应该唤醒人们：尊重每一个人的生命，让每个人都活出生命的意义，活出具有人性尊严的生活。基督徒相信：借着我们信德的宣讲，能够挖掘出隐藏在人内心深处的宗教情感和基本原则（人心中印有天主的肖像，天主赏善罚恶），即使在最顽梗的心中也存有圣神的倾向，使人可以向真理开放自己。②

人运用自己的聪明才智去制造一些产品，给人提供生活的便利，这本来没有什么不对的，可是在这工业化的社会中，人却成为产品的奴隶，人几乎成了产品的一部分。长时间的工作，高强度的劳动，恶劣的工作环境，低廉的工资，这些都与天主教的社会训导不符。因此基督徒应该唤醒社会关注人，让人活出尊严，让人享有自由并享受优质的社会福利。

六、结语

本文通过对教宗若望·保禄二世的《人类救主》通谕进行研究，目的是为了让我们从基督信仰的角度来俯览人类学的核心思想。天主耶稣降生成人并与人类一起生活，他体验人类的疾苦，以大司祭的身份承担起拯救人类的使

① 参阅《华商报》，2014年11月24日，A13。

② 参阅简·博文玛：《圣经中"心"的灵修》，石磊译，河北信德社，2010年，第204页。

命，因而他成为我们的救主，这实在是天主深爱世人的表现。因为人是天主所喜爱的，并自始被天主所召叫，所以人就成为天主奥迹的分享者。由于人是天主的肖像，故人在天主的救援工程中扮演着重要的角色。

由于人是教会的道路，所以教会应该用新的方法了解人的各种境况：一方面应注意到人的能力；另一方面，也要意识到一切阻碍合乎人性尊严所带来的危险。也就是说，作为基督徒，虽然我们已经意识到在自身内的张力，但是我们必须明了自己的使命与所承担的社会责任：基督徒要用自己的言语和行动为基督作活的见证，以宣讲福音为己任，以对话作为与他人接近的方式，身体力地行实践福音的教导，以基督博爱的精神更新人心，以圣神涌流的活泉更新世界。最终使人们铁石的心变成血肉的心，使这狼藉的世界成为人世间充满正义的天国。正义不但是所有政治的目标和固有的规范，[①]而且也是耶稣所宣讲的天国之特质。总之，基督徒应怀有信德并努力工作，从而建立一个和谐、友爱、公平与正义的社会。

作者单位：陕西天主教神哲学院
联系方式：franzlijingxi@hotmail.com

① 参阅小若望·艾伦：《真理与自由：教宗本笃十六世希望你知道的十件事》，刘丽君译，台湾光启文化事业2013年版，第48页。

文学媒介、基督奇幻与隐藏的上帝：网络时代神学传播的人类学反思*

□王宁川

Abstract: It's one of the important vehicles for popular theology to express its religious themes via the genre of fantasy, though it spawns hot debates in orthodox theological discourses. Especially in the age of post-modernism, the swelling waves of discourses of popular culture not only submerge the elite culture but also lead to the diversification and secularization of religious pilgrims. On the contrary, the secular objects are becoming consecrated. Based on the case study of WOW, Left Behind and other fantastic cultural products, the paper observes the post-modern constructive social phenomenon anthropologically and discusses the ethical debates between the orthodox and popular theological discourses.

"圣约翰没错，上帝即是爱"。① ——马丁·路德·金

人类学是研究人类自身及其文化起源与发展问题的一个学科，而神学作为宗教研究的一个重要领域，从广义上说，是泛指对所有神（上帝）所展开的研究或学说，其拉丁词源为"theologia"，希腊词源为"Θεολογια"，意为人类如何对上帝建立正确认识之说。而这二者的交叉研究，实质上是针对神学自身的形成，以及探讨神学除了作为一种超验玄学之外，是否亦应被视作一门社会科学。进而，一方面，人类学在研究神学理念及其作用形成的同时，

---

* 此文为2013年广东省教育厅人文社科一般项目："加强网络文学批评 构建和谐社会中国梦（基金项目编号：2013WYXM0168）"。

① 马丁·路德·金在《我有一个梦想》的演讲中对上帝的解读，不仅是站在神学高度，试图唤起受众反抗种族歧视，呼吁阶级平等的道德伦理意识，同时，其话语本身亦带有后现代"解构—建构"性的色彩。

也会对其进行溯源，反推神学对人类学自身起源的影响；另一方面，作为一种“数据”，预示神学（尤指基督文化）是人类学产生之基础，并藉此试图推进人类学家对自身传统做出批评与反省。[①] 同时，这也是对“Lessing Ditch”的一种深度探索与有力回应。[②] 例如，阿萨德（Asad 1993）、萨林斯（Sahlins，1996）以及基恩（Keane，2002）等人所主张的宗教与文化、人类本质与欲望，以及包括语言和物质现象在内的各类媒介范式（models of agency）的主要方面，在以人类学视角进行观察时，总会发现其神学（尤指基督）渊源（或出现具有基督特质的原始意象等），[③] 上述论断，皆可见一斑。

尽管在西方，这二者的交叉研究，作为一个学界新兴的热点话题，亦不过二三十年，可是，究其社会功能与本质，几个世纪以来，早已在哲学、神学、人类学、文学、伦理学以及社会学等学科话语中进行广泛地思考与解读。[④] 但无论视角如何，宗教可以给人以精神食粮，维系社会生活，道德秩序，以及创建文化形式，增强社会凝聚力等社会功能，皆是毋庸置疑，这早已得到了以杜克海姆（Durkheim），来克里夫 - 布朗（A. R. Radcliffe-Brown）等为代表的人类学家的普遍认同。[⑤] 尽管，不少神学家可能会对人类学家进行嘲讽，认为他们无法领悟神学所追求的终极目标，而人类学家也会做出相应的反驳，但总体来说，这种神学与世俗在思想上的碰撞并非充满敌对与尴尬，相反，彼此的回应都较为积极与肯定，并试图诊断造成二者长期对立的症结之所在。例如，20 世纪 60 年代，梵二大公会议的召开，就包容且宏观地肯定了神学应当与现代科学产

---

① 如可作为一种“民族志”式的数据，去分析某种特定文化等。Joel Robbins, “Social Thought and Commentary: Anthropology and Theology: An Awkward Relationship?” in *Anthropological Quarterly*, Vol. 79, No. 2 (Spring, 2006), pp. 285-294.

② 该概念由高特赫德·莱辛（Gotthold Lessing, 1729—1781) 提出。他认为，历史与永恒真理之间有一道无法逾越的“鸿沟”。既然历史真理无法被表达，那么启示录在历史中发生。进而，他在历史偶然真理和理性必然真理之间做出了明确的区分。认定理性主义是理解世界的唯一模式，仅是源自一种信念，于是，圣经亦无法作为描述任何真理的来源，更不必说去描述“上帝的永恒真理”。http://www.blackwellpublishing.com/mcgrath/textbook/chap1Q_A/chap0012a.asp.

③ Talal Asad, *Genealogies of Religion: Discipline and Reasons of Power in Christianity and Islam* (Baltimore: JohnsHopkins UniversityPress, 1993); Webb Keane, “Sincerity, ‘Modernity’, and the Protestants”, *Cultural Anthropology* 17(1),2002, pp. 65-92; Marshall Sahlins, “The Sadness of Sweetness: The Native Anthropology of Western Cosmology”, *Current Anthropology* 37 (3), 1996, pp. 395-428.

④ 例如，宗教的改革、教派的演变与分化，以及为何当代欧洲不少人放弃基督信仰，转而皈依其他宗教等，这些问题本身其实都可以通过人类学途径进行解答；此外，因对基督文化理解不同所造成的教派分歧，以及圣经到底是文学、哲学，或是一部预言，是否应该接受圣经权威性等等，皆是教会内外几百年来一直颇具争议的问题。

⑤ P. Radhakrishnan, “Religion under Globalization”, *Economic and Political Weekly*, Vol. 39, No. 13 (Mar. 27-Apr. 2, 2004), pp. 1403-1411.

生共鸣，并主张教会应关注世俗所发生的一切。同期，以吉尔基（Gilkey）等为代表的大多数学者都接受了神学与科学理性以及形而上学唯心主义之间的联盟，甚至可以将其视为“社会知识，乃至意识形态的一部分”。[①]

再如，保禄·蒂利希在长期关注文化中所隐含的宗教意义的基础上提出了“文化神学”（Theology of culture）这一理念。该主张兼具神学的预言性和文化的批判性，自身对人性就具有解释性功能，他认为，神治玄学（theonomous metaphysics）本应具有多维度性，但随着资本主义制度的发展，因世俗自治而生的文化革命，宗教群体保守超然，与世俗文化各自为政等，都是造成二者长期剥离与对立之原因，因此，现代应对精神、宗教和文化进行重新界定，宗教是文化的实质，文化是宗教的形式。[②] 而米尔班克（John Milbank）则是更进一步，认为所有的社会理论其实都是神学话语日渐式微时所产生的文化碎片，故此，神学理应重整旗鼓，名正言顺地成为一门真正的社会科学，因为社会本体（social ontology）的核心就在于神学。[③] 显然，他认为神学的衰退才导致了世俗文化的形成，这一论断，足以使那些试图在人类学中找寻神学根源的学人们大受启发。

总之，上述主张，皆是在认可文化具有多元性与差异性等人类学理念的基础上，放弃了传统的神学主张，转而进入实证主义、相对主义的文化范畴。尽管这极有可能降低准入门槛，使许多未受过严格神学训练的学者也参与其中；同时，亦有可能使神学理论的神圣性与权威性大打折扣，易受个人趋好与倾向的驱使。[④]

时值后现代，在全球化浪潮的推动下，神学与其他社会学科之间交叉互

① 这种联盟的产生基于以下两种信念：1. 适度地使用科学理性，可以使人在原则上准确地理解宗教经典，以及历史事件的含义；2. 形而上学，亦与之类似，能梳理并汇编人类各种直接映射永恒现实观点与行为的理念。Burke O. Long, “Ambitions of Dissent: Biblical Theology in a Postmodern Future”, *The Journal of Religion*, Vol. 76, No. 2, “the Bible and Christian Theology” (Apr., 1996), pp. 276-289.

② Russell Re Manning, “The Religious Meaning of Culture:Paul Tillich and Beyond”, *International Journal of Systematic Theology,*Vol. 15, No. 4 (October, 2013).

③ 他认为，世俗文化的社会本体，包括马克思主义以及后结构主义在内，无外乎就是暴力与冲突，通过各种作用力与反作用力不断进行制衡，就这一点来看，尼采、福柯、马基雅维利等也皆将其放在首要位置，也就是说，世俗文化并不具备真正能维系社会平衡的普世性法则。John Milbank, *Theology and Social Theory: Beyond Secular Reason* (Oxford: Blackwell, 1990).

④ 学者 Perdue 在 *Collapse* 一书中已做深度解析，本文不再赘述。但是，他在承认多元化的基础上也颇具后现代性地认为，评估圣经其实也需要一个标准，因为神学文字不可琢磨，其意义具有不确定性，对现实也具有建构性（p3-6, 301-307），这样才能连贯而有说服力，例如圣经神学就承认了教会内部对教义建构争论的多元性差异和与世俗交流时的多元性，但这却并非仅是种妥协。

动更是达到了史无前例的紧密程度。尤其是随着电子文化的兴起，人类进入互联网时代，网络媒体无孔不入，深深地影响着个人与社会的身份建构。宗教亦无法超然物外，网络媒体作为一种“环境，语言和渠道”，将单调的宗教意象建构成具有“人性化形态之媒介（anthropomorphic agent）”，[①] 与受众亲昵交流，因此，人类的宗教体验形式便也就日趋世俗化、多元化；与之相反的是，世俗客体则被表现得愈发神圣化。至于宗教机构，与其他世俗机构一样，尽管也在焦虑媒体信息是否会对社会产生破坏性，乃至转换性影响（Cottle 2006：411），[②] 但在这大背景的驱动下，也势必要主动去适应这种媒体逻辑，以便能顺利地与社会整体进行交流。

其实，这早有学者提出，在消费主义、网络文化，以及各色新式宗教的侵略下，全球化的主要后果就是改变了传统的社会结构和价值观点，使宗教和信仰体系的形态发生变化（transmogrification）。[③] 当然，这种看似使之然，本体日渐模糊的后现代建构性传播学现象，不仅再度引发正统神学与世俗文化之间的伦理思辩，更值得从人类学角度对其进行反思。因为，一方面，这种认知和文化上的动荡可能使人重归正统；另一方面，也可能使人加速走向或激进，或墨守教义等各种极端。

例如，2008 年在澳大利亚举办的世界青年日活动中，教宗本笃十六世就通过网络等电子媒体渠道向青年们致电慰问，因此，这次活动也被视为是一次精神上的朝圣过程；此外，澳洲教会也有意修建电子祈祷墙，旨在建立电子宗教网络。这些案例皆可被视作是天主教会在多媒体时代已然意识到传统手段难以和新人类沟通的标志。

既然网络使神学无法高傲超然，那么，宗教词汇不仅可以被世俗文化较为随意地使用，网络冲浪自然也可被视为是一种精神朝圣过程。[④] 例如，我们可以把网络知名的文学写手称之为“大神”；把整天坐在电脑面前的普通青年戏称为“屌丝”，而他们在网络崇拜追逐的异性对象则被称为“女神”，反之亦然。当然，回归宗教话题，任天堂就曾开发过一款基督游戏 Bible

---

① StigHjarvard, “The mediatization of religion a theory of the media as agents ofreligious change” , in *Northern Lights*, Vol. 6, 2008, Intellect Ltd.

② S. Cottle, “Mediatized Rituals: Beyond Manufacturing Consent” , *Media, Culture & Society*, 28: 3, 2006, pp. 411–432.

③ P. Radhakrishnan, “Religion under Globalization” .

④ 人们可以在网络虚拟教堂做礼拜，通过网络资源获取对神学的认识等等。

Adventures 用于《圣经》教育；而《魔兽世界》（*WoW*）、《幸存者》（*Left Behind*）[①] 等就都是极具宗教意象色彩的网络游戏。若从人类学角度溯源，《魔兽世界》的时空架构、情节叙述的灵感实则脱胎于《指环王》、《纳尼亚传奇》等经典奇幻作品，尽管这些奇幻作品属于世俗中的大众文化，但所体现的宗教主题和神学隐喻，在西方早已达成共识。至于《幸存者》，则是基于《启示录》、《但以里书》、《以赛亚书》和《耶则基伊尔书》[②]，以时代论（dispensationalism）为叙述角度，讲诉了一个后启示录时代幸存的信众与邪恶势力抗争，等待上帝最后的审判与救赎的故事。尤为值得注意的是，《幸存者》一书的两位作者提姆·拉海耶（Tim LaHaye）和杰瑞·B. 杰金斯（Jerry B. Jenkins），与托尔金和 C.S. 刘易斯 [③] 不同的是，他们并非世俗作家，相反却都有着资深的神学背景，分别是美国福音教派的牧师和穆迪圣经学院（Moody Bible Institute）院刊编辑、作者及出版社副总裁。

不过，该作品的叙事风格依旧会刺激到保守福音主义者的宗教伦理神经。以《幸存者》为例，这部“网游”文学作品所展现的启示录情境因过于暴力而一直备受争论，尤其是该款游戏设计了胜利者可以屠杀“非基督教徒”这一环节，就遭到了来自各大教会与世俗社会的联合抵制，被福音教派认定是一种危险的叙事（dangerous narrative）。[④] 进而，在网络博客的舆论攻势下，该网游公司因宗教伦理和商业诈骗等问题而遭到起诉，最终于 2011 年解散，宣告破产。[⑤]

不过，这仅是个极端特例。因为如果从文化人类学角度进行追索，世俗以文学形式、奇幻意象来表达神学主题，这种叙事手法并不罕见。例如，在莎翁戏剧《麦克白》7 场 1 幕中，主人公被一个想象中的幽灵折磨：“pity，like a naked new-born babe, /Striding the blast, or Heaven’s cherubim, horsed/ Upon the sightless couriersof the air（I.vii.21-24）.”（“可怜，如同一

---

① 该作品全球销量（1995—2007）甚至一度超过《哈利·波特》。除小说外，其衍生产品还有电影、单机游戏、卡牌游戏、手游以及在线网络游戏等等。与之类似的还有网络游戏《寂静岭》，以及其他诸多赛博朋克作品（即网络科幻文学）等。

② 耶则基伊尔来源于希伯来语教名，含义是“上帝将坚强有力”(God will strengthen)，昵称 Zeke。

③ 托尔金虽然是虔诚的天主教徒，但并非神职人员，而刘易斯早年曾是无神论者，在托尔金的影响和感召下皈依，但却加入了英国国教。

④ Marnie Jones, “Spiritual Warfare and Intolerance in Popular Culture: The Left Behind Franchise, the Commodification of Belief, and the Consequences for Imagination”, *Studies In Popular Culture*, 32(1), Fall, 2009, pp. 1-21.

⑤ https://www.sec.gov/News/PressRelease/Detail/PressRelease/1370539839881#.UkMg7GSbhCt.

个赤裸的新生儿 / 天使驭空而至 / 这个隐形的信使，猛烈地吹响了号角。”）显然，这种带有巴洛克标志风格的语言，表达了麦克白内心的澎湃，但这种带有神学预言性的暗示，极易使人联想起末日天使吹响的号角。当然，与之类似的表现形式在各类文学作品中，可以说是不胜枚举，这种认知的产生，其实是一种“理性与直觉的矛盾”，却可作为“宗教意象认知源”，表达了“多元主义可能性”，以及（神学与世俗之间）“生态的协调”。①

而就这种以奇幻意象表达神学主题，或可将其狭隘且不确切地称之为“基督奇幻”，②其实质是将神学主题以奇幻的形式进行重塑与体验。这种大众神学较为常见的文化表现形式，其实与不少 17、18 世纪基督教卫道士的观点不谋而合。他们认为，信仰与体验既不用为之献身，亦不需刻意诉求于当时欧洲普遍认可的神识方式，如参考圣人生平、密语祷告，或期待奇迹显圣等。相反，他们却提出了一些在现在看来颇具后现代色彩的颠覆性主张，例如，他们认为，具体某人所持的布道主张，或基督教会的历史经验，这样的基督教义不提也罢，可是，这些经不起推敲的基督论风行天下，却被认为是理所当然。③在接下来的二百年里，更是有学者如费希特（Fichte）、尼采、弗洛伊德、马克思等等，不断对上帝进行冷嘲热讽，认为全知全能、无处不在的上帝要么已死，要么也不过是各种物质存在中的一员。可是，他们竟未成为教会的公敌，相反，却恰如保罗·利科尔所言，他们只是杀死了一个前现代社会基督徒们从未真心膜拜过的“上帝”而已。④

顺承这一宗教话语，奥托（Rudolf Otto，1917）对日渐兴起的赛博朋克作品从神学角度做出了高度评价。他认为这类作品可以使受众进行“mysteriumtremendum”和“fascinans”这两种神圣体验，前者是指对上帝的敬畏，后者是体验上帝的恩泽。⑤进而，他（1958）又补充道，奇幻元素也能象征性地代表神圣意识。上帝，以及其他现实中不存在的事物，并非仅以教

---

① 参见 Paul Cefalu, Julia Reinhard Lupton, “Thinking with God:Cognition, Religion, andLiterature”, *Literature & Theology*, Vol. 28, No. 3 (September 2014), pp. 249–257。

② 本文此处并未顾及其他宗教的意象问题，仅在基督神学领域做进一步讨论，因此该称谓狭隘且不确切。

③ Michael J. Buckley, S.J., *At the Origins of Modern Atheism* (New Haven, CT: Yale University Press, 1987), p33.

④ Ralph C. Wood, *Tolkien and Post-Modernism*, Access at https://bearspace.baylor.edu/Ralph_Wood/www/tolkien/Tolkien%20and%20Post-Modernism.pdf.

⑤ Rudolf Otto, *The Idea of the Holy*, Trans. J. W. Harvey (London: Oxford. University Press,[1917]1923).

条的形式存在，而是皆可化作一种意象，在非理性的体验中激发并唤醒人类潜意识中不可压抑之趣好。[①] 这一理念认为奇幻可以引发受众对宗教的敬畏感，尽管当初并未提及与奇幻作品之间有何关联，但后来却在各类相关作品及其作者的创作观点中得到了回应。毕竟，从当前人类对诸多网络科幻作品的反应上看，虽将一些人文历史理念融入其间，并试图建构性地引发受众反思，但直观地讲，这种机器崇拜（machine apotheosis）也确实有将人工智能提升至神圣状态之嫌，故此，无论作何解释，这种文化的确是对传统神学造成了威胁。[②]

20 世纪中叶，为了应对现代科学及后现代思潮对传统神学所造成的强烈冲击，1962 年，梵蒂冈召开了第二次全体代表大会，充分地肯定了当今世界的文化多样性和各宗教信仰间的同质异构性。例如，《大公主义法令》（17 节）就明确地肯定了东西方教会之间神学与教义的合法性差异，其主旨认为：任何劝人向善的宗教或学说，都可对世界进行救赎，因此要放弃敌对，以朋友相处，其中不仅包括基督教内部的各大教派，也包括佛教、道教，以及长期与之敌对的伊斯兰教。换言之，该会议主动止戈为帛，不仅积极地肯定了其他宗教对世界也同样具有救赎性，同时也强调了神学存在形式的多样性，他们“曾使用不同的方式参悟与感知天主真理”，与其将“他们视作冲突，倒不如视为相辅相成”。

总之，这次会议在不动摇基督主体地位的基础上，包容性地认可了宗教与信仰之间的殊途同归性。由于民族间交流受到地域、时空、语言与文化等诸多因素的制约，上帝便会以某种特定的、合适的“化身”与该民族进行交流，最终目的仍是对其进行救赎。这种主张，一方面体现了神学与现代文明之间的妥协；另一方面，也可作为一种背景，用来阐释后现代主义思潮影响下的“英雄”，为何日趋多元化、异端化和世俗化。

作为一个虔诚的天主教徒，《指环王》作者、奇幻文论家托尔金也曾以个人的名义用基督神学对自身的创作理念做出过类似的解释。既然上帝创造了一切，那么所有的内在真理都将在其意象中体现，因此，故事中也包含了永恒真理的碎片（splintered fragments），与上帝同在；在坠落之前，作家作为一

① Rudolf Otto, *The Idea of the Holy: An Inquiry into the Non-Rational Factor in the Idea of the Divine and itsRelation to the Rational* (New York: Oxford University Press,1958)，pp. 28-29.

② Robert M. Geraci, “Robots and the sacred in science andscience fiction: theological implicationsof artificial intelligence”，*Zygon*, vol. 42, no. 4 (December 2007).

个神话的亚创造者，可以藉此获得完满与救赎。[①] 在《论童话》[②] 中，他公开用基督耶稣与他的奇幻法则进行类比，认为作者创造的“第二世界”，可用来替代现实世界，作为超自然现象产生的背景，但却不能用来产生“第二种信仰”，因为它只是对造物主的模仿，为作者在现实世界中无法真正地创世纪提供安慰；而对人类历史来说，“耶稣降生其实就是一个快乐的逃脱大难；复活乃道成肉身，亦逃脱大难矣（71）。”

既然人类因上帝的意志和旨意而生，那么上帝便赋予人类各种重现造物主创世纪的能力。想象力自然也是其中的一种，它能帮助人类营造充满奇迹的虚拟世界。也就是说，托尔金早就认为，无论文学形象以何等奇幻的形式存在，其实都是造物主的恩赐，人类只是以“模仿”的形式来表现造物主的智慧和力量而已。

进而，在奇幻的使用上，凯瑟琳·胡姆（Kathryn Hume）认为“奇幻”可通过以下四种方式与现实发生关联，并藉此来刺激受众与之产生共鸣[③]：（1）幻象（literature of illusion），为受众提供逃避日常生活的空间，“其间玫瑰无刺，快乐亦无需付出（55）”；（2）幻想（literature of vision）；（3）修订（literature of revision），二者实为一体（continuum）两端，（幻想）一端能将受众意识中稳定的现实感夺走，并将一个新景象置于面前，使其沉思；而另一端，则是对其安抚，并使其积极参与，即“允许人们理性地逃离权威文化的不完美系统，并提供体验其他秩序的可能，宗教式也好，乌托邦式也好（123）”；（4）幻灭（literature of disillusion），告诉读者真相根本就不为人知，亦无可替代方案，仅是一种主观的解读（125）。

胡姆对托尔金的回应，首先明确地肯定了“奇幻”作品所暗含的几种功能：远离尘嚣，慰藉灵魂和重构现实，[④] 但却更为清晰地告知受众：尽管“奇幻”是一种“幻景”，但却并非仅是对现实的逃避，而是通过叙事营造出一个乌托邦式的幻境，“使陌生的看起来熟悉，熟悉的反而陌生（Attebery：3）”。[⑤]

---

① Humphrey Carpenter, *J.R.R. Tolkien: a Biography* (Boston: Houghton Mifflin Company, 1977), pp. 17-18.

② J. R. R. Tolkien, “On Fairy-Stories” , *The Monsters and the Critics and Other Essays,* Ed. Christopher Tolkien (London: Allen, Tolmie, 1983), pp. 109-161.

③ Kathryn Hume, *Fantasy and Mimesis: Responses to Reality in Western Literature* (New York: Methuen, 1984), pp. 20-21, 55, 123, 125.

④ 托尔金在《论童话》中也指出奇幻文学具有“Fantasy, Recovery, Escape and Consolation(p49, 57, 60)”等四大功能。

⑤ Brian Attebery, *The Fantasy Tradition in American Literature: From Irving to Le Guin* (Bloomington: Indiana University Press, 1980), pp. 1-15，25-26, 155.

而与之不同的是，她大胆而明确地将对奇幻文学的体验提升至超验境界：体验奇幻，可能是以最深层次的神学或宗教形式对作品进行重塑。

当然，托尔金等人是否受到上述宗教思潮的影响，我们不得而知。但在这样相对开明的宗教背景下，经验也好，感悟也好，他们起码可以放开手脚，而不必顾忌来自宗教层面的束缚。故此，不少同期学者也对此予以认同，有的甚至还将“奇幻”看作是传播宗教的载体。例如，罗伯特·高尔布雷斯指出：奇幻能将现实进行转化，开启一个理智或理性无法理解的体验时空，激发并唤醒受众的宗教意识。[①] 阿特伯里（Attebery：1—15）也认为，神话和民间传说都可以看作是一种传递宗教知识的形式，可在一定程度上帮助受众捕获超验真理。再如曼罗夫（C.N.Manlove，1975：7），奇幻能为它所创造的世界注入一种深邃而超验的惊奇。进而，他在分析了托尔金、刘易斯等人的奇幻作品后，更加明确地对奥托、胡姆等人的观点进行强化，认为作者能通过第二世界创造具有象征意义的符号，旨在描绘神学真谛，并确信它们能吸引受众，重新激活其宗教思维，在间接体验中再度接近这些真谛。于是他在《基督奇幻》一书中进一步指出，将圣经视为宗教奇幻，或将奇幻视为宗教事实，似也并非不合情理。[②]

不难看出，能动地将基督信仰融入奇幻叙述，不仅含蓄地表达了“知识与真理皆由社会建构”和“文化可以多元表达”这两种后现代主张，同时，也与上述充满怀疑主义和颠覆色彩的神学论断遥相呼应。不过，这种神识体验却仍是个体的思维运动、受众的主观解读（胡姆：125）。它来自文学以外（extra-literary），源自受众期待、文化背景和个人需求，故而与作品自身的价值无关[③]（Attebery：155）。或许，这种体验，对许多人来讲，根本就无法企及，因为这种洞察能力毕竟比较超前，且其是否有据可循也尚待考证。只是在理论上，根据精神分析或分析性心理学派的理念，“神话和宗教故事亦可被认作是内心生活的代表，象征着进化，恐怖、希望、失败与心灵成长等元素的互动，在这些具有象征色彩的叙述中……以某种特定方式，激起读者强烈情感，因为它能唤醒潜意识中最原始的记忆意象”。

---

① Robert Galbreath, “Fantastic Literature as Gnosis” , *Extrapolation* 29, 1988, pp. 330-337.

② C.N. Manlove, *Christian Fantasy: From 1200 to the Present* (Indiana: University of Notre Dame Press, 1992) , p. 1, 10.

③ Arash Javanbankt, “Jungian Archetypes of self, shadow and ego in the legend of the lord of the ring; an analytical psychological view” , *Spiritual and Health International* 6(3), 2005, pp. 178-184.

也就是说，奇幻文学或说基督奇幻，其本体是将现实中的冲突矛盾，甚至是更为抽象的哲学命题，转化为各种新奇刺激，但却有悖常理，甚至是逾越自然规律的意象加以表述，并藉此来唤起受众的兴趣，进而引发心理上的共鸣，并使其重新探索和认知这个世界。尽管，当我们再次将这些生动有趣，可触可感的意象或转化为抽象而生疏的哲学命题时，其结果可能与作者的真实意图大相径庭，但它却可能是一种大众自我接受洗礼，接受宗教信条的便捷而有趣的途径。这种后现代的叙事方式，充分体现了亚里士多德－托马斯主义的二元教义："世界在化身中得以统一与救赎；呈递超验特质的艺术，其实就寄居于现实之中；想象力洞察神圣的本体，亦常驻于幻象之间"。①

总之，后现代文化与神学以奇幻的形式进行融合，在网络时代中得以更加充分且直观地展现。这是以科技为沟通媒介，神学与世俗科学之间的兼容。从人类学角度看，这种神学自由主义更多地体现了神学的多元性与开放性，同时，也说明了神学本身从关注维护自身权威的正统性，转向关注人类自由、社会发展与人类道德的媒介选择等问题。而这些世俗的文学媒介，本体上其实是在表达神学"上帝的隐藏性"这一理念，作为神学的叙事载体，让词汇成为血肉，用叙事来表达救赎，在主体模糊甚至消失的情境下，依旧能在情感中重新建构、唤起，并使受众产生宗教身份的存在与认同。

作者单位：华南农业大学珠江学院
联系方式：galaxyquest@netease.com

① Pamela Michelle Hood, *Ontology* (US: University Press of America，2004), pp. 130-134.

走进戏剧神学——在耶稣基督内的救援

席蒙娜·维依——一位善的见证者

席蒙娜·维依

——一位善的见证者

□李景玺

Abstract: Simone Weil is a famous French female philosopher, and was called the Pascal of Modern France as well. She was famous as religious thought and searched for God in the Western Culture. Carl Marx made this famous remark: "Philosophers only explain the world in the different ways, but the question is how to change the world." Simone Weil expressed a similar thought: "The highest level is not to understand, but to do." She not only researched into philosophical questions, but also engaged in the praxis of philosophy.

In the classic Greek, Plato said: "There is no another way, curiousity is a father of wisdom." Simone Weil engaged deeply with the masses of ordinary people and participated in some social practice because she was fond of social philosophy. In the same time, she wanted to touch of some sparkle of wisdom from the social practice in order that her philosophy might not become empty theory. Simone Weil engaged with the workers and brought about the hope of life for them, because she saw the injustice in the society. Simone Weil not only enjoyed studying philosophy and taking part in social work, but also was interested in researching Christianity.

In this paper, I would like to study the thought of Simone Weil. At the same time, I also hope that her thought may bring us some inspirations to the people who lives in todays society.

引　言

席蒙娜·维依（Simone Weil）是法国著名的女哲学家，她被誉为法国当代的帕斯卡尔。在西方席蒙娜·维依作为宗教思想家、天主的寻找者而出名。马克思有句名言："哲学家们只是用不同的方式解释世界，而问题在于改变世界。"席蒙娜·维依也说了类似的话："最高的不是理解，而是做。"[①]席蒙娜·维依不光研究哲学，而且也实践哲学。

古希腊的柏拉图说："没有其他方法，好奇是智慧之父。"[②]由于席蒙娜·维依对社会哲学产生好奇，所以她深入到群众中去，以便自己能够参与社会工作，同时她也想从社会实践中触发出智慧的火花，从而不使她的哲学沦为一种空洞的理论。由于席蒙娜·维依目睹了当时社会的不义，因此她为劳工呐喊助威并为其带来了生命的曙光。席蒙娜·维依除了研究哲学和参与社会实践以外，她还对基督宗教颇有研究。

在本文中，笔者将对席蒙娜·维依的思想作一研究。笔者也希望她的思想能够对生活在当今社会中的人产生启迪。

一、维依生平简介

维依于 1909 年 2 月 3 日出生在法国巴黎一个犹太教家庭。她父母皆来自德国知识分子阶层。她父亲是一位医生，她还有一位名叫安德勒·维依（Andre Weil）的哥哥，是 20 世纪著名的数学家，1998 年以 92 岁的高龄去世于美国新泽西。

维依自幼非常聪明，16 岁获得哲学学士学位，22 岁便获得哲学博士学位。后来她在法国一个女子中学（Maedchen-Gymnasium von Le Puy）教授哲学。1930 年维依患上了头疼病，不过这病痛也让她明了什么是痛苦。特别让她对十字架上基督的苦难有更深刻的体验。虽然维依的父母是犹太教徒，但维依却与正统的犹太教远离，同时也不与犹太教徒亲近。相反的，她却对基督宗教颇感兴趣。后来她在宗教学和神秘学方面也有很深的造诣。

1932 年维依参加学生运动，曾被逮捕，后来又被释放。同年秋天，当她在德国度假时，她曾撰写了很多反对希特勒滥用权力的文章。维依思想与理论的形成，不只是在书桌上，而且也在实践中——个人亲身经验和与别人的谈话。1934 年维依休假一年，同时她在法国一家钢铁厂工作。在与劳工的共

① Simone Weil, *Zeugnis fuer das Gute,* Uebersetzt und herausgegeben von Friedhelm Kemp, Olten 1976, p. 278.

② Simone Weil, *Unterdrueckung und Freiheit. Politische Schriften*, Deutsche Uebersetzung von Heinz Abosch, Muenchen 1975,p. 260.

同生活中，她深深地感受到劳工的疾苦与受压迫以及社会的不正义。因而她发出呼吁：应该关怀劳工并改善他们的工作环境，以便使劳工的人格尊严得到维护。在她的哲学中，她特别强调平等的思想，她这样说："人与人之间的关系必须被列入不可估计的事物范围内。应该公开承认：一个矿工，一个印刷工人和一个首相是彼此平等的。"① 当维依在德国逗留期间，她深深地意识到，德意志帝国当时正处在一个很大的政治危机中。它面临着一个重大的选择，它将决定世界的命运。就是在这危险的时期，维依长久地为此而努力奔波，并希望德国的政治与社会能够有一个好的转机。事实上，在德国的经验也成为维依后来起草其社会理论的决定因素。同年她参与来自德国的政治避难并开始着手撰写其政治书鉴《压迫与自由》。② 维依的政治书鉴最早被译为德文是她的作品在法国出版后的二十年（即 1975 年）。

1937 年维依在瑞士的蒙塔纳医院养病，此后她又去意大利罗马和亚西西等地旅行。在亚西西的朝圣中，维依意外地得到了新的宗教经验。1941 年维依参加基督教青年的工作。1943 年 8 月 24 日她死于英国阿市佛德，年仅 34 岁。

二、维依的人类学

维依很有哲学天赋。虽然她的哲学思想在语言表达上措辞很简单，但却含义深刻。她的哲学给人一种似是而非的"朦胧感"。维依认为："真正的哲学方法建立于：对不可解决的问题，在其不可解决性中，清楚地去把握它。在没有其他办法时，对其进行观察。这样长年累月，不断地在无望中等待……。超越的过渡性完成，是当人性的能力（在理解与愿望中）与人性的爱，处在边际境遇时，人要持守这一门槛，并且要超越一个使他不能向前走的障碍，而且这障碍本身是靠他自己不能躲避开的。这也正是不为人所知的——什么是他的希望与努力的期待。"③ 这段话是维依在临死之前说的。从字面上来看，这段话很矛盾。不过，维依措辞的矛盾不是所有人能发现的。

① Ebd. 7.

② Vgl. Simone Weil, *Unterdrueckung und Freiheit. Politische Schriften*, Deutsche Uebersetzung von Heinz Abosch, Muenchen 1975.

③ Reiner Wimmer, *Simone Weil. Person und Werk*, Freiburg-Basel-Wien 2009,p. 65.

但是如果谁经验它（矛盾），便会感觉到它是一个事实。维依曾多次论述在教导与实践之间，关于人存在的这种不可分割的矛盾。其实维依也反对这种哲学与人存在之间的不可分割的问题。① 对上面这段话，我们可以这样理解：从本质上讲，人的这种等待不是无意义的，而是意味着人性存在的最高圆满。

（一）人的基本需求

人的基本需求是人性的普遍性。维依认为：人有三个基本的需求，即肉身、灵魂和精神的需求。这里的灵魂既非在传统形上学意义下去理解，又非在现代心理学意义下去理解，而是来源于灵魂自身的需求。它应该从人整体默观的意义去理解。在超自然的世界中，灵魂在真理的观望中饱享美味。另外，人的灵魂也有对孤独的需求，同时他也有从对立面对团体和社会的需求。② 维依认为：人的肉身是天平。它有能力均衡灵魂与灵魂之间的关系，同时它也能做灵魂与灵魂之间的判官。正如十字架是天地之间天平，肉身也是灵魂与灵魂之间的天平。虽然肉身用膳，但是它也斋戒；虽然肉身睡眠，可是它也醒悟。很显然，肉身的尊贵也被确立。③ 在维依的眼中，真理是生命的导向与信仰确定的基本标准。当维依谈论到法国哲学家帕斯卡尔（Blaise Pascal）时，这样说："他从未接受信仰，因为他自己稳固地把握了信仰。"④ 维依认为，人的精神倾向于真理，同时真理会促成人对宗教标准和对宗教信仰标准的接受。真实与纯爱能够穿越真理精神本身，它是圣神。无条件的善是精神的基本需求。维依所讲的有关人的"圣"并不是把它与位格或者与位格性的需求挂钩，因为它存在于确定的人内。这里是从外在方面来说的，仅仅指它的社会性，并非指它的伦理性与宗教性。虽然"sare"与"saint"两个词都有"圣"的含义，但是两者的用法却不尽相同。维依对"sare"与"saint"做了如下区别："sare"是指宗教意义下的圣，而"saint"是指伦理意义下的圣。

维依比较赞同柏拉图有关善的思想，即本质的善是主观的真实性，同时人能够去爱。但是维依却反对亚里士多德对善的看法，因为亚里士多德认为：对于善来说，在概念上它与人的努力连在一起。按这种观点，努力的都是善的。

① Vgl. ebd. 65.

② Vgl. ebd. 74.

③ Vgl. Simone Weil, *Zeugnis fuer das Gute*, Uebersetzt und herausgegeben von Friedhelm Kemp, Olten 1976, p. 262.

④ Reiner Wimmer, *Simone Weil. Person und Werk*, Freiburg-Basel-Wien 2009, p. 92.

这一理解对于相对的与有条件的善来说，似乎显得可以测量，对绝对的与无条件的善来说，似乎能从需求中去构建它。精神的需求朝向善，通过它来建立善自身。[①] 维依并没有把善特殊化，同时也没有把善与所谓的本质等同，也没有使其无条件地成为善，而是在善与圣之间建立了一个普遍的与基本的关系：善是圣的唯一泉源。没有圣在善之外，同时也没有圣处在与善的关系之外。

因为真实性在人的心里有相应的对于绝对的善的要求，因此它总是住在人心里，同时它在此世也从来没有找到目标。正如在此世的真实性是事实的唯一基础，同样其他的真实性也是善的唯一基础。虽然人的能力不能达到此真实性，可是人有权利以他的小心与爱去接触真实性。[②] 从此我们可以看出：绝对的善居住在人心里。此世的真实性是由差异性构成的整体，此世的真实性亦是必要性。那内在的属于人的部分，亦是委托必要性与征服需求的不幸部分。但是，人必须明白：每个需求都相称于一份责任，每一个责任将建立一个需求。或者说，每个需求皆是一个责任的对象，并且是神圣的。虽然法律赋予人一种责任，但是法律只是延续建立的总和。不过，法律也具有其独特性，它可以提升人到达此目标。人有灵魂与肉体两方面的需求。人的肉体需要食物、温暖、睡眠、保健、安静、运动与新鲜空气；灵魂的需求对人来说，亦是十分重要的。人的灵魂需要真理与自由的表达。人的灵魂亦需要孤独，同时它也需要社会生活。另外，人的灵魂也需要处罚和荣誉。每个人灵的本质，不管是无罪的，还是犯了罪，它同样地都需要认识荣誉，正如其他人所拥有的灵魂一样。

（二）位格的含义

维依对位格（Person）概念有特别的研究。她认为：传统的位格概念有两个职能：它标志着一个个体性的幅度，这里不是通过时间与空间使其个体化了，而是通过对立与自主使其个体化了，同时它是一个普遍的概念，它能从多元与精神个体来表达，因为它是从具体的个体性并且是从这一精神本质抽象出来的概念。在维依看来：要给人性位格（menschliche person）下定义是不可能的。这不仅是语言表达方面的不可能，而且人们曾多次尝试着用清晰的概念去表达它，结果都失败了。因为“人性位格”这一概念不是一次能被理解的，它让其自身不确定，并通过对缄默思想的处理来限定自己。这种可能

---

① Vgl. ebd. 101-102.

② Vgl. Simone Weil, *Zeugnis fuer das Gute*, Uebersetzt und herausgegeben von Friedhelm Kemp, Olten 1976, p. 71.

性正好与维依对传统位格概念的理解产生矛盾。维依发展其对“圣”（heilig）的理解，作为在人内的非位格化。或者说，圣不是位格，同时它在人内亦是非位格的。如果谁相信这种观点，那么他就必须给出一个理由。他可以这样解释：这种游戏与其能力属于人性位格发展的最高形式。每种科学、艺术、文学与哲学，只是位格发展形式的描述，人建立一个光辉的、荣耀的成功领域，为了使他的名字超越千古而永留人间。这也正如帕斯卡尔所说的：“人的超越是为了一个永远的人。”①

我们知道，科学是通过方法来认识的，但是它自身却没有目的，它只是为追求真理。② 真理与美在此非位格与隐藏之事的领域中，已回归到家乡，他是圣的。什么是科学中的圣？它是真理。什么是艺术中的圣？它是美。真理与美是非位格的，这一切只是为明显而已（Dies alles ist nur zu offensichtlich）。完美亦是非位格的。位格在我们内意味着错误与罪的一部分。在我们内，那说“我”的神秘学家的完全努力，总是有针对性地到达他心灵中没有的部分。但是心灵说“我们”的一部分是无尽的危险。③ 维依认为：在人内的非位格是在天主内非位格的一个肖像。同时人在模仿非位格的、匿名的天主的行动。在维依看来，罪与德行不是行为，而是状态。④

艺术作品总是有一个创作者。如果艺术作品是完美的，那么从本质上讲，它是匿名的。但是它的匿名性也是从神性艺术模仿来的。⑤ 这也正如德国宗教哲学家若马诺·瓜蒂尼（Romano Guardini）所说的：“一个真正的艺术作品不是直接从其外观取悦（于人），而是它的全部所在。”⑥ 他又强调说：“艺术虽然无目的，但是它却有意义。它在观看中诞生，在观望中树立，它是人和世界在色彩中的相遇。”⑦ 其实，真正的宗教艺术作品的本质是向人传报天主的爱。⑧ 有关艺术、美与真理之间的关系，教宗本笃十六世这样说：“艺术是为美而服务，美乃真理的内在光辉。”

---

① Romano Gaudini, *Ueber das Wesen des Kunstwerks*, Kevelaer 2005, p.29.

② Vgl. ebd. 19.

③ Vgl. Reiner Wimmer, *Simone Weil. Person und Werk*, Freiburg-Basel-Wien 2009, pp.106-107.

④ Vgl. Simone Weil, *Zeugnis fuer das Gute*, Uebersetzt und herausgegeben von Friedhelm Kemp, Olten 1976, p.181.

⑤ Vgl. Reiner Wimmer, *Simone Weil. Person und Werk*, Freiburg-Basel-Wien 2009, p.107.

⑥ Romano Gaudini, *Ueber das Wesen des Kunstwerks*, Kevelaer 2005, p.17.

⑦ Ebd. 32.

⑧ Vgl. ebd. 80.

虽然人是天主的肖像（创 1：27），但是在维依看来，圣三的位格与人的位格是不同的。在三位一体的天主中，天主创造天主，天主认识天主，天主爱天主——天主命令天主，天主服从天主。很清楚，我们可以看出圣三之间的关系，降生成人是圣三的前提，同时创造也是合乎逻辑思维的。现在的问题是：什么才是在人内真正地成为天主的肖像呢？它是在我们内的一个事实，要成为位格，同时亦是纽带，但它（天主）不是位格。它是一种放弃位格的能力，它是服从。但是从人走向神，需要创造，全能者完全可以同时做到，好像子如父一样，好像图画的模型一样，只有完全服从。维依认为，不是因为所发生的事在我们眼里是好的，而是因为天主允许它发生，同时因为服从在天主自身内是绝对的善。① 因此，这也是为什么位格化哲学只在知识分子中产生，而不在人民大众中产生的原因。总之，超越是属于人的存在与本质，因为它实践人性，同时伦理的基础也在它内得以建立。②

三、维依的苦难观

在世界各大宗教中，都对痛苦有不同的看法与阐释。可以说，痛苦是不同宗教所要探讨的一个重要的课题。基督宗教也不例外，比如基督的苦难。自从维依患了头疼病之后，她对病痛有极深的体验。维依认为，人生命中最大的谜不是因为它是痛苦，而是因为它是不幸。在《旧约》中，我们看到约伯遭遇的痛苦。在《新约》中，耶稣基督无辜地被恶人钉死在十字架上。这些鲜为人知的人性痛苦的经验，不由得让我们去反思：什么是痛苦？痛苦的意义是什么？它为什么存在？

（一）天主的爱

以基督宗教的观点来看：天主以爱创造了世界，目的是为了完成其爱的意愿。正如圣若望所说的："天主竟这样爱了世界，甚至赐下自己的独生子，使凡信他的人不至丧亡，反而获得永生"（若 3，16）。可是世人竟然不认识他，反而将他钉死在十字架上。维依认为：基督的苦难实在是一种不幸，因为他是无罪的。基督为了我们的缘故，才成为不幸的。不仅基督的身体被挂在木

① Vgl. Simone Weil, *Zeugnis fuer das Gute*, Uebersetzt und herausgegeben von Friedhelm Kemp, Olten 1976,p.63.

② Vgl. Reiner Wimmer, *Simone Weil. Person und Werk*, Freiburg-Basel-Wien 2009, p.144.

架上，而且他的整个心灵也遭受苦难。同样，每个无罪的人也会咒骂不幸。如果这种不幸的痛苦使他深受其害，这也让那些处于不幸中的人以及通过命运的改变又沦为不幸的人，感到悔恨。[①] 这种不幸是一个微笑，因为行凶者不知道他所做的是什么。因此天主的爱对我们来说就是苦难。天人间变化的爱也是痛苦。天主是爱，天主在一切事物前总是爱自己。这种在天主内的爱与友谊是圣三。天主与天主之间的爱是天主自身。天主的爱是一个简单的爱的行动。人根本不能把自己从对立于天主的服从中拉出，一个受造物不能不服从天主。如果物质的东西服从人，它不算美，只有当它服从天主时，才算是真正的美。我们人所把握的无限时空来自于天主的爱。

柏拉图认为：人应该爱，爱是无条件的。这种爱对自己来说并非是自明的，但对于他人来说它是非自明的。或者说，人不仅要爱可见的事物，而且还要爱那不可见的事物。[②] 一个位格在非人性的情况下去爱，这叫做在主内的爱。爱的事实是善，在主内人的本质叫做爱，它又叫做无条件的爱。如果人在天主内无损伤地去爱，他就会有一个无条件爱的本质。爱是一种和谐。和谐必须是与天主（所定）的一个盟约，它建立在天主与人之间。人们也把它称为一个圣事。爱不只是理论，而更在于实践。对于基督徒来说，日常生活中爱的实践是十分重要的。因为只有爱才能产生奇迹。因此，维依这样说：给他人一块面包比给他讲道更为重要，犹如基督的十字架要比他所讲的比喻更重要一样。[③] 维依认为，人不但要爱天主，而且要爱人。人如果不爱自己的弟兄，他如何能爱看不见的天主呢（若一 4，20）？因此，她强调说："在我看来，人不在于以何种风格与方式来谈论天主，而在于他是否经验到天主的爱，他是否以某种风格与方式来谈论日常生活中的事。"[④]

（二）不幸的含义

在维依看来：不幸并非疼痛，不幸并非与天主教育人的措施等同。外在的不幸，是躯体的疼痛，而心灵的疼痛与社会压迫，就好像人用铁锤击打钉子一样。钉子的尖端进入人心灵的深处，钉子盖通过时空的整体性来分担所

---

① Vgl. Simone Weil, *Zeugnis fuer das Gute,* Uebersetzt und herausgegeben von Friedhelm Kemp, Olten 1976, p.18.

② Vgl. ebd. 179.

③ Vgl. ebd. 258.

④ Li Jingxi, "*Jesus Christus ist der Herr (Phil 2,11)* ". *Christologie im Kontext Chinas*, Saarbruecken 2009, p.282.

有的需求。[1] 不幸是一个神性化技艺的奇迹。人不应该希求不幸，因为它是反自然的，它是一个反常的行动。不幸从其本质上讲，是人不愿意忍受的。人只能希望远离不幸。假如它来到，它将是分享基督的十字架。因此耶稣说："谁若愿意跟随我，该弃绝自己，天天背着自己的十字架跟随我"（路 9，23）。背十字架意味着明白背负的含义。

圣三与十字架是基督宗教的两大支柱，这两者是真理的本质。不幸是对人性本质的摧毁，它是无名的衰退。正如基督从他天主性的爱中空虚自己，因此不幸将通过他人性的厄运来空虚。基督再没有其他存在（形式）能比得上这种厄运。在他人眼中，基督的举动已被定义（看成）为不幸。其实，只有基督单独这样做了，也唯独基督能这样做。基督接受了人的整个心灵，在其内有存在与本质不幸的转移。基督内在地帮助人，但他并非真正地消除其本质的存在。因为基督住在人内，所以人不再有不幸。[2] 基督是仁慈的，因为仁慈是基督不幸的神圣标记。我们能够清楚地看出，唯有当基督在一个人灵魂中临在时，才能够赐给人真正的怜悯。福音也同样教导我们，哪里有仁爱，哪里就有基督。那领受了这种奇妙恩赐的不幸者，对此才有同意或不同意的选择。不幸是基督宗教的核心。爱主爱人是通过不幸来完成的。人只有在观望十字架时，才能去爱天主。关于邻人，基督这样说过：谁是邻人？就是给予爱的反面。是那些躺在街道上的赤身裸体者、流血者与困乏无力者。对于他人来说，爱的诫命是不幸：即人的不幸与天主的不幸。

有人认为：基督宗教反对痛苦与疼痛，这是错误的。维依用索仁·祁克果（Soren Kierkegaard）的话来见证痛苦说："痛苦是天主行动的标记或天主爱的标记。"[3] 基督宗教不在乎于心灵的状态，不幸也并非心灵的状态，它是通过物理化对事态的控制，以达到心灵的销毁。只有非受造的，才是不可摧毁的。不幸是天主被我们所爱的有形标记。它是无价的、柔和的证据。不幸若是没有十字架，便是地狱。天主没有在地上建造地狱。人必须走向真道，没有人能与基督的十字架分开。十字架与信仰的内容（信条）相关。在这盟约中，基督把其兄弟与罪犯分开。基督在十字架上保持沉默，这也让我们向基督学习。谁若是有能力的话，他不但要呐喊，而且要细听，同时还要询问答案，这一答案就是

① Vgl. Simone Weil, *Zeugnis fuer das Gute*, Uebersetzt und herausgegeben von Friedhelm Kemp, Olten 1976, p.29.

② Vgl. ebd. 40.

③ Ebd. 276.

沉默。谁若是有能力的话，他不仅要聆听，而且还要爱，并且把沉默作为天主的圣言。[①] 没有一棵树像十字架，更没有一个像沉默的天主一样的和谐。如果人生活于信赖中，他将呼喊并能找到天主沉默这一宝藏的原因。

祈祷的本质建立于专注之中。它交给我们一把学习基督宗教的钥匙。正如人写东西，不在于字面，而在于表达思想。同样对于祈祷来说，人首先要有一种对天主的渴求，只有渴求才能导向认识。但是人假若要渴求某事，他必须先有兴趣，同时他还要带着喜乐的心情。对人性不幸的默观是超自然全福的唯一泉源。从此也让人懂得，爱人的天主与爱天主的人都必须受苦。人做一切事时，都应当小心谨慎。小心是一种紧张，它是一个消极的紧张，但是它本身却不疲劳。如果人很小心，他将会粉碎邪魔；如果人带着这样的想法，那么在十五分钟内他将会有丰硕的成果。宝贵的善不是寻求，而是等待。人凭己力根本无法找到此善，他所找到的只是错误的善，因为他不认识他自己的错误。人如果在其有生之年只是致力于学习，而没有发展（看重）谨慎，他便失去了一块很大的宝藏。对于一个年轻人来说，他完全有能力把握这一真理。同时他也应有一颗火热的心，在所有其他人面前去渴求这一果实。另外，在自身的宗教信仰之外，他还应该有一个内在的、充满精神化的、谨慎的研究。[②] 在人生中，观看和吃饭是两种不同的行为，这是人生中一个巨大的痛苦，而这种苦楚陪伴人从童年到死亡的时刻。永恒的幸福（参见柏拉图《菲得若斯》篇中的描述）是一种特殊的状态，在这种情况当中观看也就是享受（“吃”）。但在我们的人生中，所看到的不是真的，它只是一种装饰；而所在吃的东西（享受的东西）已经被毁灭，所以它也已经不是真的。“观看”和“享受”在我们生活中的分裂是原罪造成的。[③]

基督奥体的图像是非常诱人的。基督的身体与我们合一。圣体并不是基督的部分身体。一个（基督徒）团体是信理的保护者，信理是一个对爱所观察的事实。基督不能与教会分开，因为基督已经给教会许诺了。但是，这句格言的力量并没有许诺——“你的父在天上是隐藏的……”天主的话是隐藏的言语。谁若不接受他的话，也就是说，如果他自身不接受教会所教导的信理，那么他就是没有与真理相逢。很明显，教会当局团体性对信理的把握是必不

① Vgl. ebd. 48.

② Vgl. ebd. 59-60.

③ Ebd. 228.

可少的。它有权利和义务，在此当局的特殊部门内，用吊销圣事的处罚方式，清楚地向异端分子发起攻击。[①]

四、维依的善恶观

什么是善？什么是恶？两者究竟有何分别？维依认为：善是事物的本质。同时它拥有事物真实性的大部分。然而恶只拥有事物真实性的极少一部分。真实性隐藏于非真实性中，但是非真实性是对于真实性的隐藏。[②]

如果人丧失了与真实性接触的机会，便是恶与伤心。真、善、美是不可改变的。真理是我所思考——在我阅读时所出现——在追求真理中，这种渴求不是我所愿意发生的，人不可能把真理改变。维依说：在正义与真言前我没有堵塞我的耳朵，我不能面对这种呼喊而变成聋子。意思是说，人在真理面前要把自己完全开放，否则人不会接受真理。我们每个人都被看成一个瓶子。在瓶子内居住着圣神（精神），瓶子在运动、相遇、接触，相互碰撞，好像它们从内部无规则地被驱使。人必须消除留在自己思想中“宝贵”的东西，其中包括他向深处挖出隐藏于世界的不真实的东西。低下（庸俗）是恶固有特征的表现。人若作恶，显得恶成为一种义务的形式。被折服的恶不是善，因为善是不可伤害的。人所伤害的仅仅是微小的善。恶是多元的与残缺不全的。善是一体的，恶是公开的；善是神秘的，恶产生在行动中，而善不在行动中或非行为中——善与恶处在相同等级中，只是对立面而已。虚构的恶是罗曼蒂克的、虚伪的、多变的。然而真正的恶是无聊的、单调的、枯燥的。虚构的善是无聊的。真正的善总是全新的、美丽的、醉人的。恶的单调性表现在：它不是新的，不是真实的。在此一切都具有同等的价值，一切都不是想象的。由于恶是无限制的自由，所以它是单调的。对此人必须自己负责，因为人并没有被授权，而成为创造者。天主是善，他的全能只是附加给他的而已。[③] 人模仿天主是最坏的一个尝试，因为人妄想成为神。正是由于此，人也遭到死亡的厄运。因此维依说：“死亡对人来说是一切欺骗与真理的泉源。”[④]

---

① Ebd. 116-117.

② Ebd. 152.

③ Vgl. Reiner Wimmer, *Simone Weil. Person und Werk,* Freiburg-Basel-Wien 2009, p.192.

④ Simone Weil, *Zeugnis fuer das Gute,* Uebersetzt und herausgegeben von Friedhelm Kemp, Olten 1976, p.174.

维依认为：虽然宗教是一个安慰的泉源，但是它对真正的信仰也是一个阻碍。在此意义下它对无神论亦是一个澄清。仅就维依本人没有给神所做的那一部分来说，她是一个无神论者。但是维依也强调说：天主教的信仰是奥迹，因为基督在面饼中临现。基督的临现不是象征，因为象征与抽象和图像相连，它（象征）为人性精神是可理解的，但是它并不是超自然的。因此天主教是正确的，而基督新教是不正确的。由于信仰是一个奥迹，因此圣十字若望也把信仰称为黑夜。①

在祈祷中我越烦躁，越能喜悦。我虽然能忘记我自己，但是我不能把我当作“无”来思考。人不应该成为“我”，更不应该成为“我们”。当我们祈祷时，我们往往不是祈求天主把我引入善中，而是不要把我引入恶中。不可能性是唯一走向天主之门。我们应把不幸当作不幸去爱。善对于我们来说是空无，因为没有东西是善的。但是这种空无不是不存在，也并非不真实。人与自然有着密切的关系。无论我在何处，我都会通过我的呼吸与心脏的跳动来打破天地间的寂静。这世界是关闭的门。它是一个柜子，同时它也是一个通道。天主在此世的不显现，也正是他的临现。② 因为人性位格的观点具有超越性，所以在地上只有一个最终目标可以接受，它是团结（团体）。敬拜邪神使恶澄清，它消除灰暗。敬拜真天主会使灰暗在恶前树立，但是它同时也具有挑战性。在维依看来，善有两种：第一种善是恶的对立面，第二种善是绝对的善。绝对没有对立面，相对不是绝对的对立面。③ 信仰不是触摸天主，否则它不被称为黑夜与隐藏。它是对不能触摸天主的那一部分的征服，在那部分之外它才能够被触摸。④ 天主是一块试金石，它能把每一块人性的金子证实为假金子。同时天主也能把假金子变成真金子，让它在隐藏中闪亮。一块试金石同时也是一块智慧之石。⑤

五、维依的宗教观

虽然维依是犹太裔，但她与犹太教并没有什么关系，然而她却对基督宗

① Vgl. ebd. 184.
② Vgl. ebd. 208.
③ Vgl. ebd. 222.
④ Vgl. ebd. 236.
⑤ Vgl. ebd. 269.

教颇有研究。维依的宗教观究竟是什么？她的信仰观又是什么？她的思想对今日的宗教交谈有何启发？

维依认为：天主降生于纳匝勒的耶稣内，他不但复活后不受限于时空，而且还临现于一切受造物中。不管哪里有抢劫和不幸，基督总是临在于此世。对于基督的一次性降生，维依这样认为：这不仅是一个通往多神宗教的桥梁，而且也解开了多神宗教的外衣。在维依看来：基督徒不但要致力于传教，而且也应该与其他宗教展开对话，以便让其他宗教人士能够了解基督宗教的真理。

“对话”的德文是“Dia-log”，“Dia”的原意指分裂，裂痕（Kluft）。“Log”指讲话。因此“Dialog”指通过谈话使分裂或裂痕重新愈合。宗教对话并不是单行线，而是双方彼此聆听，彼此交流思想。否则对话就成了独白（Monolog）。在进行宗教对话时，双方都不要有戒备的心理，都应该开放自己，同时也要避免宗教间的争吵。但是这里应该澄清的是：宗教对话的前提是在宗教自由或信仰自由的前提下进行的。如果没有宗教自由，那么就没有真正的宗教对话。

对于基督徒来说，他应该向其他宗教信徒作见证；作为基督宗教，它应该鼓励基督徒学习其他宗教的亮点与传统。同时维依也建议：应该用基督化来代替公教化（天主教化）。基督宗教强调：降生成人、天主亲自降世与天主在耶稣基督内的创造是合一的。同时降生是人与世界相对自治的先决条件。①

基督宗教涉及以不同的形式所出现的每个宗教与宗教外的真理和真实性。按这种看法，基督宗教能够以其整个神性的启示与世界的真实性，来理解以其他名字与标记在非基督宗教和宗教之外的真实性。也就是说，基督宗教应该对这些真实的神性信仰予以尊重。启示不但在天主教中，而且也在一切基督宗教中，同时它还在其他非基督宗教中（参阅梵二非基宣言）。

印度教徒认为：神是位格性的，同时它又是非位格性的。其实，在基督宗教中也可以找到这一观点——三位一体的天主。人如何才能没有矛盾地去理解它？维依认为，在早期基督徒的大公会议中，我们可以找到它的答案。在那里有对于天主的本质与性体以及位格的分别：天主的本质是一个，它的

---

① Vgl. Reiner Wimmer, *Simone Weil. Person und Werk*, Freiburg-Basel-Wien 2009, p.192.

位格是三位，本质作为非位格来看待，一体中可以找到三位。不过，维依的解释很少与天主的本性（von goettlichem Wesen）和位格的圣三内在行动相关。相反地，她注重于关系的澄清，即我们人与天主之间所拥有的关系。它是位格，同时也是非位格。因此有这样的问题（例子）让我们去思考：人性位格的差异性和分割性有没有扭曲我们对天主与人之间关系的认识？

对天主不说“我”，但是可用“你”称呼他（天主）。“我”和“你”把人分开，这种分开驱使她把人抬高。没有“我”与“你”，以便使这种关系更密切于每个人的合一。[1]

正是由于这种想法，才导致维依模仿这样一个她所遇到的没有分别与非位格的天主的拟定。她认为：这样的区别，不仅对信仰有效，而且对于爱也有效；不仅对于认识有效，而且对于实践也同样有效。[2] 现在让我们再返回到维依有关基督徒信仰内容的问题。维依不但对圣师托马斯·阿奎那进行批判，而且也用《圣若望壹书》中的经文“谁相信耶稣基督是从天主而生的”来批判教会有关圣三、降生与救恩的信仰以及其他信仰的题目，以便给出一些不利于新约的释经。维依这样说：信仰的概念在特里腾大公会议（Konzil von Trent）中的教导与圣若望有关信仰的概念相差甚远。圣若望的信仰概念是淳朴而简单的，他的信仰指的是对天主子在耶稣的位格中的降生这一信仰。维依还认为：圣托马斯对信仰的理解有极权主义的味道（倾向），实在令人窒息，它甚至超过了希特勒。[3] 不过，教会从来不放弃那些相信耶稣基督是降生成人的天主的人。维依虽然在批判，但她对基督仍有信心，她的言论只是想让我们引以为戒而已。

从上面这些批判可以看出：维依并不是很简单地接受对天主不同的解释，好像犹太教或基督教的听众，或读者遇见《圣经》一样，而是把这些放入批判性的评论中。维依评价的标准是什么呢？对此她并没有述说。维依认为：基督宗教和教会的衰落并非与康斯坦丁的进入有关，而是应该追溯到早期犹太教的作品中。在基督宗教自我理解中，什么是救恩的处所？答案是：耶稣的十字架。基督被钉的十字架是如此的残酷，以至于使救恩仅仅只能在一个广阔的而且蒙蔽上善与恶的地方举行。因此教会从其根源上来说必然是不洁

① Ebd. 160.

② Ebd. 160.

③ Vgl. ebd. 161.

净的与可保存的。教会只有在一方面是完美的与洁净的：她作为圣事的保管者。这意味着：完美的不是教会，而是祭台上基督的体与血。[①]

维依反对“教会外无救恩”（Extra ecclesia nulla salus）这种思想。她认为：在其他宗教中也有得救的可能性。有关这一点，梵二大公会议中已经阐明了这一观点，这也是天主教会对于救恩神学所做的新反省。维依说：如果教会外有救恩的可能性，那么就会在基督宗教之外有（公开或私人）启示的可能性。因为如果没有重生，没有内在的光照，没有心灵内圣神与基督的临在，便不会有救恩。维依又强调说：“她并非在基督宗教里看到了真理，而是在基督宗教的神秘者那里看到了真理。”[②] 我们如何理解她的这句话？维依自己这样表达了她的观点：事实上，几乎在所有的宗教传统中，神秘主义者都是一致的。他们在每个宗教传统中传达真理。从维依的观点中，我们可以看出它有两层含义与两个关键：（1）两层含义：真理可以在每个宗教的神秘者那里找到；几乎所有宗教的神秘者（的思想）走向合一；（2）两个关键：真理几乎能在一切宗教神秘者中找到；多元宗教提倡合一，并且有其神秘真理的独特性。

六、结语

维依的才华至今还让许多学者赞叹不已，她多方面的思想贡献仍然是当今学者研究的对象。虽然维依至死都尚未领洗，但是她竟然能讲出如此深奥的神学，这不得不让人对她敬佩有加。连无神论者加缪也称她为“我们时代的唯一伟大的精神”。她对真理和对天主的爱描述得如此深刻，从而也流露出她的哲学涵养。刘小枫教授在其《走向十字架上的真理》一书中对维依这样评价：“维依不是一位社会革命家，不是存在主义大师，也非社会主义英雄，而是基督殉难之爱的跟随者，她确实度过了真正意义上的为爱而死的一生。维依作为一位未受洗的基督徒，以自己爱的生命成为受洗的存在。正如她自己所说，自己生来就是基督徒。如果教会的核心奥迹是圣餐——从天主教的观点来看，即是爱，那么，可以说，她在圣坛的圣事中是天主的受洗者”[③]。因

① Vgl. Reiner Wimmer, *Simone Weil. Person und Werk*, Freiburg-Basel-Wien 2009, p.165.

② Ebd. 168.

③ 刘小枫：《走向十字架上的真理》，上海三联书店 1995 年版，第 198 页。

为维依的神学思想相当丰富，同时它也触及到基督论、圣三论与圣神论，所以她不愧为一位善的见证者。

由于现代世界受到非基督化遗毒的影响，因此笔者希望维依的思想能对我们当代人的信仰危机产生启发。最后，笔者想引用维依在 1941 年 12 月所写的一段话作为结语：“我们不能领会的信仰是天主。但是我们不能领会的信仰要比我们能够领会的信仰更真实……。最终，我们不能领会的信仰，即隐藏，必会显现。”[①]

作者单位：陕西天主教神哲学院
联系方式：franzlijingxi@hotmail.com

① Reiner Wimmer, *Simone Weil. Person und Werk,* Freiburg-Basel-Wien 2009,p.216.

走进戏剧神学

——在耶稣基督内的救援

□雷蒙德·施瓦阁 著 □王湛波 译

Abstract: Raymund Schwager (1935-2004), the German-speaking theological scholar, was an important Professor in Innsbruck after the world-renowned theologian Karl Rahner. He invented "dramatic theology" as a theological approach to foment better understanding about our Catholic Faith. This Article "Salvation in Jesus Christ", which was written in 2001, shows us the outline of his theological endeavor in doing theology. Through this Article the reader can taste more or less the fundamental content of the Dramatic Theology. This text was planned in three Parts by the writer. The first part was titled as "the Drama of Salvation in New Testament," in which the author elaborates the salvific event of Jesus Christ through five actions like in a drama, namely: first, a new behavior of God in Jesus Christ; second, justification as self-justification? third, Jesus-victims and carriers of evil; fourth, the action of God Father in Paschal Event of Jesus Christ (nonviolence, forgiveness and love to the enemy); fifth, the action of the Holy Spirit (Pentecost). Raymund Schwager showed us in the second part of this text the fundamental character of the salvation in Christ: Jesus actively takes the initiative toward those who are in lost, and give them freedom. In this freedom we respond the salvation of God. In the third part of the Article, Schwager presented to us precisely and vividly the meaning of redemption (the belief in Jesus Christ) in today' s contemporary context of evolution and genetic engineering.

译者按：中国人常说“人生如戏，戏如人生”。寥寥数语表达出人生舞台的变化万千及角色之复杂多变，同时也道出了世态炎凉和生命无奈。“戏剧神学”这个似非而是的名字给人不同的解读。它并非研究戏剧编写与演绎知识与技能。它源于中世纪把教会的信仰以戏剧模式（诸如复活剧、圣诞剧、苦难剧）栩栩如生地演绎出来，从而起到教化百姓的功效。20世纪著名美学家、神学家、天主教枢机汉斯·乌尔斯·冯·巴尔塔萨（1905—1988）用《神学戏剧学》（*Theo-Drama*，《天主的戏剧》）讲述教会以基督为中心的信仰奥迹。

戏剧神学（Dramatische Theologie）并非基于人生如戏的说法而编写另一套神学。它谱写天主——人生戏剧的作者——进入人日常生命的舞台，与我们休戚相关、共同活出的戏剧。雷蒙德·施瓦阁（Raymund Schwager，又译作雷蒙·施瓦格）在因斯布鲁克大学发展出此神学。这位耶稣会神学家笃信基督，谙熟耶稣会灵修传统，并通达圣经。他受益于天主教枢机巴尔塔萨的思想，并以此深入发挥。他同勒内·吉拉尔（Rene Girard）的友谊和理论的交流共同成为此学派思想的重要组成部分。下文是本人对施瓦阁神父一篇代表性文章的拙译，希望能让华人领略此学派在阐释基督信仰时的独特视角和内涵。

启蒙运动令人们对所渴求的救恩产生基本的转变。之前人们首先寻求来世的天堂，现今新的思潮开始让人们关心现世的救恩。人们梦寐着人间的天国，就如伟大的怀疑论者亨利希·海涅（1797—1856）的诗词所说：

> 新的歌，更好的歌，
> 啊！朋友，让我替您制作！
> 我们要在地上
> 建筑起天国。

面对这新期望，基督宗教好像不再中用，因为它曾认为现世生命实乃一个在涕泣之谷的考验，它劝告人们谦忍却几乎没有努力改善尘世的生活。它暴力的历史（十字军东征、宗教裁判所、宗教战争等等）也令其信誉大大失去。因此一个新颖进步的信念开始取代对耶稣基督救恩传统的信仰。

有些基督徒愿与时俱进，不过他们主张这新兴的尘世期待可以同圣经中天国的福音联系起来。他们把耶稣的宣讲理解为来自于天上慈父的教导，以及对一个在这人世间的和平与正义国度的宣告。这样的思想故此倾向于自由主义的新教神学，把基督具有救援意义的死亡之教导尽可能地放弃并把荡子比喻看成耶稣全部福音的总结。

然而，真正科学的、技术的和经济的进步带来的新思维并非人们梦寐以求的救恩。首先战争无法克服，甚或宗教的纷争演变成民族战争，这些战事往往还很惨烈。因此尽管启蒙的思想很活跃，但对来世得救期望仍然存在。在新教里首先是瑞士伟大神学家卡尔·巴特，他开始由第一次世界大战的经验中依靠十字架的传统教导重新获得力量。他继路德和加尔文之后，把十字架理解为天主愤怒的表达和对人类所有罪愆世界性的、历史性的裁决；并觉悟到被钉在十字架上的那位神人代替了我们承受了上苍的暴怒，战胜了世界的邪恶。卡尔·巴特不像新教徒遵循着圣奥斯定的看法认为有些人注定要下永恒的地狱，他把十字架同时解释成为普世的救援事件、带给所有人天主永恒救恩之希望的事件。

“二战”后，特别是“梵二”后好多问题袭扰着西欧和北美的天主教神学，尤其明确的是在释经学方面。这些问题有的是在新教神学里探讨已久。关于救恩的问题，人们认为当下在新约中找到两个不同的，甚至对立的学说，人们要从两者中拥护一个而放弃另一个。著名德国释经学家海恩斯·舒尔曼（Heinz Schürmann）在1983年对释经的处境写道：

“现在我们已经发现在《新约》中，两种不同学说，两者以不同方式让人们乍看都觉得有道理。一种论调说（翻译成我们的语言）：基督徒深信基督为我（和整个人类）的罪孽而死，在这赎罪之死中他谦恭地、顺从地在十字架上把自己交给父，自我牺牲奉献（十字架神学的救恩论）……但对圣经进行精细批判的现代释经学以更广阔视野更为确信地断言：在复活事件之前耶稣还没有公开地阐明这种救恩理论，可以认为那样决定是很困难。耶稣在世时宣讲了另一种救恩论——末世论的救恩学，圣史玛尔谷对此概要地表述为：‘时期已满，天主的国临近了’（谷1：15a）。”①

根据这个被广泛接受的解释，就如舒尔曼得出的结论：“耶稣宣扬了另一种救恩理论，就像自保禄和玛尔谷时期的教会，亦或在他们之前教会团体所宣扬的、并且现在教会也在宣扬的那样。耶稣宣讲藉由天国而来的解放，如此也是教会的救恩论”。② 尽管舒尔曼如是讲述，但并不代表他大加赞赏这种释

① 海恩斯·舒尔曼：《天国：耶稣的命运——在其宣讲的天国光照下的耶稣自己的死亡》，弗赖堡（德国），1983年，第11页及以下。

② 海恩斯·舒尔曼：《天国：耶稣的命运——在其宣讲的天国光照下的耶稣自己的死亡》，弗赖堡（德国），1983年，第12页。

经学的看法，因为在“二战”以后他一方面再次显示出对世界自身进展持乐观态度，但另一方面他看到一位暴虐的天主本能地、强烈地与人为仇，且必须藉由血腥才可与祂修和。因此人们对福音中耶稣晦涩难懂的判词予以否认，并给复活事件后的那个团体书写了与真正讯息背离的东西。

一是耶稣从天国临现的角度所讲的那末世性的救恩讯息，亦即天国临近了救恩开始临现到世界；一是教会由审判和十字架上那救主死亡的角度所宣扬的十字神学的救恩论，亦即那只是来世的救恩。难道如此勾勒出来的对比确实有根有据？这是现在对新约救恩论的中心问题，而我对它给予了消极答复。我的观点是人们把旧约和新约救恩史纷杂的事实简化了，他们想用个人观点在这里大显身手、评估一切，如此促成两种观点对立。真实启示的历史给我们提供另一种画面。在启示的历史中天主首先通过自己的使者与人们攀谈并等待人的答复与响应：要么是顺从地说是，要么就拒绝，借此要么接受救恩，要么承受审判。天主的计划是通过多个步骤和阶段展示开来。在用舞台戏剧分析天主在旧约和新约里的作为中，天主在新旧约的作为被分成多个曲幕来理解。

汉斯·乌尔斯·冯·巴尔塔萨在他历史性的巨著《神学戏剧学》[①]中，对在神学上引进的戏剧范畴做了翔实论述。这部巨著受到卡尔·巴特很大的启发。笔者跟随巴尔塔萨的方法，但同时我在讲论耶稣和他的门徒们以及他的对手们的时候比巴尔塔萨更着重他们之间的互动，这样我并不完全认同他对天主的暴虐之理解。

一、新约的救恩剧

在天主雅威和以色列人民关于他们的恩许以及他们的拒绝这故事背景下，洗者若翰宣讲天主审判的临近。在这事件中，耶稣带来了为使人得救的新内容。

第一幕：天主新的行动

耶稣宣告天国的临进，他带来的天主雅威新的行动与其独有的言行完全

① 汉斯·乌尔斯·冯·巴尔塔萨：《神学戏剧学》第四册，艾因西德伦（瑞士），1973—1983 年。

调和一致。他宣讲的天主是一位对人们和罪人富于友善和怜悯的父亲。耶稣藉由神迹、象征以及他自己与税吏和罪人的交往，让人体验到天主的慈善。根据天主的喜好，他邀请人并与人共舞，就是共同致力于和平与正义的建树并通过友善和慈爱破除冤冤相报：当有人掌击你的右颊，你把另一面也转给他（玛 5：39）。他要人们经常以包容与宽恕来化解自己受到的不公。因此伯多禄被邀请不仅仅是宽恕七次而是七十个七次（玛 18：21f）。若此讯息落在良好的土壤，那么一个真实的正义与和平的国度会在以色列实实在在地铺展开来，耶路撒冷将早已变成这个世界上那富有和平的中心。而事实并不是这样。如此全然良善的讯息邂逅相遇到的却是无知、冷漠、阻力甚至拒绝。人们坚硬的心田绝然容不下这些讯息。

第二幕：审判：自食其果？

事与愿违，以色列——作为重新聚集的天国——创造了一个消极的局面。耶稣语重心长地对他们表述："耶路撒冷啊，耶路撒冷，你多次残杀先知，用石头击毙那些奉命到你这里来的人。我多次愿意聚集你的子女，如母鸡聚集自己的雏鸡在它羽翼下，可是你们偏不愿意。"（路 14：34）就像所引用的，耶稣在耶路撒冷拒绝的意愿里，诊断出了杀先知的意愿。他明说了以色列和人类的反抗行径：从加音开始违反天主的意思，一面诉诸暴力（参见谷 12：1—12，13：3—20；玛 23：29—35；路 11：49—51；若 8：31—44）另一方面用欺诈或虚伪企图美化暴力事件（参见玛 23：13—35；若 8：44）。

耶稣裁决了这种反抗。那就是，他宣扬一位用天国的非暴力回应人世间施暴者的上天的审判员。在新约文本中确实能找到如此判官的样子。当人精确地剖析耶稣的言辞，它清晰地显示出对审判的另一种解读，亦即那自我的审判。人们会被他们判断别人的尺度来受审判（玛 7：2）。[①] 上天的判决在旧约中有时候已经意味着人们的自我审判或叫自食其果，如在第 7 篇圣咏中讲论恶人说，他栽进自己挖掘的深坑陷阱，他那暴虐行径也报应到自己头上。[②] 保禄也讲论了自我裁决，他写说，上天的愤怒发显在天主放任人们的各种邪恶虑念和乖张欲望上，因此人自食其果（参见罗 1：18—32）。这种情况下，

① 详细内容请参看雷蒙德·施瓦阁：《在救恩戏剧中的耶稣：圣经救恩论的勾勒》，因斯布鲁克（奥地利），1996 年，第 87—94 页。

② 参见雷蒙德·施瓦阁：《我们需要替罪羊？——圣经里的暴虐和救恩》，陶尔（奥地利），1994 年，第 70—81 页。

把新约中人们自我裁决的思想与上天暴虐判官的形象相协调并不容易，就如判词是最后的定谳。这里必须期待着从耶稣更深远的命运中找出答案。

第三幕：耶稣作为牺牲品和罪孽的承受者

判词被认为是最后的纠正。实际上它的作用恰恰相反，也就是它会让敌人更是心硬顽梗，在他们内会激起的更是暴力的反应。那位宣告了天主的审判的耶稣被人们审判了。与此同时，上天的暴怒击中了他。人们不留情面地给耶稣定了用于强盗的死刑。难道人们就如卡尔·巴特想的："仅仅是天主手里的工具"？[①] 这个主张抛出了重要的问题：为什么十字架的刑罚不应是耶稣的态度，而应是恶人们的作为和老天爷意愿？为了避免重大的误解，我们在这戏剧的十字架部分把不同角色准确地归为：罪人们、耶稣和天父。

罪人们使耶稣遍尝了他已经在他们身上看透的苦果。他揭穿了在他们内的尔虞我诈，而他自己被欺诈性地处死了。他拆穿了强权的心志，而他自己被残暴地戕害了。耶稣对人们所昭示的一切和人们宁愿看不到的那些，被人们——无意识地——悉数奉还。他们定了他的罪（格后 5：21），让他承担罪孽，做了天主的羔羊（伯前 2：24）或是替罪羊（若 1：29）。

对于强加在自己身上的不义和暴虐，耶稣就像他亲自所教导的那样回应了。他没有以恶报恶而是用宽恕和爱仇击败了它。他在天主前宽恕了他的仇人并为他们祈祷（路 23：34），特别是他认为自己与他们相同，倘若他们自己是罪孽的受害者。[②] 非暴力和爱仇——这看似不合实际的要求——他亲自活了出来。因此这样看来，天国的讯息和十字架的讯息并不冲突。两者只是从理论到行动，由于人的阻挠，两者仅仅一步之遥。然而天父是什么反应呢？在这部戏剧的整个十字架的阶段苍天好像不中用了，耶稣曾经所信赖的那位天主似乎也失语了。天父的判决……随你想象。所以我们期盼着下一幕的到来。

第四幕：天主的非暴力和复活奥迹的赦宥

天父通过耶稣的复活全然表明自己立场，藉此确认被钉于苦架的行为是天主的意愿。因此证明是耶稣的非暴力和爱仇——而非其对手的行径——深

---

① 卡尔·巴特：《教会的教义 4/1》，苏黎世（瑞士），1953 年，第 262 页。

② 参见雷蒙德·施瓦阁：《救恩戏剧中的耶稣：圣经救恩论的勾勒》，注 4，因斯布鲁克（奥地利），1996 年，第 133—148 页。

层次地启示了天主的意愿和作风。这样天主对十字架的缄默得到清晰的阐释。天父对自己儿子的惨死并没有听之任之，或许是因为祂需要一个牺牲，要么就是祂悦纳自己儿子的苦痛。天主是全然的非暴力，他不愿意借由暴虐而单单喜欢通过爱、劝勉和宽恕赢得对手——罪人们。

复活的那一位显现给他的徒弟并祝他们平安。如此的问候不仅仅是客气一下。宗徒们同耶稣很长时间一起生活过，看到过他显发奇迹，领略了他的一些讯息，可是他们背叛、舍弃了他。如果有谁在耶稣死的时候有道义上的歉疚，首先是他们。而复活的那位恰好就是显现给这些背道叛义者，并以平安问候了他们。他复活后宽恕了他们的罪愆，并赐给他们与天主全新的好和。

在葡萄园恶园户比喻中，庄园主人首先表现出令人费解的善良，但当他的爱子被杀害，他的良善骤变为无情的处置（参见谷 12：9）。在十字架上那位爱子，就如这个比喻所预告的，确确实实被谋害了。然而天父的响应与庄园主人不同。他并没有给那杀人的民众该有的报应，而是爽快地再次宽恕那些大多都不中用的宗徒们。耶稣的十字架和复活赋予了判词更清晰意义。如果连儿子被谋杀也没有令天父变成复仇的神，那我们就可以信赖他，相信他永远不会对我们失去耐心。祂从不停止与罪人示好。而修好只能取决于人们自己，人也可以自我封闭并执意反抗天主的仁慈。

第五幕：圣神和启示

尽管有那复活奥迹的经历，宗徒们仍停滞在旧世界的魔咒里。他们害怕，把自己反锁在屋里（若 20：19—26）。五旬节的时候圣神才赐给了他们真正的开放，祂赋予伯多禄能力，就是在不久前当着侍女的面背叛过其师傅的那位伯多禄（谷 14：66—72），使他在耶路撒冷公开地宣认被钉死于十字架上的那位。圣神使宗徒们完全领悟了耶稣的作为和其救恩，并在他们的心内形成一种力量，这力量能在世界公然标记性地运作。

二、耶稣走向迷失者 并给予人自由

这五幕戏剧远远超过一部历史剧。它描述天主的救恩行动的最基本幅度。这救恩行动或以公开或以隐秘的方式实施在所有人当中。耶稣基督的父亲，从其最基本的本质来说，是爱仇和非暴力的天主；祂从未愤怒地对待自己的仇人；祂反而向他们示好，就如同耶稣的讯息——天国和复活节所显示的。然而，审判不会失去其严肃性。没有人可以自以为是地高抬自己于他人之上，尽管他们拒绝了耶稣。因此审判的惩治性很清晰，在这个世界的人们——在这个有邪恶萦绕、远离天主并走向地狱的世界上的人们也都很喜欢这样。耶稣甘心情愿地让自己与这暴虐的人性直接接触，他同他的对手——那些自己也是邪恶的牺牲品，打成一片。因此，他愿意一切走向丧亡的人们再次走进他，也喜欢以自己那独有的柔弱且没权没势的形象，在那些抵制强而有力的天主的人们心中展示自己。他喜欢通过自己的死亡向那些受死亡威胁的人们再次开启通往救恩之门。因着五旬节的圣神、人和天主修和，也彼此修和，这样能够使救恩在现世开始。然而，这救恩并非圆满，因为谎言和暴力的庞大势力不断地干扰它。故此救恩须经由死亡与复活达致圆满。尽管这样，救恩真实地以标记的方式临现在当下的尘世，亦即在教会礼仪的庆典——特别是在弥撒中，当那祈祷者的团体回忆起过去在耶稣基督内的救恩事件，并祈祷这些事件在圣神内当下化。

巴尔塔萨把十字架的救恩理解为罪与罪人的分离。那个被他描绘出的戏剧模式就赞成这种观点，一方面因为它对人类的看法：好似只要他们是罪人和恶人就是与基督为敌，与耶稣基督隔离；另一方面因为它对被钉十字架者的奉献之理解，只要自己的对手们也是罪孽的受害者，耶稣就认为与他们相同，如此，他自己就成了罪孽的牺牲品。因此这个十字架的奉献把人们分为：罪孽的制造者（作孽者）和罪孽的受害者，而圆颅方趾的人们——除了玛利亚，都同时属于两者。

犹如圣保禄在《格林多前书》两次所阐述的，这种区分在耶稣复活以后，迈向了裁判的一个新形式。保禄宗徒提及信徒们在基督的基础上，用金、银、宝石，或是木、草、禾秸继续建筑，并且此工程将被裁判检验。那些用后者所建成的将被焚毁，他们自己“（固然）可得救，可是仍像从火中经过一样”（格前 3：15）。根据保禄宗徒的判断，一个生活比异教徒还坏的信徒，对他的裁判更为清晰。团体应当将这样的人“交与撒旦，摧毁他的肉体，为使他的灵魂在主的日子上可以得救（格前 5：5）。”在这两种情况中，我们必须处理这种巨大的失败，并且在这两种情况下的裁判，即人与自身的分离，是很严厉的，如此邪恶将被永远摒弃，而罪人将被救出，仿佛一裸露的存有，终生无作为。

以戏剧模式所领悟的救恩论刻画出人的自由与神的自由两者间的剧情。此种救恩论并没有从神的角度来鸟瞰剧情的收尾，而是描绘那神人共舞的不同阶段，一如由圣经所证实的。天主没有粗暴地压制人的自由，也没有任由他们胡作为非，而是在他儿子的形象中，如同善牧一样跟随着人们，为了能够在他们最后的迷失中再次极为亲密地走向他们。那些有自由不愿被大能的造物主和判官拯救的人们，应该通过被杀害的那位“子”的形象——那位分享了所有迷失且无望的人们命运者，得到触动和拯救。

三、在当今进化和基因技术背景下的救援

人的自由在用戏剧阐述的救恩论中起着重要作用，这自由不仅仅是选择行善和作恶的能力。它也选择自己将被裁决的尺度。救恩和祸害、赏报和惩罚最后并非来自于人们自己以外，而是产生于人们行为的内在原动力。那些选择爱作为标尺的人们，对别人开放自己，因此也由别人那儿接到福佑，这福佑让人有缘于更崇高的爱。如此之循环逐步扩展，直至它与整个现实——与天主、与他人、与自己通然和谐，达至天堂。而那把自私利己主义作为标尺的人排斥他人，从别人那儿接到以他而言就是邪恶，并变得更为自私。就这样启动了一个恶性循环，导致越来越多的臆想，这臆造的世界到最后便是地狱。基督徒把自由理解为使命和能力，在对现实认同或反对中筑建一独特的世界。现代的进化论被基督徒长期口诛笔伐，而就是它也如此理解自由，乃至它帮人更好领悟基督徒的创世论。它让人大有见地：自我组建，即那属于自由的宠儿，并非肇端于人类，而是，据分析，在人类以前自我组建早已开始。原子和元素、恒星和星系、分子和活细胞、植物和动物在神的作用下，于长期的进程中逐步自我形成。[①] 作为自我建构的能力——自由在这样大背景下显得并不陌生，在这个世界上也不孤立，而应该归为一切恒态的标准和决定性的法律。乾坤并非始于一蹴而就，在进化的世界里存在着更多的是非确定的、继续发展的自由空间。灵性受造物的自由已经在前人类进化时期粗略地被预示出来。[②]

---

① 参见莱内·库尔特曼：《现代自然哲学入门——批判性的整体勾勒》，美茵河畔的法兰克福（德国），1994 年。

② 参见雷蒙德·施瓦阁：《原罪与救恩戏剧——在进化、基因工程和圣经启示文学背景下》，明斯特（德国），1997 年，第 116—127 页。

基因工程在类似的光照下被视为新的可能，它并非偶然地在基督徒文化中被找到。它也显示出被造之物间的规则不是一成不变、预先确定，而是人有能力，在自己的天赋内干预并逐步地改变。自由和人类责任的运作空间被如此强而有力地扩展，并且总是被延伸且超越以前认为上天注定并不可改变的领域。当然随之而来的巨大危险，是新的不测之事会大量涌现。更有甚者，如果人们对天国临现的耶稣的讯息消极应对，几乎可以肯定，新能力将被用于邪恶。尽管有如此之评估，在戏剧的框架内所解读的救恩论，基本上不会陷入悲观厌世的情愫。耶稣恰好利用了自己所遭遇的邪恶，把天主极度的爱仇和全然的非暴力启示了，并把迷失无望的人们带到自己身旁。同样，当今世界也注定能被那样地处理它的可能性，由人行的罪孽里天主以惊人的方式创造出美善："罪恶在哪里越多，恩宠在那里也格外丰富"（罗 5：20）。尽管卡尔·巴特领会的与其相左，他说天主不会直接运用邪恶来促成美善，但是祂的作为无疑能连接邪恶的行径，为使其予以新的回应，就是悔过自新从而令其产生一特大的美善[①]。不难想象，从新科技诸多可能性的戏剧性发展中，也出现恩宠新的标记性的开端。

译者单位：天主教北京教区神哲学院
联系方式：zhanbow@gmail.com

① 参见雷蒙德·施瓦阁：《原罪与救恩戏剧——在进化、基因工程和圣经启示文学背景下》，明斯特（德国），1997 年，第 61—94 页。

振古如兹：基督宗教的历史研究

梵蒂冈图书馆藏明清之际『西学汉籍』的文化意义
从《圣母皇太后》到《中华圣母像》——土山湾《中华圣母像》参展太平洋世博会背后的故事
耶《易》：基督宗教的易学尝试
教案中的土地纠纷——以丰镇教案为例

梵蒂冈图书馆藏明清之际“西学汉籍”的文化意义

□张西平

Abstract: There are numbers of Chinese books which are preserved in the Vatican library. These books came to the library mainly during the period of late Ming dynasty and early Qing dynasty. Research on these materials could contribute a lot for understanding the communication between Chinese culture and the Western culture during the end of 15th century and the 16th century. This is the period of profound engagement between east and west. The significance of these books is evident. Therefore, they need to be edited and studied in a more details way.

明清之际从时间上说大体是晚明崇祯朝到清顺、康、雍时期。黄宗羲用“天崩地解”来形容这一时期的早期阶段，所言极是。这一时段，国内明清鼎革，历经满汉政权转化与文化巨变，世界范围正经历从 15 世纪末期的地理大发现带来的西方文化与体制在全球的扩张。文化相遇与冲突以多重形式展开，其影响波及今日之世界。

对中国和西方关系来说，最重要的事件是葡萄牙和西班牙从印度洋和太平洋来到东亚，耶稣会入华。由此，拉开了中华文明和欧洲文明在文化与精神上的真正相遇。著名汉学家许理和（Erik Zürcher，1928—2008）认为，17—18 世纪的中西文化交流史是“一段最令人陶醉的时期：这是中国和文艺复兴之后的欧洲高层知识界的第一次接触和对话”[①]。

① 许理和：《十七——十八世纪耶稣会研究》，见任继愈主编：《国际汉学》第四期，大象出版社 1999 年版，第 429 页。

一

正是在这次文化相遇与对话中，来华的传教士将刊书作为传教的重要手段。利玛窦说：“基督教信仰的要义通过文字比通过口头更容易得到传播，因为中国人好读有任何新内容的书。”① “任何以中文写成的书籍都肯定可以进入全国的十五个省份而有所获益。而且，日本人、朝鲜人、交趾支那的居民、琉球人以及甚至其他国家的人，都能像中国人一样地阅读中文，也能看懂这些书。虽然这些种族的口头语言有如我们可能想象的那样，是大不相同的，但他们都能看懂中文，因为中文写的每一个字都代表一样东西。如果到处都如此的话，我们就能够把我们的思想以文字形式传达给别的国家的人民，尽管我们不能和他们讲话。”② 梵蒂冈图书馆所藏的《天主圣教书目·历法格物穷理书目》中明确说出传教士刻书传教之目的：“夫天主圣教为至真至实，宜信宜从，其确据有二：在外，在内。在内者则本教诸修士著述各端，极合正理之确，论其所论之事虽有彼此相距甚远者，如天地、神人、灵魂、形体、现世、后世、生死等项，然各依本性自然之明，穷究其理。总归于一道之定向，始终至理通贯，并无先后矛盾之处。更有本教翻译诸书百部一一可考，无非发明昭事上帝，尽性命之道，语语切要，不设虚玄。其在外之确据以本教之功行踪迹，目所易见者，则与吾人讲求归复大事，永远固福辟邪指正而已。至若诸修士所著天学格物致知，气象历法等事，亦有百十余部，久行于世，皆足徵。天主圣教真实之理，愿同志诸君子归斯正道而共昭事焉。”③

由此，明清之际开始，在中国的历史文献中出现了一批新的类型的书籍，即翻译、介绍与回应欧洲文化宗教的汉文书籍。④

梁启超在《中国近三百年学术史》中说：

“明末有一场大公案，为中国学术史上应该大笔特书者，曰：欧洲历算学之输入。先是马丁路得既创新教，罗马旧教在欧洲大受打击，于是有所谓

---

① 利玛窦、金尼阁：《利玛窦中国札记》，何高济等译，中华书局 1983 年版，第 172 页。

② 利玛窦、金尼阁：《利玛窦中国札记》，何高济等译，中华书局 1983 年版，第 483 页。

③ 梵蒂冈图书馆藏 RACCOLTA GENERALE-ORIENTE Stragrandi. 13a，据 CCT-database 数据库著录，编撰者为比利时耶稣会士安多（Antoine Thomas, 1644—1709）。

④ 与此同时，在欧洲的文献中出现了大量的关于东亚和中国的报刊与研究的书籍，中国古代文化典籍被译成各种欧洲语言，中国的思想和文化开始进入欧洲思想家和民众的视野，从而逐渐形成 18 世纪欧洲中国热。鉴于本文主题所限，不做展开。

‘耶稣会’者起，想从旧教内部改革振作。他的计划是要传教海外，中国及美洲实为其最主要之目的地。于是利玛窦、庞迪我、熊三拔、龙华民、邓玉函、阳玛诺、罗雅谷、艾儒略、汤若望等，自万历末年至天启、崇祯间先后入中国。中国学者如徐文定（名光启，号元扈，上海人，崇祯六（1633）年卒，今上海徐家汇即其故宅），李凉庵（名之藻，仁和人）等都和他们来往，对于各种学问有精深的研究。先是所行‘大统历’，循元郭守敬‘授时历’之旧，错谬很多。万历末年，朱世堉、邢云路先后上疏指出他的错处，请重为厘正。天启、崇祯两朝十几年间，很拿这件事当一件大事办。经屡次辩争的结果，卒以徐文定、李凉庵领其事，而请利、庞、熊诸客卿共同参预，卒完成历法改革之业。此外中外学者合译或分撰的书籍，不下百数十种。最著名者，如利、徐合译之《几何原本》，字字精金美玉，为千古不朽之作，无用我再为赞叹了。其余《天学初函》、《崇祯历书》中几十部书，都是我国历算学界很丰厚的遗产。又《辨学》一编，为西洋论理学输入之鼻祖。又徐文定之《农政全书》六十卷，熊三拔之《泰西水法》六卷，实农学界空前之著作。我们只要肯把当时那班人的著译书目一翻，便可以想见他们对于新知识之传播如何的努力。只要肯把那个时代的代表作品——如《几何原本》之类择一两部细读一过，便可以知道他们对于学问如何的忠实。要而言之，中国知识线和外国知识线相接触，晋唐间的佛学为第一次，明末的历算学便是第二次。中国元代时和阿拉伯文化有接触，但影响不大。在这种新环境之下，学界空气，当然变换，后此清朝一代学者，对于历算学都有兴味，而且最喜欢谈经世致用之学，大概受利、徐诸人影响不小。”①

梁公这段论述有两点十分重要：一是，明清之际的中西文化交流是继佛教传入中国后，中华文明与外部世界知识最重要的一次接触。他从中国历史的角度将明清之际的中西文化交流史定位，对其评价的视野与高度都是前所未有的；其二，对传教士与文人所合作翻译的“西学汉籍”给予了高度的评价，认为是“字字精金美玉，为千古不朽之作。”

梁启超对这批书籍并未统一定义，学界也有用“汉文西书”②来定义，这

① 梁启超：《中国近三百年学术史》，东方出版社 2004 年版，第 9 页。

② “今天我们也用该词来泛指 16—19 世纪通过西方传教士介绍给中国的西方学术、西方知识或西方的知识体系自成反映这一部分内容的文献，可以统称为‘汉文西书’。”见邹振环：《晚明汉文西学经典：编译、诠释、流传与影响》，复旦大学出版社 2013 年版，第 6 页。书中邹振环认为“西学”一词最早出现在中国人的著述中，（转下页）

个定义尚不能全面概括这类文献的特点，一是在文献呈现形式上并非全部是以书的形式出现，其中含有大量手稿、舆图等；二是从文献内容上不仅有大量向中国介绍西方的学术和知识的内容，也有传教士用中文写作，研读中国文化的文献，例如白晋（Jcachim Bouvet，1656—1730）的汉文《易经》手稿。同样，将其定义为“汉语天主教文献”过于狭小，因为其内容已经大大超出单纯的天主教范围，尽管天主教文献是其重要部分。① 我们认为用“西学汉籍”较为稳妥。“汉籍”目前学术界已经不再将其仅仅理解为中国士人在历史上的出版物，凡是用汉文书写的历史文献都可称为汉籍。② 这些我们在下面介绍梵蒂冈图书馆藏明清中西文化交流史文献时再具体展开。

对这批文献的整理史，最早可以追溯到万历四十三年（1615）杨廷筠所编的《绝徼同文纪序》，书中收入了包括部分来华耶稣会士在内的中国文人为西学汉书所写的70篇序言和7篇明朝关于处理来华传教士的公文，这些序言涉及传教士所出版的西学汉籍25部。杨廷筠在序言中说：“知六经之外自有文字，九州之表更有畸人，由是纪以索观其书，由读书以接通其人。”③ 尽管《绝缴同文纪序》以西学汉籍的题跋序言为主，但开启了对西学汉籍的整体收集与整理。

李之藻在明天启三年（1623）的《天学初函》，书中收录了传教士和中国文人的著作20篇，其中“理编”10篇，“器编”10篇。收入“理编”的有：《西学凡》（唐景教碑附）、《畸人十篇》（附西琴八章）、《交友论》、《二十五言》、《天主实义》、《辩学遗牍》、《七克》、《灵言蠡勺》、《职方外记》；收入“器编”的有：《泰西水法》、《浑盖通宪图说》、《几何原本》、《表度说》、《天问略》、《简平仪》、《圆容较义》、《测量法义》、《勾股义》、《测量异同》。他在《天学初函》的序中说：“时则有利玛窦者，九万里抱道来宾，重演斯义，迄今又五十年；多贤似续，翻译渐广：……顾其书散在四方，愿学者每不能尽睹为憾！”康

（接上页）可能是南宋李心传(1167—1244)记述高宗一代史事的史书《建炎以来系年要录》，其中吾二夫六记载曹冠在廷试对策中所言：“凡为伊川之学者，皆德之贼也。又曰：自西学盛行，士多浮伪。陛下排斥异端，道术亦有所统一矣。”经笔者查找“西学”最早可能出现在《礼记·祭义》中：“祀先贤于西学，所以教诸侯之德也”。

① 参阅张先清编：《史料与视界：中文文献与中国基督教史研究》，“西学汉籍”是不能仅仅放在中国天主教史的框架中来讨论的，它是中国近代文化史研究的重要内容，同时也是西方汉学研究的重要内容，这批文献的多重性需要我们以新的视角来加以考察。

② 张伯伟编：《域外汉籍研究集刊》，第1—4辑，中华书局2005—2008年版。

③ 杨廷筠：《绝缴同文纪序》，钟鸣旦、杜鼎克、蒙曦编：《法国国家图书馆藏明清天主教文献》第6卷，台北利氏学社2009年版，第10页。

熙朝后西学影响日益扩大，后因“礼仪之争”，特别是雍乾禁教后西学日渐式微，但作为一种新的知识，这批文献官方仍不能忽视，在《四库全书》看来，“西学所长在于测算，其短则在于崇奉天主，以炫惑人心”。这样它仅收入西学汉籍22种。对于西学汉籍中的非科学类书籍《四库全书》是“止存书名”，不收其书。如此有15部西学汉籍被入《四库存目》之中，其中收入子部杂家类的11种，收入史部地理类的2种，收入经部小学类的2种。[①]

生于1620年的中国文人刘凝，一生未得功名，弱冠入县学。[②]他编辑的《天学集解》涉及西学汉籍的有284本，分类方法是首集、道集、法集、理集、器集、后集。[③]

尽管是手稿尚未出版，却是当时收集得最全面的西学汉籍的序跋。[④]这些序跋的大部分撰写于1599——1679年。

“刊书传教”已成为利玛窦所确立的“适应路线”的重要举措，从教内各类书目也可以看出这批“西学汉籍”的传播，上面提到的梵蒂冈图书馆所藏的中文书中有两份文献专门记载了这批书目[⑤]。编号“R.G. Oriente –Stragrandi 13（a）有两个书目,《天主圣教书目》著录了宗教类著作123种,《历法格物穷理书目》著录了89种西学汉籍文献，两份文献共收录了212种文献。

《圣教信证》是张赓和韩霖合写的一部书，书中编入来华传教士的汉文著作，以表达“续辑以志，源源不绝之意”。全书收录92名传教士的简要生平和229部汉文西书。同治年间的胡璜著《道学家传》有着很高的文献学价值。全书共收录了传教士89人，其中有中文著述的38人，共写下中文著作224部。

与此同时，在中国文人所编的各种书目和丛书中也开始著录西学汉籍的图书。[⑥]初步研究大约有15种书目著录了各种西学书籍，共收录的西学汉籍约

① 参阅计文德：《从四库全书探究明清间输入之西学》，台湾济美图书有限公司1991年版。

② 肖清和：《清初儒家基督徒刘凝生平事迹与人际网络考》，《中国典籍与文化》2012年第4期。

③ 参见Ad Dudink, “The Rediscovery of a Seventeenth-Century Collection of Chinese Christian Texts: The Manuscript Tianxue jijie”, *Sino-Western Cultural Relations Journal* 15 (1993), pp. 1-26。

④ 胡文婷：《明清之际西学汉籍书目研究初探》（抽样本）。

⑤ 伯希和编，高田时雄补编：*A Posthumous Work by Paul Pelliot*, Revised and edited by TAKATA ToKio, INVENTAIRE SOMMAIRE DES MANUSCRITS ET IMPRIÉS CHINOIS DE LA BIBLIOTHÈQUE VATICANE, KYOTO, 1995。有关这个目录的情况下面笔者还要专门介绍。

⑥ 徐宗泽的《明清间耶稣会士译著提要》统计，共有13种丛书收录了西学文献，而据郑鹤声、郑鹤春《中国文献学概要》（上海书店出版社1990年版），共有11种丛书收录了西学文献。

138 部。①

同时随着欧洲天主教修会进入中国，各地教徒的增加，各地修会也开始翻刻耶稣会所出版的书籍，同时，中国信徒也开始翻译和编写出版各类西学书籍。②

在西方汉学界最早注意来华耶稣会中文著作的是基歇尔（Athanasius Kirecher，1602—1680），由于他和来华耶稣会士有着密切的关系，于 1667 年在阿姆斯特丹出版的《中国图说》中首次向欧洲介绍了入华传教士的中文著作，其中包括利玛窦、罗雅谷、高一志等人的书籍。③

明末清初来华传教士究竟出版了多少西学汉文书籍？写作并留下多少西学汉文手稿？学术界至今尚无定论。

亨利•考狄（Henri Cordier，1849—1925）1901 年所编写的《十七十八世纪欧洲人在中国的出版书目》（*L'Imprimerie sino-européenne en Chine：bibliographie des ouvrages publiés en Chine par les Européens au XVIIe et au XVIIIe siècle*）收录了明清之际的西学汉籍有 363 种。

法国汉学家、著名的中国基督教史研究专家裴化行（Henri Bernard,s.j）1945 年在《华裔学志》（*Monumenta Serica*）第十卷上发表了《从葡萄牙人到广东至法国传教士到北京期间欧洲著作的中文编译书目 1514—1688》（*Les adaptations Chinoses d'ouvrages européens：Bibliographie chronologique deouisv la foundation de la Mission Fraçaise de Pékin* 1514-1688）的论文④，在这篇文章中，刊登出 38 位传教士名单，其中 36 人有中文著作，共 236 种。1960 年

---

① 赵用贤 (1535—1596) 的《赵定宇书目》，祁承汉 (1565—1628) 的《澹生堂藏书目》，赵琦美 (1563—1624) 的《脉望馆书目》，徐渤 (1570—1642) 的《徐氏家藏书目》，陈第 (1541—1617) 的《世善堂书目》，董其昌 (1556—1636) 的《玄赏斋书目》，无名氏（明末）的《近古堂书目》，钱谦益 (1582—1664) 的《绛云楼书目》，季振宜 (1630—?) 的《季沧苇藏书目》，钱曾 (1629—1701) 的《也是园藏书目》，黄虞稷 (1629—1691) 的《千顷堂书目》，徐乾学 (1631—1694) 的《传是楼书目》。钟鸣旦（Nicolas Standaert）、杜鼎克（Ad Dudink）的《简论明末清初耶稣会著作在中国的流传》（《史林》1999 年第 2 期），毛端方的《汉语天主教文献目录编撰史概述：以郊外知识分子为中心考察》（《世界宗教研究》2014 年第 3 期）。

② 张淑琼：《明末清初天主教在粤刻印书籍述略》，《图书馆论坛》2013 年第 3 期。

③ 基歇尔：《中国图说》（*China monumentis, qua sacris qua profanis, nec non variis naturae & artis spectaculis, aliarumque rerum memorabilium argumetis illustrata*，译为《中国宗教、世俗和各种自然、技术奇观及其有价值的实物材料汇编》，简称《中国图说》即 *China illustrata*），张西平、杨慧玲等译，大象出版社 2013 年版；张西平：《国外对明末清初天主教中文文献的收集和整理》，《陈垣先生的史学研究与教育事业》，北京师范大学出版社 2010 年版，第 234—238 页。

④ *Monumenta Serica* 10(1960), pp.349-383.

在《华裔学志》的第19期，他又发表了《从法国传教士到北京至乾隆末期欧洲著作的中文编年书目1869—1799》（*Les adaptations Chinoses d'ouvrages européens*：*Bibliographie chronologique deouisv la foundation de la Mission Fraçaise de Pékin jusqu'à la mort de l'empereur K'ien-long*，1689-1799）的论文，并整理出《北京刊行天主圣教书板目》、《历法格物穷理书板目》、《福建福州府钦一堂刊书板目》、《浙江杭州府天主堂刊书板目录》四篇目录 。这四个目录共刊录了303种文献。

由冯承均所译的法国中国基督教史研究专家费赖之（Ie P.Louis Pfister，s.j）1932年所做的《在华耶稣会士列传及书目》（*Notices Blographiques et Biblographiques sur les Jesuttes de L'ancienne Mission de Chine* 1552-1773），是一部研究入华传教士的重要的工具书，他把传教士的中文和西文的文献统一编目，提供了入华耶稣会士中文文献的重要而又丰富的信息。《在华耶稣会士列传及书目》中共有63人写了366种中文文献。①

《法国国家图书馆馆藏中国图书目录》（*Catalogue de Livres Chinois Coréens, Japonais, etc*）是1912年由法国人古郎（Mauricr Courant）所做，古郎书目共收入了99名作者的明清天主教文献374种②，这些作者中耶稣会的传教士56人，方济各会、道明会、奥斯定会等其他修会的传教士15人，中国士人28人。这374部文献中署名作者的文献有278种，无作者署名的文献96种。③

徐宗泽在《明清间耶稣会士译著提要》④第十卷的《徐家汇书楼所藏明末清初耶稣会士及中国公教学者译著书目》中著录了402种，其中基督教宗教类书目达296种，占总数的74%；属于自然科学技术方面的书目共62种，占总数的15%；关于中西哲学、政治、教育、社会、语言文学艺术方面的共31种，约占总数的8%；传教士奏疏等历史文献共13种，约占3%。译著书籍的主体是宗教类文献，其次是自然科学技术类文献。在第十卷的《巴黎国立

① 这里的统计包含地图，但未包含汉外双语或多语词典的数量和相关的作者。

② 不含副本，这只是一个初步的统计，徐宗泽的统计是733部，他的统计含重复和副本。

③ 张西平2002年在这里访问了三个月，初步将其全部的明清天主教文献过眼一遍，并在古郎书目的基础上做了简目。国内学者大都很熟悉徐宗泽书后所附的《巴黎国立图书馆所藏明末清初耶稣会士及中国公教学者译著书目录》，但徐宗泽的目录并未收全古郎书目的西学汉籍文献，如罗明坚所拟写的《罗马教皇致大明国国主书》就未收入其中。

④ 徐宗泽：《明清间耶稣会士译著提要》，上海世纪出版集团2010年版。

图书馆所藏明末清初耶稣会士及中国公教学者译著书目录》中著录了760种，基本是宗教、神哲学类译著文献。十卷中的《梵蒂冈图书馆所藏明末清初耶稣会士及中国公教学者译著书》有169种。

由方豪主编的《上智编译馆》1947年所发表的《北平北堂图书馆暂编中文善本书目》，共收录了103种西学汉籍书目，其中天主教著作86种，[①] 满文天主教著作3种，农家类1种，即徐光启的《泰西水法》一部，天文历算类8种，杂家类1种，集部1种，即杨光先的《破邪集》。[②]

据钱存训统计，明清之际耶稣会传教士在华两百年间共翻译西书437种，其中纯属宗教的书籍251种，占总数的57%；属自然科学的书籍131种，占总数的30%；属人文科学书籍55种，占总数的13%。[③] 梁启超在《中国近三百年学术史》中著录的西学汉籍321种。李天纲估计明末清初关于天主教的文献应该不少于1000种。[④]

二

雍乾禁教以后，天主教发展处于低潮，从而使得许多天主教方面的书只有存目，不见其书，到清末时一些书已经很难找到，如陈垣先生所说："童时阅四库提要，即知有此类书，四库概屏不录，仅存其目，且深诋之，久欲一睹原书，粤中苦无传本也。"[⑤]

由此，从民国初年至今，中外学者为收集和整理这批文献进行长达一百多年的努力。马相伯是清末民初的风云人物，晚年时极力主张天主教的本色化，他在明末清初的入华耶稣会的中文著作中找到了心中的理想，"找到一种天造地设的契合，而利所译最切近这理想"。[⑥]

因此对这批文献的收集十分重视。他曾写下了《重刊〈辩学遗牍〉跋》、

① 其中最令人关注的贺清泰的圣经译本，因为，目前在上海徐家汇藏书楼所发现和出版的贺清泰圣经译本未必是底本，抄本的可能性很大，而北堂藏本是底本的可能性很大。

② 感谢谢辉提供以上数字。

③ 钱存训：《近世译书对中国现代化的影响》，《文献》1986年第2期。宋巧燕：《明清之际耶稣会士译著文献的刊刻与流传》，《世界宗教研究》2011年第6期。

④ 参见李天纲：《中文文献与中国基督宗教史研究》，张先清编：《史料与视界：中文文献与中国基督教史研究》，上海人民出版社2007年版，第7页。

⑤ 方豪：《李之藻辑刻天学初函考》，见《天学初函》重印本，台湾学生书局1965年版。

⑥ 李天纲：《信仰与传统——马相伯的宗教生活》，见朱维铮主编：《马相伯集》，复旦大学出版社1996年版。

《重刊〈主制群征〉序〉》、《书〈利玛窦行迹〉后》、《重刊〈真主灵性理证〉序》、《重刊〈灵魂道体说〉序》、《重刊灵言蠡勺〉序》等多篇有关整理明末清初天主教文献的文字。在他和英敛之等人的通信中曾提到他自己过眼的明清天主教文献有 26 部之多。[①] 为做好这件事，他曾和英敛之、陈垣多次通信，对陈垣的工作倍加赏识，在给英敛之的信中说“援庵实可敬可爱”。[②] 在推动明清天主教文献的整理方面，马相伯发挥了重要的作用。

英敛之早年正是读了利玛窦、艾儒略等人的书后才加入了天主教。民国初年，他经十余年努力找到了《天学初函》的全本，并重新刊印其中的部分文献，他在重刊《辩学遗牍》的序言中说：“《天学初函》自明季李之藻汇刊以来，三百余年，书已希绝。鄙人数十年中，苦志搜罗，今幸寻得全帙。内中除器编十种，天文历法，学术较今稍旧，而理编则文笔雅洁，道理奥衍，非近人译著所及。鄙人欣快之余，不敢自秘，拟先将《辩学遗牍》一种排印，以供大雅之研究。”[③]

马相伯、英敛之、陈垣三人中当属陈垣学术成就最高，他的《元也里可温教考》一举成名，奠基了中国天主教史研究的基础，在明清天主教文献的收集和整理上他也着力最大。

他不仅整理和出版了入华传教士的著作，如《辩学遗牍》、《灵言蠡勺》、《明季之欧化美术及罗马字注音》、《利玛窦行迹》等，而且在教外典籍中发现了许多重要的文献，他所写下的《从教外典籍见明末清初之天主教》、《雍乾间奉天主教之宗室》、《泾阳王徵传》、《休宁金声传》、《明末殉国者陈于阶传》、《华亭许缵曾传》、《汤若望与木陈忞》等一系列论文，不仅在学术上大大加深了天主教入华传教史的研究，在历史研究和文献研究上也开辟了一个崭新的领域。陈寅恪在陈垣先生的《明季滇黔佛教考》的序言中说“中国乙部之中，几无完善之宗教史，然其有之，实自近岁新会陈援庵先生之著述”。这说明了陈垣先生在中国宗教史，特别是在中国基督教史上研究的地位。

陈垣先生在谈到这批文献的整理时，他认为应该继承李之藻的事业，把

---

① 马相伯所提到和过眼的文献有：《辩学遗牍》、《主制群征》、《景教碑》、《名理探》、《利先生行迹》、《天学举要》（阳玛诺）、《真主性灵理证》（卫匡国）、《灵魂道体说》、《铎书》、《天教明辩》、《圣经直解》、《圣教奉褒》、《圣教史略》、《圣梦歌》、《寰宇诠》、《童幼教育》、《超性学要》、《王觉斯赠汤若望诗翰》、《天学初函》、《七克》、《教要序论》、《代疑论》（阳马诺）、《畸人十篇》、《三山论学记》、《遵主圣范》、《灵言蠡勺》。

② 朱维铮主编：《马相伯集》，复旦大学出版社 1996 年版，第 369 页。

③ 方豪：《李之藻辑刻天学初函考》，《天学初函》重印本，台湾学生书局 1965 年版。

《天学初函》继续出版下去，在给英敛之的信中说：“顷言翻刻旧籍事，与其请人膳抄，毋宁迳将要籍借出影印。假定接续天学初函理编为天学二函，三函……分期出版，此事想非难办。细想一遍，总胜于抄，抄而又校，校而付排印，又再校，未免太费力；故拟仿涵芬楼新出四部丛刊格式，先将《超性学要》（21 册）影印，即名为天学二函，并选其他佳作为三函，有余力并复影初函，如此所费不多，事轻而易举，无膳校之劳，有流通之效，宜若可为也。乞函商相老从速图之。此事倘性行之于数年前，今已蔚为大观矣”。①

为此，他曾肆力搜集有关史料，并计划仿《开元释教目录》及《经义考》、《小学考》体制而为《乾嘉基督教录》，为中国天主教的文献作一次全面的清理，也为《四库全书总目》补阙拾遗。

这一计划最终仅完成了一部分，即附刊在《基督教入华史略》后的《明清间教士译述目录》，这个目录虽然限于当时的条件只收集了有关天主教士的教理和宗教史的部分，尚未更多收集到天文、历算、地理、艺术等方面的传教士重要的著述，但在徐宗泽《明清间耶稣会士译著提要》之前，他的这份目录是当时搜集天主教文献最多的一个目录，其中未刊本较多于已刊，由此可见其搜访之勤。

正是在马、英、陈三人的努力下，民国初年在这批文献的收集和整理、出版上取得了显著的成绩。

向达先生是治中外关系史的大家，他在“敦煌学”、“目录学”等方面的贡献大都为学界所知，但在收集和整理明清入华天主教史文献上也有显著成绩却为许多人所不知。在这方面，他不仅写下了《明清之际中国美术所受西洋之影响》等重要的论文，还整理和收集了部分天主教史的书籍，其点校的《合校本大西西泰利先生行迹》是他把自己在法国、罗马等地的几个刻本统一勘校后整理出来的，很长时间是最好的校本。他自己还收藏了许多珍本，《上智编译馆》曾公布过觉明先生所藏有关天主教书目。

王重民先生是我国著名的目录学家、文献学家、敦煌学家，他在明清天主教文献的收集和整理上有着重要的贡献。1934 年他和向达先生被北京图书馆派往欧洲进行学术考察，在欧洲访问期间，他把收集明清天主教文献作为其在欧洲访书的第二项任务，他在访问巴黎国家图书馆和罗马的梵蒂冈图书

① 方豪：《李之藻辑刻天学初函考》，《天学初函》重印本，台湾学生书局 1965 年版。

馆时，对这类书格外关注，并从欧洲带回了部分重要文献。之后他先后写下了有关明清间山西地区重要的基督徒韩霖著作的《跋慎守要录》和有关明人熊人霖著作的《跋地纬》，以及《王徵遗书序》、《跋王徵的王端节公遗集》、《跋爱余堂本隐居通义》、《跋格致草》、《文公家礼仪节》、《道学家传跋》、《经天该跋》、《历代明公画谱跋》、《尚古卿传》、《程大约传》、《跋慎守要》、《关于杨淇园先生年谱的几件文档》、《海外希见录》、《罗马访书录》等有影响的文章。他和陈垣先生一样想编一个入华传教士译著的书目，并定名为《明清之间天主教士译述书目》，这本书已有初稿，但以后没有完成，书稿也已丢失。①

徐宗泽是徐光启的第十二代世孙，二十一岁时入耶稣会，并到欧美学习，1921 年返回中国后不久，担任了《圣教杂志》的主编和徐家汇天主堂图书馆的馆长。在此期间，他发表了一系列有关明清天主教史的论文和著作。在明清之际天主教历史文献方面，他最有影响的还是关于明清天主教史的中文著作目录。他的首篇目录《梵蒂冈图书馆藏明清中国天主教人士译著简目》是发表在 1947 年的《上智编译馆馆刊》第二卷第二期，但当年便因病逝世。《上智编译馆馆刊》第二卷第四、五期合刊上又发表了他的遗著《上海徐家汇藏书楼所藏明清间教会书目》，1949 年中华书局出版了他编著的《明清间耶稣会士译著提要》。这本书的学术价值直到今天仍然很高，它有两个贡献是其他任何同类工具书所不及的：其一，他同时公布了世界上主要图书馆所藏明清间天主教史的书目，大大拓宽了当时学界对这批西学汉籍的认识；其二，他公布了 210 篇文献的序、跋、前言、后记。对于难以见到原始文献的研究者来说，这些序跋无疑是雪中送炭。

方豪先生是继陈垣先生后，在明清天主教史和明清天主教文献研究方面最有成就的学者，他不仅继承了马相伯、英华等教内之人的传统，也和学术界的董作宾、傅斯年、胡适、陈垣等人有学术的交往，特别是和陈垣先生交往更深。方豪先生自信“史学就是史料学”的格言，在文献和史料上着力最深，在这段时间内写下了一批有关明清天主教历史文献和史料考证的重要文章。应该值得一提的是方豪先生从 1946 年 9 月到 1948 年 7 月主持《上智编译馆馆刊》，历时两年，共出版《上智编译馆馆刊》三卷十三期，这十三期

① 王重民：《冷庐文数》，上海古籍出版社 1992 年版，第 937 页。笔者曾就职于中国国家图书馆 6 年，对王先生一直心怀敬意，每当想起他“文革”中屈死于颐和园长廊，未完成《明清间天主教士译述书目》，更感我辈之责任。

《上智编译馆馆刊》成为当时收集和整理明清天主教史文献最为重要的学术阵地，也是民国时期在这批文献的收集和整理上所达到的最高水平，它在文献校勘、标点方面的研究成果，直到今天也是我们仍必须汲取的。

陈垣先生当年在给他的信中说："公教论文，学人久不置目，足下孤军深入，一鸣惊人，天学中兴，舍君莫属矣！"① 方豪一生以陈氏私淑弟子自居，陈寅恪曾说他是"新会学案第一人"②，实不为过。1965 年，《天主教东传文献》和《天学初函》在方豪推动下在台湾出版，接着先后于 1966 年、1998 年出版了《天主教东传文献续编》和《天主教东传文献三编》，从而开启了明清之际天主教文献大规模的复制整理工作。学术界有的学者认为方豪是"史料学派理论最佳的阐释者与实践者，称其为台湾，甚或中国，史料学派的最后一人不为过。"③

改革开放后中国学术界对这一领域继续展开研究，1994 年田大卫先生总主编的《民国总书目：宗教》中收录明清之际"西学汉籍"37 部。④《中国古籍总目》所收的书目不少于 390 种。⑤

近三十年来，在谢和耐（Jacques Gernet）、许理和提出欧洲汉学界在明清之际的研究上应该实行"汉学的转向"，"从传教学和欧洲中心的范式转到为汉学和中国中心论范式。"⑥ 即"中国文化（包括中国传统文化对外国文化的传入的反应），应该总是我们研究的首要问题。"⑦ 这样一种学术范式的转变主要是从欧洲自身的研究传统来讲的，对中国学术界来说则是另一个问题。⑧ 学

---

① 陈智超编：《陈垣来往书信集》，上海古籍出版社 1993 年版，第 306 页。

② 见牟润孙：《敬悼先师陈援庵先生》，转引自李东华：《方豪年谱》，台湾"国史馆"，2001 年，第 262 页。

③ 李东华：《方豪年谱》，台湾"国史馆"，2001 年，第 262 页。在这期间还有两位学者笔者不能忘记，这就是阎宗临先生和冯承均先生。阎先生是当时为数不多的能到欧洲有关图书馆访书的学者，为完成他的博士论文，阎先生曾几次前往罗马梵蒂冈图书馆查阅文献，抄录档案。这些档案抗战期间大多数发表在《扫荡报》的《文史地》上。冯先生是治中西交通的大家，他的《西域南海史地考证译丛》中的译文也十分重要。

④ 田大卫：《民国总书目：宗教》，书目文献出版社 1994 年版。对"西学汉籍"书目史的整理与研究，张西平在 2005 年发表了《明末清初天主教入华史中文文献研究的回顾与展望》一文，参阅张西平：《传教士汉学研究》，大象出版社 2005 年版。

⑤ 毛端方在《汉语天主教文献目录编撰史概述：以郊外知识分子为中心考察》（《世界宗教研究》2014 年第 3 期）一文中认为《中国古籍总目》收录了 390 种西学汉籍。这个数字需要进一步精确，数量肯定大于这个统计。陈垣先生所提出的像《开元释教录》那样，编辑一本《中国天主教文献总目》的理想至今仍待吾辈努力。

⑥ 钟鸣旦：《基督教在华传播史研究的新趋势》，任继愈主编：《国际汉学》1999 年第 4 期。

⑦ 许理和：《十七—十八世纪耶稣会研究》，任继愈主编：《国际汉学》1999 年第 4 期。

⑧ 许理和在文中说，从陈垣开始早就这样做了，因此，对中国学者来说不存在一个从欧洲文献转向汉语文献的问题，但存在一个如何将明清之际的天主教史纳入到中国近代文化史之中的问题，"从传纪式的史事铺陈中走出来，尝试对西学东渐在社会所产生的反响进行一较全面深入的探讨。"（黄一农：《明清天主教传华史研究回顾（转下页）

术范式的转变带来了明清之际天主教文献整理出版的高潮：1996 年，钟鸣旦、杜鼎克和中国台湾学者黄一农、祝平一编辑的《徐家汇藏书楼明清天主教文献》（五册）由台湾辅仁大学出版；2002 年，钟鸣旦、杜鼎克编辑的《罗马耶稣会档案馆明清天主教文献》（十二册）由台北利氏学社出版；2009 年钟鸣旦、杜鼎克、蒙曦（Nathalie Monnet）编辑的《法国国家图书馆藏明清天主教文献》（二十六册）由台北利氏学社出版；2011 年，钟鸣旦、杜鼎克、王仁芳编辑的《上海徐家汇藏书楼馆明清天主教文献续编》（十二册）由台北利氏学社出版。这些文献，"选择精当，史料价值高，大多数是孤本，于学界大有裨益。"[①] 中国学术界继承陈垣先生的传统，始终对中文文献十分重视，1963 年王重民先生整理的《徐光启集》，虽文献有所缺漏，但毕竟是大陆第一本较为完整的徐光启文集。1999 年汤开建主编的《明清时期澳门问题档案文献汇编》，在人民出版社出版。2000 年青年学者周岩以一人之力点校整理出版了《明末清初天主教史文献丛编》（北京图书馆出版社），[②] 这一年陈占山点校的《不得已附二种》在安徽黄山书社出版。2003 年中国第一历史档案馆编辑出版了《清中前期西洋天主教在华活动档案史料》（三册，中华书局）。2003 年朱维铮先生主编的《利玛窦中文著作集》在复旦大学出版社出版，在学界引起较大反响。2006 年韩琦、吴旻校注的《熙朝崇正集 熙朝定案（外三种）》在中华书局出版。2011 年朱维铮、李天纲主编的《徐光启集》（十册）在上海古籍出版社出

（接上页）与展望》，任继愈主编：《国际汉学》1999 年第 4 期）同时，明清之际基督教来华研究是中西文化交流史的一侧，另一侧则是西方汉学的"传教士汉学阶段"，传教士汉学的西方语言材料呈现出多样性，它既构成中国天主教史的一部分，也同时构成欧洲近代思想文化史的一部分。对中国学者来说，优势在于对中文文献的掌握和理解，弱势在于对西方语言文献的掌握和理解较为困难。这样，对中国学术界来说，不仅仅要重点关注中文文献的研读，并将天主教史的西学纳入到整个中国近代史视域加以研究。同时，加大对来华传教士西文文献的翻译整理，加强中文和西文材料的相互辨读，亦是明清之际天主教史研究的一个重要维度。北京外国语大学中国海外汉学研究中心在这方面的努力和成就受到中国学术界的认可，其原因在于此。同时，从更为宏观的角度来看明清之际的中西文化交流史，则不应仅仅局限于"西学东渐"、基督教对于中国近代社会的影响研究这个维度，而应同时，关注传教士汉学对于欧洲思想文化史的影响。黄一农先生提出"我们也应尝试将研究的视野打开，不要将目光自我拘限在中国或耶稣会，不仅有必要去理解并探讨当时世界的政经局势和教会的内部生态，对天主教传华所产生的影响，对朱谦之在其《中国哲学对于欧洲的影响》一书中所开创的重要研究方向，也应努力承续，以调整先前的偏颇，而能更进一步对当时中、欧文明所出现的双向交流有一较全面的掌握。"这无疑是一个非常重要的思想，按照这样的思路，欧洲汉学家们所提出的"汉学专向"模式也有着自身的问题。1500—1800 年是全球化初始阶段，应从全球史研究的范式，开启新的研究模式，这是中国学术界新的使命。参阅张西平：《欧洲早期汉学史：中西文化交流与欧洲汉学的兴起》，中华书局 2010 年版。

① 李天纲：《中文文献与中国基督宗教史研究》，张先清编：《史料与视界：中文文献与中国基督教史研究》，上海人民出版社 2007 年版，第 8 页。

② 这一年郑安德主编的《明末清初耶稣会思想文献汇编》（五卷）以内部文献形式出版。

版，林乐昌点校整理出版了《王徵全集》。[①]2013年黄兴涛、王国荣编的《明清之际西学文本：50种重要文献汇编》（四册）在中华书局出版，同年，已故青年学者周岩的《明末清初天主教史文献新编》（三册）在国家图书馆出版社出版，年底周振鹤先生主编的《明清之际西方传教士汉籍丛刊》出版，第一辑收入文献30种。中国学者不仅仅在文献的复制上迈开了较大的步伐，在文献的点校整理上更显示出特有的优势，取得了令人称道的成绩。

近三十年来中外学术界在明清之际天主教史中文文献的收集、复制、整理上取得了前所未有的好成绩，大大推动了学术界对明清之际中西文化交流史的研究。[②]

三

近年来所出版的这些明清之际西学汉籍文献，大多在台湾出版，且冠以"天主教东传文献"的统称。

《梵蒂冈藏明清中西文化交流史文献丛刊》是首次在大陆出版的明清之际西学汉籍。由于梵蒂冈图书馆馆藏的地位和特点，在文献数量上基本上把在台湾已经出版的天主教历史文献覆盖了。"梵蒂冈所藏的明清之际中西文化交流史文献"与以往所出版的类似文献重要的不同在于，它不再仅仅局限在"天主教文献"这样的理解之中，而是将这批文献放入中西文化交流史，放入中国近代文化思想史，放入西方汉学史的角度来加以考察，概言之，以全球化史的新视角来重新审视这批文献，故称之为"西学汉籍"。即便在天主教史的范围内它包涵了众多来华传教修会的汉文文献，而不仅仅是来华耶稣会士的汉文文献，从而给我们展示了一个更为宽阔的视野；自然，也不能仅仅将这批文献归结为"传教士汉籍"，因为，它也包含有中国士大夫、文人信徒乃至佛教徒与天主教论辩的文献；它还包括传教士从中国带回或寄回欧洲的数量不菲的中国古籍；此外，它包括文化交流史中基础性的工具书——辞典和字典；这些整合起来，构成了文化史上丰富多彩的历史画卷。将其放入当时的中西文化交流史和传教士的汉籍写作方面来看，这批中文文献就凸显出特殊

① 王徵撰：《王徵全集》，林乐昌编校，三秦出版社2011年版。

② 关于中文学术界在研究领域中取得的进展同样值得称道，鉴于本文主题在文献的整理，这里不再一一记述。

的价值，因为，这些文献是传教士们编写辞典和撰写汉字文献的工具书和学术思想的来源。因此，这批文献的出版必将对中国明清史研究，包括中国思想文化史、中国天主教史、中国翻译史、中国语言史，乃至对西方汉学史和全球化史研究产生深远的影响。陈寅恪在《陈垣敦煌劫余录序》中有一段十分精辟的论述："一时一代之学术，必有其新材料与新问题。取用此材料，以研求问题，则为此时一代学术之新潮流。"①

首先，这批西学汉籍文献的出版对中国明清史的研究将会有所推动。嵇文甫在《晚明思想史论》对那个时代有一个很生动的描写："晚明时代，是一个动荡时代，是一个斑驳陆离的过渡时代。照耀着这个时代的，不是一轮赫然当空的太阳，而是许多道光彩纷披的明霞。你尽可以说它'杂'，却绝不能说它'庸'，尽可以说它'嚣张'却决不能说它'死板'，尽可以说它是'乱世之音'，却决不能说它是'衰世之音'。它把一个旧时代送终，却又使一个新时代开始。它在超现实主义的云雾中，透露出现实主义的曙光。"②晚明之"杂"就在于"西学"开始进入中国，中国文化面临一个完全陌生的对话者，中国历史开始因利比里亚半岛上的葡萄牙和西班牙的到来，发生了一系列新的问题。近年来学术界对于在华耶稣会士在晚明的活动也多有研究，③但限于文献不足征，有不少关键性问题无法透彻研究。例如关于南明王朝的研究，这些年南明研究有了很好的学术著作，④但学者很少注意到来华耶稣会士毕方济（Francois Sabiasi，1582—1649）的中文文献，很少注意到波兰来华传教士卜弥格作为南明朝特使赴罗马的一些汉文文献，⑤如果不掌握梵蒂冈所藏卜弥格所带回的全部材料，很难说清楚永历朝后期的问题，这些文献对晚明和南明的研究有着重要价值。又如对王丰肃（Alphonse Vagnoni，1566—1640，又名高一志）的研究，已经有了很好的文章，但只有读到他的全部中文著作后

① 陈寅恪：《金明馆丛稿一编》，上海古籍出版社1980年版，第236页。

② 嵇文甫：《晚明思想史论》，东方出版社1996年版，第1页。

③ 南炳文、汤纲：《明史》（上、下），上海人民出版社2003年版；樊树志：《晚明史》（1573—1644），复旦大学出版社2003年版，［美］牟复礼、［英］崔瑞德编：《剑桥中国明代史》，中国社会科学出版社1992年版；张天泽：《中葡早期通商史》，香港中华书局1988年版；万明：《中葡早期关系史》，社会科学文献出版社2011年版；万明主编：《晚明社会变迁问题与研究》，商务印书馆2005年版。

④ 顾诚：《南明史》，中国青年出版社1997年版；钱海岳：《南明史》，中华书局2006年版；黄一农：《两头蛇》，上海古籍出版社2006年版。

⑤ 卜弥格：《卜弥格文集：中西文化交流与中医西传》，爱德华·卡伊丹斯基译（波兰文），张振辉、张西平译（中文），华东师范大学出版社2013年版。

才能对南京教案的研究、对晚明绛州地方史的研究有所深入。

如果说对中国史的研究，明清以前主要是中文文献的挖掘和收集，那么，在明清史研究中，中西文化交流史文献的挖掘和收集就显得格外重要。特别是对传教士西学汉籍及相关文献的研究。戴逸先生说过，清代的历史与以往的朝代不一样，它自始至终与世界保持着联系，你必须在世界的背景下观察中国，必须了解当时西方人对中国写了些什么，说了些什么，做了些什么。我们编纂清史，如果不了解这些，清史没法写。在梵蒂冈的这批文献中包含有清史的罕见珍贵历史文献。例如，顺治皇帝嘉封汤若望三代的文献，汤若望的奏疏，白晋在康熙指示下学习《易经》的手稿，马若瑟（Joseph de Prémare）、马国贤在康熙朝时的一些中文手抄散页，雍正四年关于穆敬远和毕天祥的诏书，傅圣泽（Jean Francoise Foucquet，1665—1741）带回罗马的大量清代钦天监的手稿，这些对于研究清代历史具有重要的学术意义。

更为重要的是，这批西学汉籍一旦纳入中国近代历史的研究视野，将对于确认鸦片战争以前的中国社会已具有自己内发原生的近代性思想文化因素有重要价值，从而看到明清之际对于中国近代史的开端的深刻影响。中国近代历史分期的研究，“文革”以前受苏联模式影响，以“侵略—革命”模式来裁定中国历史；改革开放后费正清的“冲击—反应”模式传入中国，这两种模式都将鸦片战争定位为中国近代历史的起源。但有学者已经指出：“中国近代思想史可以追溯到16世纪。20世纪以来，一大批中国学者在明清学术研究领域潜心开拓，以大量的史实证明了中国有自己内发原生的近代性思想文化因素的观点。早在20世纪伊始，章太炎先生就写了《清儒》、《说林》、《释戴》等文章，从资产阶级革命派的观点出发表彰残明遗老和戴震的学说；与此同时，梁启超作《中国学术变迁之大势》，纵论明清思想史，首倡‘中国文艺复兴说’。辛亥之年，蔡元培著《中国伦理学史》，特表彰黄宗羲、戴震、俞正燮三家学说‘殆为自由思想之先声’。‘五四’时期，吴虞作论证了清代学术‘与意大利文艺复兴绝相类’的观点。至20世纪末，胡适之、熊十力、嵇文甫、容肇祖、谢国祯、侯外庐、邱汉生、萧箑父诸大师接踵而来，慧解卓识，蔚为大观。其中，堪与梁启超、胡适之的‘文艺复兴说’相媲美且更具论史卓识者，有嵇文甫在《晚明思想史论》中提出的‘曙光说’，侯外庐在《近代中国思想学说史》中提出的‘早期启蒙说’，萧箑父在《明清启蒙学术流变》一书中提出的以明清之际的启蒙思想为传统与现代之间的‘历史接合点说’。

特别是侯外庐的《近代中国思想学说史》（1947）一书，把中国近代史看做是中国资本主义萌芽和具有近代人文主义性质的启蒙思潮发生和发展的历史，以明清之际作为中国近代史的开端，同时也是中国近代思想史的开端，观点最为鲜明。”[①] 在以上学者的论证中，来华传教士的西学汉籍著作都受到普遍重视，并作为立论的根据之一。因此，晚明西学汉籍并不仅仅在史学材料上提供了新的文献，而且这批文献的出版将推动中国近代历史研究的创新。

其次，从中国基督宗教史研究来看，基督宗教三次入华，唯明清之际的传入获得成功。明清之际的西学东渐研究，中国天主教史研究是其重要的内容。近三十年来这一领域研究取得了长足的进步，[②] 李天纲的《中国礼仪之争：历史文献与意义》、张先清的《官府、宗族与天主教：17—19 世纪福安乡村教会的历史叙事》、汤开建的《明清天主教史论稿初编：从澳门出发》等著作从不同侧面推进了中国天主教史的研究。汤开建认为“研究中国天主教史，中国的专家应走在这一学科的前沿，这应是理所当然，且义不容辞。而要走到中国天主教史研究的前沿，两条腿走路的方针必不可少。一条腿必须坚实地站在中文档案文献的基础之上，另一条腿则要迈进浩瀚无涯的各种西文档案文献的海洋之中，缺一不可。”[③] 他对藏在梵蒂冈图书馆等地的中文文献给予了很大的期待。

应该说，梵蒂冈藏的明清之际历史文献会大大促进对中文文献的开拓，这批文献既有一些中国教徒的原始性文献，也有传教士关于教区发展的一些重要历史文献，例如方济各会来华传教士康和子（Bernadinus della chiesa）详尽记述了他在山东传教历程，并附有原始的教徒名册，这在中国天主教史研究中是十分罕见的历史文献。

基督宗教作为外来宗教，在其本土化过程中形成自己的神学思想和表达方式，因此，中国天主教史研究的另一个方面就是在历史进程中汉语神学思想的形成。近年来，关于汉语神学的讨论十分热烈，[④] 尽管汉语神学的倡导者也承认中国汉语神学起源于明清之际，但却认为“汉语神学属于中国基督徒

---

① 许苏民：《中国近代思想史研究亟待实现三大突破》，《天津社会科学》2004 年第 6 期。

② 孙尚扬、钟鸣旦的《一八四〇年前的中国基督教》（学苑出版社 2004 年版）。

③ 汤开建：《明清天主教史论稿初编：从澳门出发》，澳门大学出版社 2012 年版，第 11 页。

④ 1995 年刘小枫在《现代语境中的汉语基督教神学》（李秋零、杨熙南主编：《现代性、传统变迁与汉语神学》，华东师范大学出版社 2010 年版）一书中提出后学术界多有讨论。

学人，属于当今和未来的每一个中国基督徒学人。”① 由此，作者很轻易地把明清之际由来华传教士和中国文人共同写下的这批西学汉籍排除在汉语神学之外，否认了这批西学汉籍在汉语神学形成史上的地位。我们认为，即便没有读到更多的明清之际的汉语神学的原著，但利玛窦的《天主实义》等著作已经清楚地表明汉语神学具体形态。学术界对于此也提出了不同的意见：认为不能将利玛窦为代表的以汉语作品言述其对耶稣基督之认信经验与对其信仰之反思的传教士排除在汉语神学之外，“凡是以汉语进行写作，回应汉语语境中的各种问题的神学，不论其主体是中国人，还是西方人，都应包容性地将其纳入汉语神学的范畴之内。”②

汉学神学提出的一个理论根据是“圣言”总是通过“人言”来表达的，在这个意义上，汉语神学和作为母语神学的拉丁语神学、德语神学、法语神学一样，这样汉语神学就“没有必要在用一种‘人言’去置换另一种‘人言’。亦即没有必要去把其他‘人言’表现形式‘中国化’或者‘本色化’，而应当用‘汉语’这种‘人言’去直接承纳、言述‘圣言’。”③ 这样的理解实际上把基督宗教神学的丰富历史传统解构了，从学理上也只是一种理想神学。“理论形态的基督神学”是通过在具体语境中成为现实的。因此，离开犹太语的基督“人言”，我们是无法直接去理解“圣言”的。耶稣会入华带来就是这种具体语境中的神学，并将其翻译成汉语。“明清之际关于中西信仰之争，其实就是‘汉语神学’。”④

汉语神学的提出者对汉语神学的解释缺乏对中国基督宗教历史的全面了解，将整个中国基督宗教历史归结为与民族国家冲突的历史，尚不知明清之际的中西文化交流是一个平等的文化交流。这样，很容易将明清之际所形成的汉语神学传统和资源放在了一边。有学者指出：“从中西文化交流史的角度看，中国社会接受基督教是四百年中西文化交流的产物，也是中西文化在这四百年中双向互动的结果。不了解始于400年前的中西文化交流史，就无法明

① 刘小枫：《汉语神学与历史哲学》，香港，汉语基督教文化研究所，2000年，第4页。

② 孙尚扬：《神学论题引介》，孙尚扬、潘凤娟：《汉学神学：接着利玛窦讲》，《基督教文化评论》第33期，香港道风书社2010年版，第31页。

③ 李秋零：《“汉语神学”的历史反思》，李秋零、杨熙南主编：《现代性、传统变迁与汉语神学》（下），华东师范大学出版社2010年版，第651页。

④ 李天纲：《明清时期汉语神学：神学论题引介》，《基督教文化评论》第27期，香港道风书社2007年版，第23页。

了中西双方在新世纪全球一体化进程中的位置与作用，更无法为基督教在当代中国社会文化中的作用准确定位。历史是一面可资借鉴的镜子，但若观察者不具有足够宽阔的视野和多维的视角，那么历史会成一个沉重的包袱。”①

“明清之际，中国正经历着历史上另一个大变局。……天主教在不同的宗教和学说传统中，做着统摄和融合的工作。实际上是为中国教会和信徒建立一种‘汉语神学’。”②回到明清之际中国基督教第一批汉语神学文献，这些问题就迎刃而解了。因此，这批西学汉籍不仅仅为中国教会史提供新的史料，同时，也会使我们对汉语神学的历史有一个更为全面清晰的认识。

再次，这批文献在中国翻译史上的价值。中国翻译历史源于对佛教文献的翻译，对佛典的翻译直接影响了中国文学的发展，胡适认为，一是佛典翻译“遂成为白话文与白话诗的重要发源地”，二是“中国的浪漫主义的文学是印度的文学影响的产儿”，三是“佛教的散文与偈体杂用，这也与后来的文学体裁有关系”③。来华传教士的西学汉籍基本上是翻译作品或者编译作品，其数量是继佛教文献传入中国后最大的一批域外翻译文献，这是欧洲文化、文学、宗教首次在中国登陆，其学术意义重大。近来李奭学先生从翻译角度作了十分出色的研究，他认为“以往大家知道近代中国文学始自清末，殊不知清末文学新像乃萌乎明末，尤应接续自明末的翻译活动”。在这批西学汉籍中“有中国第一次继承的欧洲歌词的集子，有中国第一次出现的欧洲传奇小说，有中国第一次译出的欧洲上古与中古传奇，有中国第一次翻译的欧洲修辞学专著，有中国第一次可见的玛利亚奇迹故事集，有中国第一次中译英国诗，也是中国第一次见到欧人灵修小品集”。④传教士们不仅仅是在介绍欧洲的文学，而且按照中国古代小说的形式用汉语来写小说，来华法国耶稣会士马若瑟（1666—1736）的《儒交信》就是一个例子。⑤晚清后来华的基督新教传教士继承天主教传教士的这个传统，开始用汉文写作各类文体的文学作品，成为近

---

① 王晓朝：《关于基督教与中国文化融合的若干问题》，李秋零、杨熙南主编：《现代性、传统变迁与汉语神学》（中），华东师范大学出版社2010年版，第372—373页。

② 李天纲：《明清时期汉语神学：神学论题引介》，《基督教文化评论》第27期，香港道风书社2007年版，第29页。

③ 胡适：《佛教的翻译文学》，罗新璋、陈应年编：《翻译论集》，商务印书馆2009年版，第123—124页。

④ 李奭学：《译述——明末耶稣会翻译文学论》，香港中文大学2012年版，“序言”。《中国晚明与欧洲文学——明末耶稣会古典型证道故事考诠》（修订版），生活·读书·新知三联书店2010年版。

⑤ 张西平：《清代来华传教士马若瑟研究》，《清史研究》2009年第2期，第40—47页。

代中国文学的一个重要方面。[1] 中国翻译史研究中最为薄弱的就是明清之际的翻译历史研究，文本的缺乏、语言能力的不足是重要原因，随着这批西学汉籍的出版，将会有更多学者投入明末清初西学汉籍的翻译研究，从而丰富中国翻译的研究。[2] 另一方面，这批西学汉籍的来源考证方面，现在在文献的考证上已经迈出了坚实的步伐，随着这批文献在大陆的出版，将会引起更多明清文学史研究者的关注，从而展开这批欧洲文学文化的翻译文本对晚明和清初文坛的影响。近期对来华耶稣会士贺清泰（Louis de Poirot，1735—1771）《圣经》中译本稿本的研究，认为《古新圣经》或许是近代以来最早的白话文学。[3] 至于晚清来华基督新教传教士米怜（William Milne，1785—1822）的《张远两友相论》及其基督新教圣经译本的翻译在近代文学的影响，学界已有研究，这里不再展开。[4] 但明显不足在于目前对西学汉籍的翻译研究和文学研究，绝大多数停留在晚清阶段，明清之际西学汉籍翻译与文学影响的研究才刚刚开始。正是在这个意义上，梵蒂冈藏明清之际西学汉籍文献的出版在中国翻译史研究上就具有重大的学术价值。

其四，这批文献是中国近代概念史研究的宝藏。中国近代概念史研究是思想文化史研究的一个重要方面，这几年取得了显著的进展，无论是从语言研究的角度，如马西尼的《现代汉语词汇的形成：十九世纪汉语外来词研究》、沈国威的《近代中日词汇交流研究：汉字新词的创制、容受与共享》，还是从文化史角度的研究，如刘禾的《跨语际实践——文学、民族文化与被译介（中国，1900—1937）》，金观涛、刘青峰的《观念史研究：中国现代政治术语的形成》，这些著作都打开了一个新的研究领域，引起学界

---

① 宋莉华：《传教士汉文小说研究》，上海古籍出版社 2010 年版；黎子鹏编注：《晚清基督教叙事文学选粹》，台湾橄榄出版有限公司 2012 年版。

② 马祖毅：《中国翻译史》，湖北教育出版社 1999 年版；马祖毅：《中国翻译通史》，湖北教育出版社 2006 年版；黎难秋：《中国科技翻译史》，中国科技大学出版社 2006 年版；王宏志主编：《翻译史研究》2011、2012、2013 卷。从这些研究可以明显看出，翻译史研究领域的学者基本上局限在晚清翻译史的研究，明末清初翻译史的研究仍是一个亟待开辟的领域。

③ 郑海娟：《贺清泰〈古新圣经〉研究》，北京大学 2012 年博士论文。

④ 朱维之曾说过，“民国以来，中国基督教对于中国文学上最大的贡献，第一是和合译本圣经的出版，第二便是《普天颂》的出版。二者虽不能说是十全十美的本子，但至少可以说已经打定了基督教文学的根基，而且作为中国新文学的先驱，这是值得大书特书的。”参阅杨剑龙：《旷野的呼声：中国作家与基督教》，上海教育出版社 1998 年版；陈镭：《文学革命时期的汉译圣经接受：以胡适、陈独秀为中心》，《广州社会主义学院学报》2010 年第 2 期；张楠：《合和本〈圣经〉的异化翻译及对中国现当代文学的影响》（硕士论文），山东大学。

关注。[①]“一个伟大时代的出现，往往会使语言成为巨大的实验场，新词层出不穷。”“一般说来，人们在发现自己的价值体系和习惯规则受到冲击甚至威胁时，会努力寻求新的精神依托，新的发现或价值转换会体现于语言。”[②]晚清是“三千年未有之大变局”的时代，新词汇、新概念喷涌而出，这些新词汇、新概念逐步在改变了中国的思维方式，同时，新词汇所构成的新知识又直接影响了人们对世界和时代的理解，成为新思想产生的基础。正如黄兴涛所说的，大量双音节以上新名词的出现明显地增强了汉语语言表达的准确性，同时，反过来通过使用这些新名词的社会文化实践，极为有效地增进了中国人思维的严密性和逻辑性。这是中国语言和思想现代化的重要表现形式。这些新词汇极大地扩展了中国人的思想空间、运思的广度和深度，提高了科学思维的能力和效率，从而为新思想体系的产生，奠定了重要的思维基础。[③]

但是，目前对近代新词汇的研究，学者大都集中在晚清中日之间的词汇交流，而实际上明末清初时期天主教东来后，创造了大量新词汇，这些新词汇在东亚开始传播。当时，东亚对西学的接受是一个整体，来华传教士们所出版的西学汉书同样流传到日本、朝鲜和越南。语言，用汉文写作来推动传教成为了传教士们的共识。利玛窦的信中也写到过：“当获悉我们用中文编译的书在日本也可通用时，便感到莫大的安慰。因此视察员神父范礼安在广州又印刷了一次，以便带往日本。副省会长巴范济神父曾要求我们，把我们编译的书多给他寄一些，因为中国书籍在日本甚受欢迎。”[④]“日本学者一杉本孜在《近代日中语言交流史序论》中曾指出：“现代日本的数学术语一般被认为是明治以后从欧洲学来的所谓洋算用语。但是，明清的汉籍对日本数学用语所作的贡献是不能抹杀的。这些都是包括方以智在内的中国学者和在华传教士即‘西儒’共同在中国大地上播下的种子，是他们用汉语精心创造并建立起来的学术用语体系。”[⑤]明清之际的西学汉籍传入日本后被接受了多少？那些词汇被日本接受后在晚清时又被作为日本创造的新词返回中国？这些问题

---

① 冯天瑜：《封建考论》，武汉大学出版社2007年版；黄兴涛：《“她”字的文化史：女性新代词的发明与认同研究》，福建教育出版社2009年版。

② 方维规为黄兴涛的《“她”字的文化史：女性新代词的发明与认同研究》一书所写的序言。

③ 黄兴涛：《近代中国新名词的思想史意义发微——兼谈对于“一般思想史”之认识》，杨念群、黄兴涛、毛丹主编：《新史学》（上），中国人民大学出版社2003年版。

④ 利玛窦：《利玛窦全集》第4册，“1608年3月8日信”，台湾光启出版社、辅仁大学出版社1986年版，第366—367页。

⑤ 陆坚、王勇编：《中国典籍在日本的流传与影响》，杭州大学出版社1990年版，第263页。

至今无人回答。根本在于对明清之际的西学汉籍了解不够。

从事晚清文化史研究的黄兴涛先生认识到这一点，他说："因为要想弄清近代中国流行的相当一部分新名词的真实来源，并辨析他们对明治维新后日本汉字新名词之间的复杂关系，非得下决心、去一一翻检明末清初直至清中叶那些承载和传播西学的各种书籍不可。"①他与王国荣所点校的《明清之际西学文本》是目前点校整理最多的出版物，随着文献的整理，明清之际新词语的研究必将进一步推进。邹振环的《晚明汉文西学经典》一书则打通了晚明和晚清，论证了"晚明汉文西学经典如何在晚清得到反复诠释，以及在晚清西学知识场重建过程中的意义，藉此阐明晚明与晚清在学术上之承上启下的关联问题"②。这些研究证明了明清之际的西学汉籍在中国近代知识进展的历史中的重要性，其核心是新知识的形成，而承载新知识的新词语、新概念就成为其关键。

语言具有"共时性"层面和"历时性"两个方面。在历史过程中，语言会随着时间的演化而演化，但是它在任何一个时间点上都有一个既定的结构。"概念史"的研究既关注于语言的"历时性"层面，也关注于语言的"共时性"层面，"它不仅在一个特定的历史时间点上，在一个特定的语义域内对'核心概念'(core concepts)'共时性'分析，而且还对'核心概念'做一种'历时性'分析，这种'历时性'分析将凸显出'概念'的意义变迁。"③明清之际新词汇、新概念研究的学术意义在于，近代西学进入中国后，西学的根源在于这一时期，对这一时期的新词语、新概念将直接关系到对近代中国文化史和思想史的理解，关系到今天中国学术体系与概念的重建。这正是陈寅恪所说的"凡解一字即是一部文化史"，也如黑格尔所说的"只有当一个民族用自己的语言掌握了一门科学的时候，我们才能说这门科学属于这个民族了。"④

在梵蒂冈图书馆这批文献中还有一批关于科技、舆图的文献，这些文献在以往的文献整理中往往反映不够，例如近年来在台湾出版的几套文献

① 黄兴涛、王国荣编：《明清之际西学文本：50种重要文献汇编》，中华书局2013年版，第23页。

② 邹振环：《晚明汉文西学经典：编译、诠释、流传与影响》，复旦大学出版社2011年版，第29页。

③ 伊安·汉普歇尔-蒙克：《比较视野中的概念史》，周保巍译，华东师范大学出版社2010年版，第3页。

④ 黑格尔：《哲学史讲演录》第4卷，贺麟、王太庆译，商务印书馆1978年版；冯天瑜：《封建考论》，武汉大学出版社2007年版；郎宓榭、阿梅龙、顾有信：《新词语新概念》，赵兴胜译，山东画报出版社2012年版。

几乎完全没有收录西学汉籍中历算方面的文献，这样已经出版的这些文献无意中就将明清之际全球化背景下的中西文化交流压缩为中国天主教史研究了。实际上，从《天学初函》开始，李之藻就把“器篇”与“理篇”相对作为一个重要的内容。梵蒂冈图书馆中有一些十分罕见、珍贵的中国科技史文献，例如汤若望的《近五十年来欧洲天文学之进展》，在书中详细介绍了哥白尼的天文学说，这就打破了以往所说的耶稣会不介绍哥白尼的天文学的说法，认为耶稣会只是到了乾隆时代的蒋友仁（Michel Benoist，1715—1774）才把哥白尼学说介绍到中国。特别要指出的是傅圣泽从北京返回罗马后，因为他在钦天监工作，因此带回了大量的他在历局工作的材料和手稿，其中不乏他的天文演算手稿，这对于研究清代科技史有着重要的意义。在舆图方面，梵蒂冈图书馆所藏的利玛窦的《坤舆万国全图》、卜弥格所绘制的中国分省地图都是极为珍贵的历史文献。近十余年的研究已经证明，耶稣会士们所介绍的这些科学知识推进了中国天文学的发展，“耶稣会士在中国大力传播西方天文学，后果之一，是使中国天文学一度处在与欧洲非常接近的有利状况。就若干方面来说，当时中国与欧洲天文学的最新发展只有不到十年的差距。例如，伽利略用望远镜作出的天文学新发现，发表于 1610 年，而这些发现的主要内容在阳玛诺 1615 年刊行的中文著作《天问略》中就已有介绍。又如，整个《崇祯历书》虽以第谷的体系为基础，但其中也采纳开普勒好几种著作中的成果，最晚的一种出版于 1618~1621 年，下距《崇祯历书》开始编撰仅八年。”① 梵蒂冈图书馆所藏的各类科学类文献必将大大推进我们对近代中国科技史的研究。梵蒂冈所藏的科技史文献将进一步证实这个观点。

梵蒂冈图书馆所藏的明清中西文化交流史文献中，特别引人注意的是一批汉欧双语词典，这是中国双语词典史的重要历史文献。中文和欧洲语言的双语词典起源于罗明坚和利玛窦的《葡华辞典》。传教士来到东亚后第一件事就是学习汉语，这样编撰辞典成为他们的一件大事，为此，传教士们付出了极大的精力。杨慧玲认为“从罗明坚、利玛窦的葡汉词典到万济国的西汉词典，体现了欧汉、汉欧词典萌芽和最初发展的轨迹。”直到 1813 年在叶尊孝（Basilio Brollo,1648—1704）的《汉字西译》在巴黎出版，汉欧双语辞典

① 江晓原、钮卫星：《欧洲天文学东渐发微》，上海书店出版社 2009 年版，第 447 页。

达到了它的高潮。[①] 遗憾的是，这批汉欧双语辞典绝大多数仍以手稿形式藏在世界各地的图书馆，以梵蒂冈图书馆所藏最多。学术界对这批价值连城的汉欧双语词典的研究只是在近年来才逐步开展起来。[②]

索绪尔把与语言有关的因素区分为"内部要素"和"外部要素"，认为语言的"外部要素"不触及"语言的内部机构"而予以排除。他说："至于内部语言学，情况却完全不同：它不容许随意安排；语言是一个系统，它只知道自己固有的秩序。"[③] 语言是一个同质的结构，语言学主要研究语言内部稳定的系统和特点。这样，他们把语言的外在因素放在了一边，对外部因素对语言的变异影响不太关注。

语言接触（language contact）的认识始于19世纪。从20世纪90年代开始，语言接触成为语言学研究的热门话题，甚至要成为语言学的一个分支。同时，社会语言学也开始关注这个问题，语言的"外部要素"也成为历史语言学主要内容的一部分。

这说明语言的变化并不仅仅在内部因素，外部因素也有着重要的作用，即语言接触引起的变化。对汉语的变化影响最大的两次汉语与外部语言的接触。一次是佛教传入中国后对汉语的影响，一次是晚明后基督宗教传入对汉语发展产生的影响。随着梵蒂冈所藏的这批欧汉双语辞典的公布，必将大大推动中外语言交流史的研究和中国词典史与中国语言史的研究。

最后，明清之际西学汉籍将会大大加深中国近代思想史的研究。[④] 明清之际西学的影响不仅仅停留在知识论的水平，也不仅仅是信教和反教两类人物对西学的理解，最重要的是西学已经和晚明至清初的中国本土思想产生了互动。晚明王学盛行，尤其在江浙一带。王学反对死读先贤古圣的书，主张"涂之人皆可为禹"，陆九渊的"东南西北海有圣人出焉，此心同此理

① 杨慧玲：《19世纪汉英词典传统：从马礼逊、卫三畏、翟理斯汉英词典的谱系研究》，商务印书馆2012年版，第71页。

② 张西平等主编：《西方人早期汉语学习史调查》，中国大百科出版社2003年版；姚小平主编：《海外汉语探索四百年管窥》，外语教学与研究出版社2008年版；姚小平：《西方语言学史》，外语教学与研究出版社2011年版；姚小平：《罗马读书记》，外语教学与研究出版社2009年版；董海樱：《16世纪至19世纪初西人汉语研究》，商务印书馆2011年版；魏思齐编：《西方早期1552—1814年间汉语学习和研究》，台湾辅仁大学出版社2011年版。

③ 费尔迪南·德·索绪尔：《普通语言学教程》，高名凯译，商务印书馆2001年版，第46页。

④ 陈卫平：《第一页与胚胎——明清之际的中西文化比较》，上海人民出版社1992年版；孙尚扬：《明末天主教与儒学的交流和冲突》，台北文津出版社1992年版；何俊：《西学与晚明思潮的裂变》，上海人民出版社1988年版；李天纲：《跨文化的诠释：经学与神学的相遇》，新星出版社2007年版。

同也”自然为接受外来文化奠基了基础。明清之际接受西学的大都是王学之徒。而反对西学大都是朱学之后。[⑤] 朱维铮先生说“王学信徒：接受外来文化，皈依西方宗教。这就反映出一个事实，即王学藐视宋以来的礼教传统，在客观上创造了一种文化氛围，使近代意义的西学在中国得以立足，而王学系统的学者，在认知方面的特有平等观念，即王守仁所谓‘良知良能，愚夫愚妇与圣人同’，在清代仍以隐晦的形式得到保存，实际上为汉学家们所汲取。这看来是悖论，然而却是事实。”他认为清初的汉学和西学之间“性质关联”、“结构关联”、“方法关联”和“心态的关联”。[⑥]

明清之际所传入的西学与中国近代思想变迁之间的关系，从梁启超到胡适，到当代学者多有注意，但限于文献不够充分，这个方向的论证仍在进展之中。近年来学者仅仅使用台湾出版的部分西学文献就已经大大推进了西学与明清思想史的研究。许苏民认为高一志的“西学治平四书”（即《治政源本》、《民治西学》、《王宜温和》、《王政须臣》）直接影响了顾炎武，因为高一志在山西传教15年，顾炎武在写《日知录》时也在山西和陕西一带，他的朋友圈就有研习西学的李觯。他在《日知录》中提出的“合天下之私以成天下之公，此所以为王政也……此义不明久矣。世之君子必曰：有公而无私，此后世之美言，非先王之至训也。”[⑦] 这是很重要的思想，承认了个人私有的合理性，这样“衡量王政的标准不再是‘有公而无私’，只有‘合天下之私以成天下之公’，才是‘王政’之本质。”[⑧] 许苏民认为顾炎武这个思想直接来源于高一志的《王宜温和》一书，书中谈到“王权由何而生存”时说：‘人性原自私爱，乃无不好自从自适，岂有甘臣而从他人之命耶？即始明视他人之才能功德绝超于众，而因自足庇保下民者一，即不待强而自甘服从，以致成君臣之伦也。”

方以智和传教士有直接的联系，王夫之在天主教主导的永历王朝任职，

---

⑤ 卜恩理（Heinrich Busch）：《东林书院及其政治的和哲学的意义》，江日新译，“附录二：东林书院与天主教会”，魏思齐编：《“华裔学志”中译论文精选：文化交流和中国基督宗教史研究》，台湾辅仁大学出版社2009年版，第278页。

⑥ 朱维铮：《走出中世纪》（增订版），复旦大学出版社2007年版，第1542—1548页。

⑦ 顾炎武：《日知录》卷3《言私其稚》，《日知录集释》，岳麓书社1994年版，第92页。

⑧ 许苏民：《晚明西学东渐与顾炎武政治哲学之突破》，《社会科学战线》2013年第6期。

黄宗羲研读西学已经有文献所证。从历史研究上已经做了大量的考证，[①] 随着梵蒂冈图书馆所藏的明清中西文化交流史文献的出版，西学汉籍的总体面貌呈献给中国学术界，那时，将会大大拓宽和加深这一研究方向。

传教士们所写下的这些西学汉籍还有另一重意义，即这批文献也是西方汉学史的一个重要组成部分，当然，这些西学汉籍背后有着不少中国文人为其润笔着墨。这批中外合作的西学汉籍，实际上是全球化史初期世界文化交流史上的瑰宝，它的双边性，展示了其在世界文化史上中国文明和欧洲文明初识后的对话与交流、文明间互鉴的丰硕成果。它不仅仅是东亚走向现代化进程的重要思想资源，也是西方文化如何与异质文化相处的宝贵文化资源和具有当代意义的重要思想遗产。这是一批具有世界文化史意义的重要宝藏。

如果从张元济先生 1910 年出国期间访问罗马教廷梵蒂冈图书馆，首次从梵蒂冈图书馆复制了南明朝重要文献算起，历经百年努力，阎宗临、王重民、荣新江、张西平几代学者前赴后继，为这批文献回归中国不懈努力。今天，吾辈踏前贤足迹，与梵蒂冈图书馆合作八年，终于使这批文献全部回到中国，《梵蒂冈图书馆藏明清中西文化交流史文献丛刊》的出版是中国学术界近百年来，对欧洲所藏中国文献的复制整理出版的最重要成果之一，是继敦煌文献回到中国以来，在中国出版的最大一批欧洲所藏的中文历史文献，这是近百年来中国学术发展史上重要的事件。谨以此序追思前贤，以叩谢在此历程中所有帮助过我们的友人。

作者单位：北京外国语大学中国海外汉学研究中心
联系方式：zhangxiping@263.net.cn

① 方豪：《明末清初旅华西人与士大夫之晋接》，《东方杂志》第 29 卷，第 5 号，1943 年；徐海松：《清初士人与西学》，东方出版社 2001 年版；许苏民：《王夫之与儒耶哲学对话》，《武汉大学学报》（人文社科版）2012 年 1 月；许苏民：《黄宗羲与儒耶哲学对话》，《北京行政学院学报》2013 年第 4 期；冯天瑜：《明清之际西学与中国学术近代转型》，《江汉论坛》2003 年第 3 期。

从《圣母皇太后》到《中华圣母像》

——土山湾《中华圣母像》参展太平洋世博会背后的故事

□张晓依

土山湾被中国绘画大师徐悲鸿称作“中国西洋画的摇篮”。多年来，我们从未发现有土山湾油画真迹。2014年初，土山湾研究人员在美国旧金山的圣依纳爵教堂的收藏室内发现一幅土山湾参展1915年巴拿马世博会的油画作品《中华圣母像》（图1）。

图1 现藏于旧金山圣依纳爵教堂的中华圣母像（黄树林 摄）

这幅《中华圣母像》的圣母脸庞分明是西方人，身着中国清朝宫中的服装。手中的耶稣身着中国小皇帝的朝服，同样有西方人的脸庞。

我们还发现，该圣母像不论是与之前参展1904年世博会的中华圣母子桌屏，还是后来参展1925年梵蒂冈传教区博览会的“中华圣母子浮雕”，只在细节上有些许差异。

众所周知，宗教画的细节通常都有深意，甚至可以成为人物的特定标志，每一处细节修改的背后通常都会有故事。那这张《中华圣母像》背后又有什么故事呢？

事情必须从 1915 年的巴拿马世博会说起。

一、巴拿马世博会上的圣母像

1914 年，曾多次参加世博会、位于上海徐家汇的土山湾孤儿院再一次为参展巴拿马世博会努力。早已名闻遐迩的画馆也自然不甘人后，由画馆水彩画教师翁俊才和夏升堂[①]创作四幅水彩画参展。而作为画馆特色的油画部分，除了《袁世凯画像》外，新上任的画馆主任法籍耶稣会修士潘国磐[②]（Xavier Coupé）想再送一幅油画，就在画馆所藏的油画中选了一幅送展巴拿马世博会。

在巴拿马世博会上，这张《中华圣母像》以“教育成果”名义参展（图 2），与百塔、牌坊一样成为教育馆的“明星”。《巴拿马赛会直隶观会丛编》中曾写道：“（土山湾孤儿院）其美术教授，成绩最优。”[③]

图 2 巴拿马世博会上的《中华圣母像》，来自陈琪《巴拿马太平洋博览会记实》。因原图不清，根据点状部分阴影部分形状分析，圈中应为中华圣母像

① 根据旧金山所藏两画下署名结合 1909 年画馆教师名单推定。

② 巴拿马世博会土山湾参展美国方面主要的负责人 Davanagh 神父于 1922 年出版作品 *The Questions of Questions*，今藏于徐家汇藏书楼。扉页上有作者签写的“给潘国磐修士，最美好的祝愿”（原文为法语）字样。可见对于该次展会画馆的作品除了木工间主任葛承亮外，主要是和当时画馆主任潘修士联系。

③ 严智怡等编：《巴拿马赛会直隶观会丛编》，1921 年排印本。转引自王勇则：《图说 1915 巴拿马赛会：光耀世博史的中国篇章》，上海远东出版社 2010 年版，第 114 页。

但是，鲜有人知晓，当时潘修士是拿错了参展的画像。土山湾画馆中另一幅《中华圣母像》因此没能成为世博会的“两朝元老”。

为什么一幅小小的《中华圣母像》会多次参加世博会呢？让我们再往前追溯到1904年。

二、从油画《圣母皇太后》到圣路易世博会上的《圣母皇太后》桌屏（《中华圣母像》第一版）

（一）《圣母皇太后》油画像的委托与成品

土山湾孤儿院在19世纪中叶由法国耶稣会士创立，到了20世纪初期，已经发展成由木工、金工、画馆和印书馆为主的工学结合的工场。当时土山湾最著名的莫过于油画。土山湾出版的油画以临摹欧洲圣像为主，但也对外接受订单。[①]

1904年春天，有一个神秘人物来到孤儿院，自称来自“南洋公学会”，提出以下要求：

（1）制作桌屏一个，主题为“圣母皇太后”。

（2）慈禧太后和西方的圣母子像结合。

（3）背景要与图纸（中国村内部效果图）相配。

（4）成品以“上海南洋公学会”名义参展。

负责接待的孤儿院院长法国耶稣会士孔明道神父（字鲁光，西文名Joseph de Lapparent）心里一定清楚：按照天主教教规，这样用慈禧太后的画像照片进行“移花接木”的画像，只能作为宗教题材油画展览，神父不可以祝圣。面对来者的“大来头”和“不差钱”，院长还是承接下了这个“按需定做”的“家具”[②]——但依然告知涉及的图画间、木工间、金工间主任——按照圣像的规定不要在样图和成品正面署名。

当订单到达画馆主任刘必振修士手中时，附上的是裕勋龄拍摄的慈禧照片（图3），和同样为裕勋龄拍摄的卡尔女士绘制慈禧画像全景照（图4），并

① 史式徽：《土山湾孤儿院：历史与现状》，《重拾土山湾碎片》（上），上海锦绣文章出版社2012年版，第204页。

② 史式徽：《土山湾孤儿院：历史与现状》，《重拾土山湾碎片》（上），上海锦绣文章出版社2012年版，第199页。

图 3 裕勋龄为慈禧拍摄的照片，为圣母桌屏和《圣母皇太后像》（即《中华圣母像》）第一版原型

图 4 卡尔女士所绘慈禧油画全景，上圈内为油画中背景所用寿字样式，下圈中为桌屏脚下两个喜字的参照原型，原画藏于美国国会博物馆

告知把头部换成圣母，主题是圣母皇太后。刘修士按照院长的吩咐照做。经过整理，他决定从徐家汇藏书楼的馆藏中选定法国新古典主义画家让·奥古斯特·多米尼克·安格尔（Jean-Auguste-Dominique Ingres）绘制的《圣体之后圣母》（*Vierge à l' hostie*）作为新画像中的圣母头部参照（图 5）[①]。

① 魏扬波：《对玛丽亚的崇敬与过去 150 年来中国圣艺的发展》（*MARIAN DEVOTION AND THE DEVELOPMENT OF ACHINESE CHRISTIAN ART DURING THE LAST 150 YEARS*），选入《基督宗教与近代中国》论文集，社会科学文献出版社 2011 年版，第 202 页。

图 5 《中华圣母像》中圣母头像原型：安格尔绘《圣体之后圣母》，现藏于法国巴黎奥赛美术馆

圣母头像选定后，他又在徐汇中学图书馆中找到布拉格的圣婴耶稣像作为新画像中的圣婴头部参照（图 6）。并决定让圣婴穿上中国小皇帝的龙袍。

图 6 《中华圣母像》中圣子像原型：布拉格耶稣圣婴像，现存于捷克布拉格胜利之后堂

圣母子背景墙上大量的花体喜字图案也隐含为慈禧太后祝七十大寿的意味，字体与慈禧画像画框上的字体完全相同。周围的宝塔、瓷瓶、龙形地毯等都是 1904 年圣路易世博会中国村里的展品，后面的河流和建筑样式完全符合当时中国村“全堂建置样式”。这样的构图一方面有中国气息，是当时中国村

全貌的缩影，另一方面也暗示慈禧太后是中国馆的“镇馆之宝”。圣母头两边的龙柱和脚下的龙图案更是暗示该图与清廷之间的关系。值得一提的是地毯上的“四爪正蟒”（图 7）图案，与当时清政府参展圣路易世博会的正

图 7 桌屏“龙地毯”局部“四爪正蟒”，圈中为其四爪

监督——世博会中国村客厅原型的主人——溥伦品级恰好一致。

绘画技法上，圣母子采用西方油画技法，而后面的背景则使用中国画中常用的白描手法。此次委托由画馆主任刘必振修士在整理所收到的资料，告知如何创作后，交由画馆油画教师范殷儒绘制。①

圣母像的绘制者范殷儒，又名应儒，字古卿，约 1870 年生。他大约在 1882 年进画馆学习，1888 年满师后留在画馆，成为了一名职业画师。范殷儒当时是画馆中的大师兄，也是水平最高的画师，刘德斋将其视为自己的左右膀、业务上的主要助手。范的画技在画馆中是最高的，尤其是油画。受西方影响，当时上层人士中非常热衷肖像画，这些人地位高，影响大，故刘德斋不敢怠慢，热心接待，并主要安排范殷儒承接定单。现已知曾铸、马相伯、唐文治、詹天佑等名人的肖像油画都出自范殷儒之手。刘德斋对范殷儒

① 朱佐豪：《朝圣母简言》，土山湾印书馆，1934 年，第 29 页。

的画非常看重，同样一幅画，如果其他画师对外标价八元，范殷儒的作品就要十元。对刘德斋亲自标的这个价目，其他画师也都心服口服，无人异议；而范殷儒绘制的精品，刘德斋甚至舍不得出售。[①]（图8）

图8 范殷儒绘《圣母皇太后》像，圈中为与慈禧像框一致的寿字图案，宋稚青神父《中华圣母敬礼史话》中引用，疑曾被重新着色并被截去地毯下半部分龙纹

（二）《圣母皇太后》桌屏亮相圣路易世博会

范殷儒按照刘德斋的嘱咐绘制完成后，依土山湾接受外面委托的规则，将样图在雕刻前先交给客户“上海南洋公学会”审看。对方要求把原画中左上角和右上角的“皇后”二字去掉，改成在桌屏两个脚上的两个镀金花体同样字体的“喜”字，而由于时间匆忙，桌屏脚上两个喜字的样式正是世博会美术馆中慈禧像框上的喜字简化版（图9）。再交给木工间葛承

① 张伟：《刘德斋：见证土山湾画馆的辉煌》，《东方早报》2012年8月6日，C08版专稿。

图9 土山湾《圣母皇太后》桌屏及其参与世博会的记录，上圈中为与慈禧像框一致的寿字图案，下圈中为寿字图案简化版

亮（Aloysis Beck）主任分配雕刻。木工间雕成后，葛承亮又让金工间主任单蔼宓修士（Æmiliaus Liger）分配进行镀金，金工间照其意愿完工后交货。八月十二日之前，该桌屏与其他参会物件一起从金陵关税务司完成申报免

税程序。[①] 直送圣路易世博会"中国村"。

在圣路易世博会上，绝大部分的外国参会者对于中国馆评价极高，英国报纸曾评论中国馆的"建筑在红色、金色和蓝色中集中地装饰出华丽"[②]。虽然当时中国村的部分展品曾被痛骂是"章吾国耻"[③]，但是"上海南洋公学会"的"木质模型一具"最终被"赠以特别金色奖牌，见者莫不称羡"[④]。

这块桌屏由于其"圣母皇太后"的主题，也深受慈禧喜爱，根据慈禧身边女官德龄所述，即使到了晚年，慈禧太后也依然把生育同治帝作为一件很骄傲的事情。[⑤] 所有涉及办理此事的人员后来都如愿升官发财。

事后，土山湾孤儿院院长孔明道神父在给母亲的信中提到，1904 年 12 月 16 日，也就是慈禧太后七十大寿一个月后，孔院长曾在孤儿院接待"南京的'亲王'（总督）和一些'要人'"。情节虽没有细说，但是结合时间，不免让人想到与世博会评选出的那块金牌有关，其所接待的人很有可能是新任两江总督端方。[⑥] 土山湾孤儿院从此进入了中国政府的视野。

因着这个订单圆满完成，土山湾工艺院也获得了当时清政府大员的好感，之后曾又收到过不少来自清政府的人物肖像订单，特别是宣统登位之年，清皇室慕名委托土山湾画馆绘制的宣统皇帝和摄政王载沣两幅油画肖像，这些绘画也都由范殷儒亲手绘制。[⑦] 而后来土山湾孤儿院被破例获准半途参加南洋劝业会，劝业会的发起人——两江总督端方很可能也从中起了一定作用。而后来的南洋劝业会上，依然由范殷儒绘画了多幅油画呈上。

三、油画"东闾圣母像"与被误送的《中华圣母像》（《中华圣母像》第二版）

1908 年法籍遣使会士雷孟诺神父（P. René Flament）调任直隶北境代牧

---

① 第一历史档案馆编：《清宫万国博览会档案》第 2 册，广陵书社 2007 年版，第 808 页。

②《艺术学》编委会:《〈艺术学〉第 5 卷第 2 辑〈艺术与城市 空间与想像〉》，学林出版社 2011 年版，第 320 页。

③ 张继业：《记散鲁伊斯博览会中国入赛情形》，《东方杂志》1905 年第 9 期，转引自上海图书馆编：《中国与世博：历史记录（1851—1940）》，上海科学技术文化出版社 2002 年版，第 148 页。

④ 佚名：《各国赛会汇志》，《东方杂志》1905 年第 7 期，转引自上海图书馆编：《中国与世博：历史记录（1851—1940）》，上海科学技术文化出版社 2002 年版，第 157 页。

⑤ 德龄公主：《我在慈禧身边的两年》，宋云嘉译，中国书籍出版社 2006 年版，第 90 页。

⑥ Joseph de Lapparent, "A L'Orphelinat de T'ou-sè-wè", *Lettre de Jersy*, Vol. XXIII, No. Unique, p.10.

⑦ 张伟：《刘德斋：见证土山湾画馆的辉煌》，《东方早报》2012 年 8 月 6 日，C08 版专稿。

区东闾（今河北东闾县）天主堂本堂之后，觉得堂内原有的由贞女所绘圣母像“人物繁多、不够典雅庄重，不适宜祭台供奉”[①]（图 10）。于是决定另外绘制一幅，他同样从寄到堂口的土山湾法语广告册（也就是所谓的“法国杂志”[②]）上选中了土山湾画馆。

图 10 东闾教堂中圣女绘制的第一幅“圣母像”，现藏于梵蒂冈档案室

他写信告诉土山湾孤儿院：想画一幅“穿着中国衣服的圣母像”[③]。当信经过法国院长到达刘修士处，他立刻想起了挂在图画间那张四年前绘制的《圣母皇太后》像。出于符合东闾方面要求和节约成本两方面考虑，在得到东闾方面的首肯之后，刘修士决定将东闾的圣母像就用当年的《圣母皇太后》像临摹。为便于东闾那边祝圣，在交给范殷儒[④]绘制前刘修士对原画背景作了如下修改[⑤]：

（1）宝座：将原来中式宝座改成西式沙发。

（2）圣母头上的背景：将原来暗含为慈禧贺寿意味的喜字背景全部改成常用于天主堂窗户的四叶形状背景。

① 东闾教堂编印资料《有关东闾》。

② 宋稚青：《中华圣母敬礼史话》，台湾闻道出版社 2005 年版，第 82 页，转引自高蓓：《“土山湾孤儿院美术工场”研究》，中央美术学院人文学院 2009 年博士论文，第 156 页。

③ 朱佐豪：《朝圣母简言》，土山湾印书馆，1934 年，第 29 页。

④ 朱佐豪：《朝圣母简言》，土山湾印书馆，1934 年，第 29 页。

⑤ 魏扬波：《对玛丽亚的崇敬与过去 150 年来中国圣艺的发展》（*MARIAN DEVOTION AND THE DEVELOPMENT OF ACHINESE CHRISTIAN ART DURING THE LAST 150 YEARS*），选入《基督宗教与近代中国》论文集，社会科学文献出版社 2011 年版，第 207 页。

（3）背景旁的中式纹样：全部去除留白。

（4）背景两边的柱子：将原来象征与清廷关系的龙柱改成巴洛克风格的螺旋式柱子。

（5）圣母脚下的地毯：将原来象征与清廷关系的龙图样地毯改成象征牺牲的红色花朵地毯。

（6）两边的风景：将原来的中国馆景色全部改为普通的山水风景。

绘成之后，便在画作上加题为“天主圣母东闾之后，为我等祈”的字样[①]，准备寄往东闾。是为《中华圣母像》第二版。

当画作即将启程时，又有一个小插曲：上海的天主教会注意到了这幅画，曾试图与东闾方面协商将此画留下，但遭对方以合同规定为由拒绝，刘修士只能答应让画馆再画一幅留在上海。[②]1909 年 3 月 7 日画作到达东闾[③]后，当时东闾方面满德贻主教（Paul Leon Cornelius Montaigne）在该像获得教廷赞许后于 1919 年同时进行第一次东闾圣母朝圣活动。[④]

这幅画作经过一番周折好容易“留”在了上海，但是偏偏 1915 年巴拿马世博会前，画馆主任潘国磐修士本想将之前绘制的《圣母皇太后》像拿去参展，因疏忽错将这幅“补作”送去。而那幅《圣母皇太后》像依然躺在画馆里。

四、被误认的《中华圣母像》与《华服圣母圣子》（《中华圣母像》第三版）

（一）主教会议上被误认的《中华圣母像》

1924 年 3 月 22 日，参加第一届主教会议的刚恒毅主教（字高伟，西文

① 魏扬波：《对玛丽亚的崇敬与过去 150 年来中国圣艺的发展》（*MARIAN DEVOTION AND THE DEVELOPMENT OF ACHINESE CHRISTIAN ART DURING THE LAST 150 YEARS*），选入《基督宗教与近代中国》论文集，社会科学文献出版社 2011 年版，第 202 页。

② 魏扬波：《对玛丽亚的崇敬与过去 150 年来中国圣艺的发展》（*MARIAN DEVOTION AND THE DEVELOPMENT OF ACHINESE CHRISTIAN ART DURING THE LAST 150 YEARS*），选入《基督宗教与近代中国》论文集，社会科学文献出版社 2011 年版，第 205 页。

③ 魏扬波：《对玛丽亚的崇敬与过去 150 年来中国圣艺的发展》（*MARIAN DEVOTION AND THE DEVELOPMENT OF ACHINESE CHRISTIAN ART DURING THE LAST 150 YEARS*），选入《基督宗教与近代中国》论文集，社会科学文献出版社 2011 年版，第 202 页。

④ 朱佐豪：《朝圣母简言》，土山湾印书馆，1934 年，第 30 页。

名 Celso Costantini）在众主教的陪同下来到土山湾工场参观，经过画馆时意外发现了那幅曾用于圣路易世博会上桌屏打样的《圣母皇太后像》，陪同参观的满主教立刻告诉宗座代表：这幅“正是”自己曾向教廷提起过的东闾圣母像。宗座代表听罢脱口而出：“这就是中华圣母像！”（Voici c'est la Notre Dame de Chine!）[1] 并且一回到会上便提出建议：以东闾圣母为蓝本将中国献给圣母。由于时间紧迫不可能把圣母像直接从东闾运来，只能不顾该像不能祝圣的事实，硬着头皮将土山湾留存那个“圣母皇太后像”拿出来作为中华圣母像的蓝本，在主教会议之后印出了《中华圣母像》最早的单张。（图 11）

图 11　土山湾主教会议后印制的《中华圣母像》，原版由天主教上海教区蒋煌记神父收藏，应为原色

从此以后，《中华圣母像》便在土山湾大量被印制，由于东闾圣母是合法的圣像，至今发现的土山湾印制所有《中华圣母像》，包括宣传册上印制的圣像（图 12）大都是以为东闾绘制的“第二版”为标准的。（图 13）

① 宋稚青：《中华圣母敬礼史话》，台湾闻道出版社 2005 年版，第 97 页，原文为法语。转引自魏扬波：《对玛丽亚的崇敬与过去 150 年来中国圣艺的发展》（*MARIAN DEVOTION AND THE DEVELOPMENT OF ACHINESE CHRISTIAN ART DURING THE LAST 150 YEARS*），选入《基督宗教与近代中国》论文集，社会科学文献出版社 2011 年版，第 205 页。

图 12 1934 年出版的土山湾宣传册上的《中华圣母像》（来自高蓓博士论文《“土山湾孤儿院美术工场”研究》）

图 13 1925 年杂志上印制的《中华圣母像》

（二）主教会议后的《中华圣母像》来历说法

主教会议之后，土山湾孤儿院代表江南代牧区（传教区）赴罗马参加“1925 年梵蒂冈传教区博览会”（Esposizione Missionaria Vaticana anno santo 1925）。[①] 由于送去梵蒂冈直接影响到教廷对《中华圣母像》的最后报批问题，时间又紧急。因此在无法看到“东闾圣母”的情况下，必须对留存的那一幅

① 徐蔚南：《中国美术工艺》，中华书局 1940 年版，第 165 页。

《圣母皇太后》像做修改。

之前负责整理的刘必振修士早已去世，继任的主任潘国磐机械制图出身，对油画其实是门外汉，他只能将圣母子像维持原样，把后面的背景中与慈禧太后有关的寿字去掉，后面的柱子也改成了龙柱，地毯的蟒去掉，在宝座上加上兽头等“最简单最快速便于雕刻的中式改造”。这个作品迎合博览会“传教成果”这一主题，就是后被《中国美术工艺》引用的《华服圣母圣子浮雕》。（图 14）

图 14 《中国美术工艺》中引用的华服圣母圣子浮雕

但似乎这个第三版并不完全讨喜，后来的土山湾图画间照片（原照来自 1925 年左右出版的法语版《土山湾孤儿院的一次访问》）（图 15）以及《中国油画史》中引用的法语明信片（图 16）的版本都嵌入更多“第二版”的元素。可见仅仅在一年后，因为找回了东间的版本，土山湾孤儿院就在第三版的基础上再次进行改造，把背后的龙柱改回了与东间圣母一样的西式，背景花纹被改成了同样代表长寿的仙鹤和太阳。

图 15 土山湾图画间绘制明信片图

图 16 《中华圣母像》第三版（来自《中国油画史》中引用的法国明信片，李超所藏）

五、关于“中华圣母像”的种种说法勘误

勘误一：禄神父的《中国朝圣母堂小史》

主教会议之后不久，1924 年 6 月，禄是遒神父（1859—1931，字庆生，西文名 Henri Doré，法籍耶稣会士，1897 年来华）在撰写《中国朝圣母堂小史》（未出版，抄本）[①] 时便加入了中华圣母像的来历，这是关于中华圣母像的最早作品。

而禄神父的《中国朝圣母堂小史》的说法，主要有如下几点：

（1）把“中华圣母像”最早制作时间全部说成 1908 年。

（2）把参照的原型写成是卡尔女士所绘的慈禧太后油画。

① 抄本，未出版，转引自朱佐豪：《朝圣母简言》，土山湾印书馆，1934 年，第 49—50 页。

（3）把当时的两个“中华圣母像”说成是一个。

（4）他把卡尔女士的慈禧画像照片、布拉格圣婴耶稣照片、安格尔的《圣体之后》像说成全部是由东闾的雷神父寄来土山湾。

1. 关于最早制作时间和圣母像原型

在最早制作时间上，禄神父的说法至少存在以下问题：

（1）最早制作时间若为1908年，无法解释1904年这尊圣母像。卡尔女士的《慈禧写照记》于1906年在美国出版，1915年出版中文版。1906年的英文版中才首次披露画像照片，而该桌屏刻于1904年。因此1904年前，该画像广为流传的可能性很小。

（2）画架的设置。卡尔女士回忆，该画架为1903年秋天慈禧亲自设计。《慈禧写照记》的各个版本中都没有显出画架。圣母像与卡尔女士的慈禧画像类似的寿字都在油画画架上。

（3）地毯的花样隐藏着“秘密”。圣母脚下地毯上的龙纹为四爪正蟒（图7），正与中国村内的“溥伦客厅”主人溥伦的贝勒身份相吻合——这张桌屏最后能够作为展品放置在中国官方的中国村内，没有朝廷的支持实难办到。

（4）照片原型并非是卡尔女士的慈禧油画。对比卡尔的几幅作品，与圣母皇太后像或是后来的东闾圣母像都差距比较大，仅有送展油画画架上的字与圣母像的字类似。倒是那张慈禧照片，与圣母皇太后像除了头部外基本一致。但是，照片不能作为圣像原型。因此为避免争议，只能将这张照片避而不提。

因此那张卡尔女士所绘慈禧画像的完整照片以及慈禧照片，只有可能是1904年由皇室成员或官员从宫内流出。

2. 被刻意回避的1904年“圣母皇太后像”

禄神父在做《中国朝圣母堂小史》之时，照理当时尚有知情人：院长孔明道，木工间主任葛承亮，绘画者范殷儒等在世。而且不论在1914年出版的史式徽（Joseph de la Servière）的《土山湾孤儿院：历史与现状》（*L'Orphelinat de T'ou-sè-wè：l'Histoire et l'État Actuel*）中，还是《江南育婴堂记》（抄本）中，都对两张“中华圣母像”及其参加世博会的事实只字未提。为什么这张1904年为朝廷所作的中华圣母像被之后的教会刻意回避呢？

（1）保守商业秘密。查遍上海的行名录，不曾存在“南洋公学会”这一组织。南洋公学离土山湾孤儿院不过步行距离，又深受朝廷恩惠，出面献宝远比土山湾孤儿院名正言顺。而且当时的南洋公学内并不设相关学科。会者，集也，本身暗含周围其他学校创作的深意。且土山湾这样对外接受委托的产品有很多，不可能把每一个接受委托的产品悉数列入纪念册中。

（2）避开争议的事实。虽然在历史上不论中西文化都有将皇帝皇后脸庞作为圣像的历史，但在天主教内部依然对此有所争议。1904 年的“圣母皇太后”像被教廷代表误作为“东闾圣母像”祝圣，为将来避免争议，就将这张“圣母皇太后”像不合规的事实回避。

（3）转嫁责任。教会一般很少会去严查深究，但是若真要追究责任，当时刚来华的东闾雷神父无疑是最好的“背黑锅”的人。

当时的情况下，1904 年所做的桌屏早已出货，教会觉得禄神父的这个“中华圣母像来历”其实对于当时情况下所有人都是最好的解释。

于是，禄是遒神父关于中华圣母像来历的说法，作为中华圣母像来历的最早说法出现在禄神父的抄本里，后来被《北京天主教通讯》1927 年 1 月刊采用，并成为官方的说法。

勘误二：宋神父《中华圣母敬礼史话》

禄神父的书中虽提到圣母像是雷神父寄来，但并未提到雷神父手里的“慈禧画像”哪里来。2005 年，出生于东闾的宋稚青神父在《中华圣母敬礼史话》提出，雷神父曾在“法国杂志上看到这幅画”（卡尔绘制的慈禧像）。[①] 还把绘制“东闾圣母像”的人说成是“旅居上海的法国画家”[②]。这个说法至今被海峡两岸的中华圣母堂沿用。但事实真的如此吗?

1. 关于慈禧像来源

慈禧像若真为雷神父“从法国杂志”上看到，则存在以下疑点：

（1）雷神父收集慈禧照片目的存疑。东闾建造圣母堂的目的是纪念在义和团运动期间东闾的教友们打退义和团和清朝士兵。[③] 对于广大在义和团

① 宋稚青：《中华圣母敬礼史话》，台湾闻道出版社 2005 年版，第 82 页，转引自高蓓：《“土山湾孤儿院美术工场”研究》，中央美术学院人文学院 2009 年博士论文，第 156 页。

② 东闾教堂编印资料：《有关东闾，转载自维基百科《东闾中华圣母堂》条，2014 年 8 月 16 日，http://zh.wikipedia.org/wiki/%E4%B8%9C%E9%97%BE%E4%B8%AD%E5%8D%8E%E5%9C%A3%E6%AF%8D%E5%A0%82。

③ 抄本，未出版，转引自朱佐豪：《朝圣母简言》，土山湾印书馆，1934 年，第 28 页。

运动中牺牲过亲人的东闾教友来说，对朝廷，对慈禧，是足够咬牙切齿的恨。那么雷神父根本不可能不顾及建造圣母堂的初衷以及教友的感情，主动而且执意要选支持义和团的“刽子手”慈禧画像作为底稿。

（2）雷神父收集素材的条件有限。《中华圣母像》的原型均不是大名鼎鼎的“一线画家”作品。若是雷神父“选”出这些原型，他必定有大量相关照片的收藏。收藏是一个长期积累的过程，1908 年他刚接任本堂神父，作为一个在当时华北并不知名的农村堂口，不可能有经费购买大量印有图画的外语书籍和照片。而雷神父也不可能花大量的时间“不务正业”跑到别处去寻找合适的原型。

（3）如果雷神父拥有素材，没有必要让土山湾代劳。从今天梵蒂冈档案室所藏的贞女所绘“中华圣母像”来看，其绘画技术并不差。因此即使这些照片是东闾堂口本来的收藏，他选中后完全可以让绘制“中华圣母像”第一版的贞女按照他的意图再画一幅，没有必要舍近求远来求土山湾。

（4）与相关记载相悖。禄神父提到刘修士对所收到的三幅画像有过“分配整理”[①]。如果真是完全由东闾雷神父吩咐如何绘制圣母像，那刘修士根本不需要再有这个“分配整理”的过程。

因此关于“中华圣母像”中圣母和圣婴的原型，只有可能是刘修士从徐家汇丰富的收藏中选得（事实上安格尔的像藏于原徐汇中学图书馆，与刘修士当时在徐汇中学教绘画课的经历符合），而且作为当时画馆主任，这也是他的职责。

2．“中华圣母像”法国人绘制说

从现存的“中华圣母像”来看，法国人绘制“中华圣母像”的说法站不住脚。原因如下：

（1）东闾的经费无法支付西方画家的费用。虽然无法知道东闾当时支付了多少费用，但是就东闾来说，经济上绝算不上富裕。即使在 90 年后的 1996 年，当地乡级小学都没有一般学校常备的鼓号队乐器。[②] 因此对于绘制这样一幅庞大巨著（高约三公尺，宽两公尺 [③]），似乎很难有能力特邀法国

① 抄本，未出版，转引自朱佐豪：《朝圣母简言》，土山湾印书馆，1934 年，第 29 页。

②《保定市侨联先进事迹》，中国侨网（国务院侨联办公室官方网站），2014 年 8 月 16 日，http://www.chinaqw.com/node2/node55/node57/node91/qjry/groupqiaolian/baoding.htm。

③ 高蓓：《“土山湾孤儿院美术工场”研究》，中央美术学院人文学院 2009 年博士论文，第 156 页。

侨民画家画这张圣母像。

（2）当时在华天主教各修会内向来有互相帮助的传统，例如木工间的葛承亮修士在把百塔图送展巴拿马世博会的过程中，曾发信去全国各大兄弟修会，烦劳其提供宝塔照片。[①] 对于一向以“清贫”自诩的教会来说，办事向来是节俭第一，为教会节约经费也是土山湾孤儿工艺院创办目的之一，而放着土山湾这个便宜的教会内资源不利用，去舍近求远找同样在上海的“法国画家”，这似乎不符合教会一向的办事原则。

（3）雷神父可能根本不知道真正的画家是谁。按照通常天主教内的平级联系原则，雷神父第一次肯定是联系土山湾的法国院长神父，由院长神父再分配任务给属下的修士。至于具体是谁绘制的这幅画，对当时的雷神父来说并不重要：因为他唯一联系的可能就是法国院长。

（4）中华圣母像背景线条显示出作者有很强的中国画白描功底。一个当时“旅居”上海的法国画家，如何有如此深厚的中国画功底？如何对中国的封建等级如此熟悉？

（5）一般油画的签名在作品正面右下角，但是天主教的圣像由于祝圣原因，即使有署名，也只能在背后。这几张圣母像表面全部没有署名，可见是一个专画圣像的画家所做。

（6）不论雷神父，还是他的上级直隶北境代牧区，都不可能为此圣母像不计代价。没人能预见这张圣母像将来会被钦定为“中华圣母像”。因此面对临摹和创作，几乎所有人都会选择价格低廉的临摹。

（7）宋神父提到刚主教在土山湾参观时翻阅“图书馆管理人员提供圣像画样品画册”。事实是，根据土山湾孤儿院 1924 年左右的地图[②]，首先土山湾孤儿院内并不设图书馆。其次若 1924 年时的画册中已有合法祝圣的“东闾圣母像”，为何主教会议之后依然印制本不合规的“圣母皇太后像”。

（8）与目前发现的事实相悖，2015 年，研究人员利用机会找到了美国所藏的《中华圣母像》上的作者署名，为“Wan-Yn-Zu”（范殷儒）（图 17）。

细读宋神父的叙述，所有关于法国画家的说法来源都是“据说”、“另一资料称”等含糊不清的引用，甚至连名字都不知晓。与当时北京教区的官方

① D.J.Kavanagh, *China Pagoda, Pamphlet in 1915 Expotion for Pagoda.*（巴拿马世博会百塔小册子，原文为英语）

② [s.n.]: Une Visiste de L'orphelinat de T'ou-sè-wè,1925.

图17 美国圣依纳爵教堂所藏油画，圈中为《中华圣母像》作者签名

说法都有不同，联系宋神父东闾出生长大的背景，极有可能出自东闾堂口的自编读物，也可能来自雷神父或身边人的自述，甚至是村民的口口相传，逐渐把“在上海的法国工场的画家”讹传成“上海的法国画家”可能性很大。

六、《中华圣母像》的命运

就这样，不论是1904年的《圣母皇太后》(《中华圣母像》第一版)，还是1908年的“东闾圣母”(《中华圣母像》第二版)，抑或是1924年的“华服圣母圣子浮雕”(《中华圣母像》第三版)，其实都是土山湾孤儿院的作品。

几张《中华圣母像》的命运也各异：1904年为桌屏绘制的第一版《中华圣母像》1949年前后被误作“东闾圣母”带往台湾，至今依然藏于台湾，在宋稚青神父的《中华圣母敬礼史话》中被引用，但是色彩异常鲜艳，可能已经被人重新上色过，也有可能是他人临摹的作品。按照这张《中华圣母像》所做的桌屏在海外几经转手，最终于2010年世博会被收藏家拍卖获得并带回北京。1908年东闾雷神父委托的第二版《中华圣母像》“文革”中被毁后重绘，重绘的作品依然在河北东闾中华圣母堂内（图18），但是地毯上被画上了本不属于该像的龙纹标志。而原先留在上海的仿作，意外漂洋过海来到美国旧金山，至今悬挂在旧金山圣依纳爵教堂里。第三版的《中华圣母像》与世界各地教堂浮雕，则随着参展“1925年梵蒂冈传教区博览会”留在了梵蒂冈。

图 18 今日东间的中华圣母像(“文革”后复制品)

而在所有这些作品的“家”——土山湾孤儿院旧址上，早已竖起了高楼大厦，只有一个小小的角落变成了土山湾博物馆，依旧记忆着这个“西洋画的摇篮”。

作者单位：上海市徐汇区非物质文化遗产保护办公室助理馆员
联系方式：etudiantecn@aliyun.com

耶《易》：基督宗教的易学尝试 *

□ 陈欣雨

Abstract: The topic is situated against the backdrop of the cross-encounters between Christianity from the West and Chinese native and traditional thought (as embodied in Confucianism, Daoism and Buddhism) during the early Qing period. It refers in particular to the Chinese works on the Yi written by the French Jesuit missionaries Joachim Bouvet (1656-1730) and his two pupils Jean Françoise Foucquet (1665-1741) and Joseph Henri Marie de Prémare (1666-1736). They focused their efforts on a missionary strategy dedicated to study the mastery of the Chinese Classics, particularly thc Yijing. The idea was to show certain affinities between Christianity and Chinese thought by identifying traces or signs in the Classics that indicate God' s revelation. The Christian Yi not only a exploration of missionary, opened a possibility for dialogue between the two different cultures, but also developed a new way to interprete Yijing, different from the Confucian Yi, the Taoist Yi, the Buddhist Yi.

历代对《易经》的研究，四库馆臣概述为“两派六宗”①，在象数和义理两派主导下，又分占卜宗、禨祥宗、造化宗、老庄宗、儒理宗、史事宗六宗贯穿历史，此外还“旁及天文、地理、乐律、兵法、韵学、算术以逮方外之炉火”②，故《易经》具有广大的诠释空间和发展可能性，继卜筮《易》之后，儒、道、释三家都对《易经》有所发展。到了明代末期，伴随着“基督宗教

* 此文为国家社科基金项目“清代来华传教士易学思想研究”（15CZX027）和中共北京市委党校学科建设项目“传教士易学思想研究”（2015XKJ002）。

① 四库全书研究所整理：《易类一》序，《钦定四库全书总目》，中华书局 1997 年版，第 3 页。

② 四库全书研究所整理：《易类一》序，《钦定四库全书总目》，中华书局 1997 年版，第 3 页。

入华的第三期”[①]——即继唐代景教、元代也里可温教之后明代基督宗教传入中国的思潮，基督宗教对《易经》的研究也骤然兴起，因此形成了易学研究上的“耶《易》”。

本文主要是参照梵蒂冈图书馆见存中文易学资料，探讨法国耶稣会士白晋及其弟子傅圣泽、马若瑟等人的易学研究。他们在来华传教过程中一步步进行传教实践，在经历过传统的上层接触、民间传教的实践以后，最终将传教的着力点放置到对中华传统经典的学术研究上，以《易经》作为诠释文本，通过将天主教的圣经核心教义付诸上，不仅有自己的易学著作和易学思想，而且还形成了“索隐学派”（Figurism，“索隐学”、“索隐易学”）[②]，从而开启了耶《易》研究的大门。

一、基督宗教研《易》情况

自罗明坚（Michele Ruggieri，1543—1607）、利玛窦（Matteo Ricci，1552—1610）开始，传教士们在传教策略上开拓了沙勿略（St. Francois Xavier，1506—1552）的政策，从“走上层路线”[③]、宣教活动附带商业贸易、赠送“奇器异巧”、介绍先进科技等方式转入到对话东方宗教、翻译撰写宗教神学著作等，开始透过传统经典和中华古籍开始学术传教，积极提倡“儒耶融合”观念（Confucian-Christian Synthesis）[④]，从而和合天主教教义和儒家思想。

在研究之初，传教士们将研究重点放置在儒家的《四书》上，如罗明坚

① 陈垣：《基督宗教入华史略·神学志》，第十卷第四号，1924 年，第 17—23 页。另参见陈垣：《陈垣学术论文集》第一集，中华书局 1980 年版，第 93 页。另参见 Nicolas Standaer, *Handbook of Christianity in China*, Vol.1(Boston:Brill, 2001), p.296。

② “索隐”二字，是与圣经《旧约》里的“Figura”（“Figurisme”或“Figurism”）相对应的中文翻译。“索隐学派（Figurism）”亦可成为“索隐学”，即为传教士们在研究中华传统经典，特别是《易经》上所形成的学说。白晋结合经典言义，将《易经》不仅作为诸经典的主旨，而且将其放置到理解圣人之大旨的至高地位，以此对应西方的圣经，从而对《易经》的意义进行追索，以探寻中华宗教文化根源，这即是圣经在异域国度索隐研究的体现。法国汉学家戴密微（Paul Demiéville）将白晋称为“旧约象征说者”，将《易经》作为圣经的文本载体通过“象征”的形式试图在中国经典中能够预示《新约》的教义。[法]戴密微：《中国汉学研究概述》（上），《中国文化研究》1993 年第 2 期，第 134 页。

③ “走上层路线”又称为“沙勿略方针”，参见戚印平：《日本早期耶稣会史研究》，商务印书馆 2003 年版，第 126—130 页。

④ 参见 David E.Mungello, *Curious land: Jesuit Accommodation and the Origins of Sinology* (Honolulu:University of Hawaii Press, 1994), pp.71-72, 105。

为“尝试将‘四书’翻译成欧洲语言的第一人”[1]；利玛窦著《四书》译注本，是否出版未详；[2]郭纳爵（Ignace da Costa，1599—1666）与殷铎泽（Prosper Intorcetta，1625—1696）合译拉丁文《大学》、《中庸》、《论语》等译本，附《孔子传》；[3]柏应理（Philippe Couplet，1623—1693）等合撰拉丁文本《中国哲学家孔子》书[4]后所附的《大学》、《中庸》、《论语》等译文；白乃心（Jean Grueber, 1623—1680）出版《中华帝国杂记》，后附有《孔子传》及《中庸》选译文[5]等；卫方济（François Noël, 1651—1729）完成《四书》西文全译本，书名为《中国六部古典文学：大学、中庸、论语、孟子、孝经、小学》[6]。由此《四书》逐渐成为了耶稣会士们学习中文的工具教材书，[7]“耶稣会士传教士之所以开始翻译《四书》是为了教授新的来华传教士学习中文”[8]。究其原因，一是由于当时理学为明清时期的主流学说，《四书》作为当时的儒家入门书籍，其影响力和实用性远在《五经》之上，且能够体现儒家学说的基本精神，传教士对《四书》的学习，是与当时所提倡的文化调和策略相符的。二是由于在学习中文方面，《四书》其文法规范，较之《五经》简易。

而关于《易经》研究，主要集中于耶稣会士对《易经》的关注和研究，他们凭藉着极高的天赋（“耶稣会士通常是欧洲最有才华的人”[9]）和过硬的学术素养（所学课程“可能是欧洲最艰深的课程”[10]），加之自由开放的学术态度为他们涉猎世界各国文化奠定了基础。大多数耶稣会士来华以后对中国文化经典产生了浓厚的兴趣，促成“两个完全相互独立发展起来的文化之间的第一次真正实质性的接触”[11]。关于《易经》，早

---

① ［美］孟德卫：《奇异的国度：耶稣会士适应政策及汉学的起源》，陈怡译，大象出版社 2010 年版，第 45 页。

② ［法］费赖之：《在华耶稣会士列传及书目》，冯承钧译，中华书局 1995 年版，第 46 页。

③ ［法］费赖之：《在华耶稣会士列传及书目》，冯承钧译，中华书局 1995 年版，第 331 页。

④ ［法］费赖之：《在华耶稣会士列传及书目》，冯承钧译，中华书局 1995 年版，第 317 页。

⑤ ［法］费赖之：《在华耶稣会士列传及书目》，冯承钧译，中华书局 1995 年版，第 326 页。

⑥ 有西方学者误将卫方济所译《小学》认为是《三字经》（Cheuk-Woon Taam, “On Studies of Confucius”, *Philosophy East and West*, Vol. 3, No. 2 (Jul., 1953), p. 148），实际为朱熹的《小学》一书，参见杨平：《评西方传教士〈论语〉翻译的基督宗教化倾向》，《人文杂志》2008 年第 2 期，第 43 页。

⑦ ［意］利玛窦、［法］金尼阁：《利玛窦中国札记》，何高济等译，中华书局 1983 年版，第 506 页。

⑧ 转引自［法］梅谦立：《〈孔夫子〉：最初西文翻译的儒家经典》，《中山大学学报》2008 年第 2 期，第 132 页。

⑨ ［意］科毅霖：《晚明基督论》，王志成、思竹、汪建达译，四川人民出版社 1999 年版，第 12 页。

⑩ 李炽昌主编：《文本实践与身份辨识——中国基督徒知识分子的中文著述（1583—1949）》，上海古籍出版社 2005 年版，第 3 页。

⑪ ［法］谢和耐：《中国与基督宗教》，上海古籍出版社 2003 年版，第 3 页。

在利玛窦便著有《八卦与九宫之变化》一书，柏应理亦有译著《周易六十四卦和六十四卦意义》[①]等，已经对《易经》已多少有所涉及[②]。门多萨（Juan Gonzalez de Mendoza，1545—1618）在《中华大帝国史》中提及伏羲和占卜。卫匡国（Martinus Martini，1614—1661）在《中国历史初编》十卷中介绍到了《易经》的卦爻变化，并附有六十四卦、三百八十四爻全图，“这应是欧洲最早介绍六十四卦的书籍之一”[③]。曾德昭（Alvarus de Semedo，1585—1658）在《大中国志》里介绍了《易经》的发展过程，认为伏羲、神农和黄帝使用奇数、偶数符号来制定道德伦理法规来论述《易经》的起源；文王刊行《易经》包含道德训诫和文献法令；而孔子依此写成《五经》，依然遵循重视道德伦理和政治管理等。[④]

但是当时对《易经》的研究还不够充分，大抵停留在翻译、介绍的层面。分析其原因，一方面是由于《易经》本身所具有的卜筮性和神秘性，在一般传教士眼里，将《易经》视为迷信的代表。比如安文思认为《易》之“内容为后人冒添，不值得相信”；李明言《易》“极度的晦涩模糊导致它任人解说和引发迷信”；龙华民则将《易》定为“巫术作品”。[⑤]魏若望曾提及传教士大多认为“《易经》是迷信之作，无论是《易经》本身还是历代学者对它的诠释解析都没有任何稳固道义和精深教义在里面”[⑥]，甚至连被胤礽称赞为“大懂”、“目今为止来中国的欧洲人中最有才能的一位”[⑦]、“以熟悉中国经书著称”[⑧]的人——刘应（Claude deVisdelou，1656—1737）当论及儒家经典与天主教相合时，认为“惟一的例外是《易经》，这纯粹

① 此图文根据胡阳、李长铎考证，存《中国哲学家孔子》一书中，现藏于比利时鲁汶耶稣会档案馆。参见胡阳、李长铎：《莱布尼茨二进制与伏羲八卦图考》，上海人民出版社2006年版，第5页。

② 沈延发：《〈周易〉——国外研究者点滴信息介绍》，《周易研究》1992年第4期，第79—80页。

③ 吴孟雪：《明清时期——欧洲人眼中的中国》，中华书局2000年版，第197页。

④［葡］曾德昭：《大中国志》，何高济译，商务印书馆2012年版，第73—73页。

⑤ 转引自张国刚、吴莉苇：《礼仪之争对中国经籍西传的影响》，《中国社会科学》2003年第4期，第194页。

⑥［美］魏若望：《耶稣会士傅圣泽神甫传：索隐派思想在中国及欧洲》，吴莉苇译，大象出版社2006年版，第55页。

⑦［美］魏若望：《耶稣会士傅圣泽神甫传：索隐派思想在中国及欧洲》，吴莉苇译，大象出版社2006年版，第55页。

⑧［法］杜赫德编：《耶稣会士中国书简集：中国回忆录》I，郑德弟、朱静等译，大象出版社2001年版，第287页。

是迷信之作。”[①] 由此可以看到，大多传教士对《易经》认知都定位于“迷信”，而非哲学著作。另一方面，《易经》文字本身抽象与艰涩，传教士若非有良好的知识结构基础、卓越的语言天赋以及浓厚的兴趣，很难体会其深意，即使当时大多数推崇中国古籍的耶稣会士们对它也是采取“敬而远之”的态度。

二、白晋——耶《易》研究的奠基者

真正在《易经》研究上有所突破的是法国耶稣会士白晋。关于法国传教士白晋早年的成长经历，柯兰霓（Claudia von Collani）在《耶稣会士白晋的生平与著作》一书中已作了较为详尽的介绍。[②]1685 年白晋作为第一批六位耶稣会士“国王数学家”[③]（Mathématiciens du Roy）之一来到中国，以满语教授康熙天文、哲学、数学、医学等科学知识，撰写几何学、哲学、自然神学等方面的文章，还在宫内建立了药物实验室。康熙不仅赏赐宅院府邸，使其获得了长期留住京城的机会[④]；而且还于 1692 年颁布《容教令》，允许天主教在华传播。为了使天主教与中国文化进行衔接，白晋在传教的过程中将更多的精力投入到中西学术对比中，试图从儒家古代圣人智慧之

---

① [美] 魏若望：《耶稣会士傅圣泽神甫传：索隐派思想在中国及欧洲》，吴莉苇译，大象出版社 2006 年版，第 55 页。但是刘应对《易经》有所研究，刘应《关于易经的解释》（又名《易经概说》）介绍了因为时代的不同和作者的不同，而对卦象作出不同的解释，并举谦卦为例作了说明，于 1728 年在西方出。参见汪岚：《明清间宁波天主教传教士考略》，《图书馆研究与工作》2010 年第 4 期，第 38 页。又参见樊洪业：《耶稣会士与中国科学》，中国人民大学出版社 1992 年版，第 171 页。

② [德] 柯兰霓：《耶稣会士白晋的生平与著作》，李岩译，张西平、雷立柏审校，大象出版社 2009 年版，第 12—18 页。

③ 六名“国王数学家”除了白晋外，还有洪若翰（Jean de Fontaney, 1643—1710）、张诚（Jean-Fran ois Gerbillon, 1654—1707）、李明（Louis le Comte / Louis-Daniel Lecomte, 1655—1728）、刘应（Mgr Claudusde Visdel ou, 1656—1737）、塔夏尔（Guy Tachard, 1651—1712）。参见 Nicolas Standaert: *Jesuits in China,* the cambridge companion to the Jesuits, Ed.Thomas coorcester (Cambridge University Press, 2008), pp.169-185。另参见 “Bouvet was one of the five Jesuits sent by Louis XIV to China as mathematicians and astronomers”，Albert Chan, *Chinese Books and Documents in the Jesuit Archives in Rome*, *A Descriptive Catalogue: Japonica-Sinica I-IV* (New York: M.E.Sharpe, 2002), p.518。传教士以数学家的身份进入中国，一方面是传教士们传教策略的确定，打算以宗教与科技文化相融合的方式进入中国；另一方面也存在着文化身份的问题，拥有“国王数学家”的传教士融合了政治、文化和宗教三种元素，也反映出中西文化遭遇时的复杂性。

④ 在《法国百科全书》（*Dictionnaire encyclopédique de la France*）中提及的传教士，除了张诚和白晋都被派到外地，张诚（Gerbillon）和白晋被留在了北京，康熙很爱惜他们，让他们继续从事数学研究。*Dictionnaire encyclopédique de la France*, par M.PH.LE.BAS, B, Source gallica.bnf.fr. 303.

中寻找到与基督宗教相符合的元素，从而让中国人更容易接受天主教教义，“18 世纪之后，研、译中国文献而卓有成就者，大抵非法人莫属”[①]。白晋又对《易经》情有独钟[②]，成为了耶稣会传教士对《易经》的专门的系统学术研究的第一人。也正是由于他，《易经》的翻译、研究工作进入到了一个新的阶段。并非仅仅只是翻译、介绍或者注释《易经》，而是在研读《易经》的基础上，从哲学或宗教角度对其进行深层次的义理对比研究，形成自己独立的易学思考。

早在 1697 年，白晋便认为《易经》是中国最上乘的道德和自然哲学教旨之浓缩。[③] 从 1711 年开始，他正式投入《易经》研究[④]。一方面在很多文章中大量称颂和引用《易经》，如在《识根本真宰明鉴》、《天主三一论》以及《古今敬天鉴天学本义》中；另一方面即形成自己的易学著作。经笔者考证，在梵蒂冈图书馆中明确为白晋所著的易学著作主要是藏于波吉亚·中国卷（Borgia·Cinese）317 中，共十本。成书时间为 1711 年到 1716 年之间，具体为 2° /16° 《易钥》、3° 《易经总说稿》、4° 《易考》、6° 《易引总稿》、10° 《易学外篇》、8° 《易学总说》、7° 《易稿》、9° 《大易原义内篇》、15° 《天学本义》等。此外他的易学著作还包括藏于罗马耶稣会士档案馆的《天尊地卑图》[⑤]、《易经释义》[⑥] 等。他研究《易经》的重点一是合先天和后天大旨说明圣经与《易经》皆为圣学，以此作为打开理解圣教古义的钥匙，如“《易钥》的正文分为两部分：一是阐述天主教的教义，以三位一体为开端，以耶稣的生活为结束；二是用对《易经》的注释来作为对第一部分的证明”[⑦]，比如 2° /16° 《易钥》。重点二是从各数象图之本原（先天后天三易之纲）出发，合中华西土上古遗存之经文原旨，引中华经典诸

① 吴孟雪：《明清时期——欧洲人眼中的中国》，中华书局 2000 年版，第 198 页。

② Albert Chan, S.J., *Chinese Books and Documents in the Jesuit Archives in Rome, A Descriptive Catalogue: Japonica-Sinica I-IV* (New York: M.E.Sharpe, 2002), p.518.

③［美］魏若望：《耶稣会士傅圣泽神甫传：索隐派思想在中国及欧洲》，吴莉苇译，大象出版社 2006 年版，第 138 页。

④ “康熙皇帝对他的表现很满意，并在康熙五十年（1711）下令让白晋、傅圣泽等人开始研究《易经》”。参见李真：《来华耶稣会士马若瑟（Joseph de Prémare, S.J.）生平及学术成就钩沉》，《东亚文化交涉研究》第 5 号，第 138 页。

⑤ 耶稣会士罗马档案馆，*Japonica-Sinica* 1V，25- 1°。

⑥ 乃应视察员骆保禄神父之要求，根据中国经典中有关经爻象而对《易经》加以诠释的钞本，现藏巴黎国家图书馆（法文书类编号 17239）。参见［法］费赖之撰：《在华耶稣会士列传及书目》，冯承钧译，中华书局 1995 年版，第 438 页。

⑦［德］柯兰霓：《耶稣会士白晋的生平与著作》，李岩译，张西平、雷立柏审校，大象出版社 2009 年版，第 75 页。

文解读圣经中的故事。如 6°《易引》、3°《易经总说稿》、8°《易学总说》和 10°《易学外篇》等。重点三是对《易经》中具体卦采取“经文”和“内意”两部分进行论述，正式通过以西方圣经故事作为经学参考，通过“以耶解易”，将圣父天主、人祖夏娃、圣子耶稣等主要圣经人物几乎贯穿于每卦之中，不仅重视每一卦爻的具体阐释，还关注卦爻中的联系。如 7°《易稿》和 9°《大易原义内篇》等。此外，4°《易考》“是对《易经》和圣经传统的协调性的研究”①。15°《天学本义》主要取中华典籍《易经》、《诗经》、《书经》、《孟子》、《中庸》等以及“四书五经”以外的著作和民俗文本作为论证，对照天主教的思想主张，目的是复明上古敬天之原旨与天学原意，证明中西宗教的同源性。

合其观之，白晋研究《易经》首先合先天和后天大旨说明《圣经》与《易经》皆为圣学，以此作为打开理解圣教古义的钥匙，如“《易钥》的正文分为两部分：一是阐述天主教的教义，以三位一体为开端，以耶稣的生活为结束；二是用对《易经》的注释来作为对第一部分的证明”②。其次是从各数、象、图之本原（先天、后天三《易》之纲）出发，合中华西土上古遗存之经文原旨，引中华经典诸文解读《圣经》中的故事。再次是对《易经》中具体卦采取“经文”和“内意”两部分进行论述，正式通过以西方《圣经》故事作为经学参考，通过“以耶解易”，将圣父天主、人祖夏娃、圣子耶稣等主要《圣经》人物几乎贯穿于每卦之中，不仅重视每一卦爻的具体阐释，还关注卦爻中的联系。最后是透过汉字的字义拆分分析，将形而上词汇如太极、帝、天的称谓进行中西对比；以耶解《易》，以《易》载耶，通过《圣经》中的历史演进、神人之性以及人之德性等与易学中重要的对立范畴“先天”与“后天”、“道心”与“人心”以及“君子”与“小人”等相对应，使得中西方经典有了义理上的相合。由此可以看到，白晋在易学研究过程中不仅形成了自己的易学著作，而且开创了自己的诠说体系和易学索隐学派，为易学的发展提供了全新的路向，从基督宗教的维度体现了《易》之生生特色。

① ［法］伯希和编：《梵蒂冈图书馆所藏汉籍书目》，高田时雄校订、补编，郭可译，中华书局 2006 年版，第 36 页。

② ［德］柯兰霓：《耶稣会士白晋的生平与著作》，李岩译，张西平、雷立柏审校，大象出版社 2009 年版，第 75 页。

三、白晋弟子——耶《易》研究的延续

传教事业非一人之事、一时之业，需要团体的共同努力。除白晋外，他的学生傅圣泽、马若瑟和郭中传①三人在他的带领下亦从事着《易经》研究。

傅圣泽于1711年被招至北京与白晋一起从事《易经》研究，直到1720年离开北京。在梵蒂冈图书馆中，傅圣泽所著相关易学著作主要有波吉亚·中国卷317-13°《据古经传考天象不均齐》、317-14°《天象不齐考古经籍解》、361-3°的《易经诸家详说》、380 2°-4°为《经义精要》(一、二、三)、380-5°《中国经本于天》等。其中《据古经传考天象不均齐》(又名《天象不齐考古经籍解》)是合《易》与道家经典来论证先天、后天之旨的文章。文章主要采取问答方式,"以欧洲人与中国人进行天文学对话的形式"②，根据《易经》和其他古经古传，从五纬、行度之不齐出发，详解诸天象何以为不均齐之原因，其内容实质是通过对《易经》以及道家著作的引用来论先天、后天之旨，暗喻天主教的诸多教义。《经义精要》(一、二、三)是傅圣泽对中华核心概念的梳理，其中以《易经》为参考文本③的核心概念有六十四个，这些概念涉及圣经中的"天主"在中国的称谓统和问题，不仅是天主教进行传教时所首要规范的形而上概念，亦是融合中西文化、获得文化认知的关键词。《易经诸家详说》与《经义精要》相仿，但添加了天干、地支的要素与易学核心概念相对，亦是以易学经典为文本基础。《中国经本于天》即关于中国经典的神圣起源的论说，其中拉丁文部分出自于傅圣泽之手，④而中文部分基本上选于易

---

① 郭中传(Jean-Alexis de Gollet，1664—1741)，由于关于他的生平及著作记载甚少，荣振华所编《16—20世纪入华天主教传教士列传》中对其的记载算是最为详尽，言及他于1699年3月启程，1700年8月17日到达中国，先后在厦门、江西、宁波、杭州、凤阳等地待过，1725年2月被流放广州以后，1732年到达澳门，后在澳门逝世。书中提到"本人为'索隐派'成员"。参见[法]荣振华等:《16—20世纪入华天主教传教士列传》，耿升译，广西师范大学出版社2010年版，第170页。柯兰霓一书言仅知晓其来华的时间是1700年，"其他的情况就不是很清楚了"，参见[德]柯兰霓:《耶稣会士白晋的生平与著作》，李岩译，张西平、雷立柏审校，大象出版社2009年版，第58页。

②[美]魏若望:《耶稣会士傅圣泽神甫传：索隐派思想在中国及欧洲》，吴莉苇译，大象出版社2006年版，第175页。

③ 傅圣泽所引用的基本出于《易经》，涉及《易经》文本较为集中，涉及最多的有李光地的《周易折中》、潘士藻的《读易述》、程大昌的《易原》、李本固的《古易汇编》、胡援的《周易口义》、牛钮等人的《易经日讲》等书。

④ 梵蒂冈图书馆，Borgia·Cinese 380\5°-8° "Textes chinois et notes latines sur l'antiquité chinoise.Les texts latins sont de la main de Foucquet." "关于中国的汉语文本和拉丁语注解。拉丁文出自傅圣泽之手"。参见[法]伯希和编:《梵蒂冈图书馆所藏汉籍目录》，高田时雄校订、补编，郭可译，中华书局2006年版，第61页。

学著作。[①] 其文主旨即是通过对易学著作内容的相关摘抄，论述“易”之地位、作者、作用及其影响，这正应和了“傅圣泽对马若瑟承认他已花了很长时间去考虑‘易’这个字为耶稣基督一个神秘化的名字”[②]。此外，《傅先生辨析儒理》[③] 一文也涉及易学问题，主要针对颜铛主教对周易卜筮性以及太极问题的疑惑进行辩解，以学术研究的眼光去对待中华传统经典，坚信中华经典中隐藏着自然神学的踪影。

傅圣泽的诠《易》特色首先注重易学范畴的界定，他通过对中华文化概念的自我界定和运用，形成特有的“易学范畴”，一方面呈现《易经》的核心思想，一方面显示出天主教的“基督性”。其次，傅圣泽非常强调中国本土化诠释。他通过对中华经典的自我分析和论证、核心概念的提炼和易学文本的引用，试图寻求到与天主教教义不谋而合的根源。且在经学内部，傅圣泽以《五经》之言为基准，推崇“信经不信传”，强调经学传统而非子学传统。以孔子及先秦经典作为言说的依据，将孔子与汉儒、宋儒区分开来对待。最后，傅圣泽对道家学说非常重视。“当白晋将注意力集中在《易经》中的算术和几何成就时，傅圣泽却因其对道教的兴趣而超越这一点”[④]。傅圣泽的易学作品中几乎每一本都涉及道家学说，并借助《老子》、《庄子》、《列子》、《淮南子》等道家经典提出自己的三条索隐主义原则[⑤]，从而开启了“耶道对话”[⑥]。

马若瑟早在1703年便是白晋的助手，并自1704年开始便保持长期的通

---

① 其所引易学著作除了《经义精要》、《易经诸家详说》中所提及的《易原》、《周易折中》、《古易汇编》、《读易述》以外，还涉及明代章潢的《图书编》、舒宏谔的《周易去疑》、蔡清的《易经蒙引》、方孝孺的《西原约言》以及清代徐在汉的《易或》等书。

② [美] 魏若望：《耶稣会士傅圣泽神甫传：索隐派思想在中国及欧洲》，吴莉苇译，大象出版社2006年版，第145页。

③ 记载于 [日] 高田时雄：《梵蒂冈所藏汉文写本和印本书籍简明目录》，京都大学人文科学研究所1997年版，第66页。此外，见余东：《梵蒂冈图书馆馆藏早期传教士中文文献目录》，梵蒂冈图书馆，1996年，第38页。

④ [美] 魏若望：《耶稣会士傅圣泽神甫传：索隐派思想在中国及欧洲》，吴莉苇译，大象出版社2006年版，第185页。

⑤ 三条索隐原则：一、中国古代文献是天启之作，来自“天”、“天主”，故其来源是神性的；二、古书中的“道”这个概念表明永恒的智慧，及天主教徒所称的“天主”；三、“太极”一词的真正意义就是“道”，也就是“天主”和“天”。参见 John Witek, *Controversial Ideas in China and in Europe: A Biography of Jean-Francois Foucquet, S. J.1665-1741*, P219。另外参见 [美] 魏若望：《耶稣会士傅圣泽神甫传：索隐派思想在中国及欧洲》，吴莉苇译，大象出版社2006年版，第190页。[美] 史景迁（Jonathan D. Spence）：《胡若望的困惑之旅 18世纪中国天主教徒法国蒙难记》，吕玉新译，上海远东出版社2006年版，第16页；张国刚等：《明清传教士与欧洲汉学》，中国社会科学出版社2001年版，第194页。

⑥ 参见拙文：《“耶道对话”的新尝试——傅圣泽易学思想研究》，《北京行政学院学报》2015年第4期，第124—148页。

信往来，[①]1714—1716 年在北京辅助白晋进行易学研究。马若瑟的易学著作主要是波吉亚·中国卷 317- 1°《易经原旨探目录》（其内容载于波吉亚·中国卷 361- 4°-I《周易理数》[又称《易理易数》][②]）和波吉亚·中国卷 317-5°《太极略说》[与白晋合作作品]。《易经原旨探》一文首先探寻东西方圣道失传之因，以“三位一体”的思想论先天后天三易之纲，合东西方道之原旨。其次是论文字、古史之根本大旨以及论证佛教与左道（敬鬼神之礼）之谬论。最后总论先天与后天大旨以及分论“先天未变”、“先天已变”、“后天不变”三实义。而《太极略说》第一部分是对“太极”的解说，对“无极而太极”、“太极含三为一”、“混沌太极”进行诠释，证明“一三”之本来源于《易》，且结合许慎《说文解字》中的“六书”，论文字与《易》之关联。“愚臣等生长西土，审择指归。幸至中华，由六书而进读六经”[③]，可见他作为一个从西土而来的外国人，对中国文化通过研读“六书”，进而了解“六经”，通过分先天、后天之别，初造、再造之功，注重以数理、图像的方式结合圣经和《易经》，从而在传统文化中寻求与天主教教义相符的元素。

马若瑟的易学研究特色最为突出的即是重视文字研究，他花了大量心血在中国语言文字、语法等方面，傅尔蒙（Etiénne Fourmont）称马若瑟“对汉字做了大量的研究”[④]。他将文字本原解析和《易经》相联系，认为《易经》和汉字同源同理，且《易经》来诠释汉字的本原，且探讨文字之本丶（古主字）与至高无上之上主相等同，拉近中西方文化的距离。其次是对佛教和“左道”（中国民间鬼神信仰）的批判。将佛教视为异端之典型，以对禁杀生和对轮回转生之说的反驳证明佛教理论的妄诞。而对于“左道”，马若瑟基于“中国人最大的迷信就是占卜问神、测算吉凶祸福”[⑤]，认为“左道”即不正之道，他对应大秦经和古时民俗，论证“左道”之根由来源于洪水之后诺亚子孙渐不敬天主，从而衍及四方，同失正道，而尽流于鬼神之邪术。马若瑟以“盘古”为“左道”之例，此怪神“西音亦名盘，如中国左道所称混沌盘古者”[⑥]，从而

① [德] 柯兰霓：《耶稣会士白晋的生平与著作》，李岩译，张西平、雷立柏审校，大象出版社 2009 年版，第 59 页。

② 梵蒂冈图书馆，Borgia·Cinese 361(4)-I，第 1 页。

③ 梵蒂冈图书馆，Borgia· Cinese 317-5°，第 9 页。

④ [丹麦] 龙伯格：《清代来华传教士马若瑟研究》，李真、骆洁译，大象出版社 2009 年版，第 66 页。

⑤ 杜赫德编：《耶稣会士中国书简集：（中国回忆录）II》，郑德弟、朱静等译，大象出版社 2006 年版，第 128 页。

⑥ [法] 马若瑟：《周易理数》，梵蒂冈图书馆，Borgia·Cinese 361-4°-I，第 59 页。

认为中西方“左道”观念虽称谓各异，实为相同，皆应持批驳的态度。

综而论之，梵蒂冈图书馆所馆藏的傅圣泽、马若瑟二人中文易学资料多为他们在北京期间跟随着白晋从事易学思想研究的资料，并不是二人完整的易学思想体现，仅仅是管中窥豹。但在研究旨趣和特色方面，与老师白晋多有重合之处。比如在对《易经》的认知上，都赋予了《易经》极其高的学术地位，将其作为唯一能与西方圣经相媲美的经典。而在《易经》研究主旨上，皆是秉承着以《易》为准，从先天、后天三易之旨出发，继而将圣经中最主要的教义故事或者人物蕴含其中等等。二人作为易学索隐派思想的重要组成部分，一起促成了耶《易》的产生。他们一方面吸收着传统易学的智慧，熟悉《易经》的内容、本义、体例，从而将此作为东方经典的权威代表；另一方面以西方圣经作为诠释依据来探查易学深意，试图以西方基督宗教经典圣经来诠释中华儒家经典的《易经》，努力在中国的语言文字中寻索天主的原始启示和默西亚救世主的形象，通过文本诠释在东西文化世界中做一次话语权威的对照。

四、结语

白晋对《易经》的热爱以至于他的同伴们略带讽刺地称他“着了《易经》的魔”①。所幸的是白晋在研究《易经》的过程中获得了康熙皇帝的支持，不仅对白晋的易经研究很感兴趣，②也非常关心白晋研究易经的情况，在梵蒂冈图书馆馆藏汉籍《易考》（波吉亚·中国卷 317-4）附文以及（波吉亚·中国卷 439-A）中有很多康熙询问白晋研究《易经》情况的御旨。③他通过“十余载朝夕苦心，久覆研究”④的努力，将圣经的思想有机地融合于《易经》的文本经

① Albert Chan, S.J., *Chinese Books and Documents in the Jesuit Archives in Rome, A Descriptive Catalogue: Japonica-Sinica I-IV* (New York: M.E.Sharpe, 2002), p.518.

② Joachim Bouvet's letter to Jean-Joseph Guibert, Assistant of the French Province in Rome Peking, 26, May 1719, Albert Chan, S.J., *Chinese Books and Documents in the Jesuit Archives in Rome, A Descriptive Catalogue: Japonica-Sinica I-IV* (New York: M.E.Sharpe, 2002), p.518, 527.

③ 在梵蒂冈图书馆 Borgia·Cinese 317-4 后的大篇幅御旨，张西平在《梵蒂冈图书馆藏白晋读〈易经〉文献初探》、韩琦在《再论白晋的〈易经〉研究——从梵蒂冈教廷图书馆所藏书稿分析其研究背景、目的及反响》中均已引用，而 Borgia·Cinese 439 的相关御旨，在张西平为柯兰霓的《耶稣会士白晋的生平与著作》一书所做的“中文序”中亦引用。故在此不赘述。

④ 梵蒂冈图书馆，Borgia·Cinese 317-3°，第 15 页。

义以及具体语境中，这样的耶《易》研究体现集信仰、学理、实践为一体的互动过程。他们试图在《易经》中去再现天主创世纪之功和耶稣基督道成肉身进而出生、死亡及复活的过程，如同在《易经》中播撒了天主的种子。而对易学研究而言，这是与儒《易》、道《易》及佛《易》完全不同的一次经学尝试，白晋及其弟子靠着对中国语言文化的精通以及对《易经》的热情，首先要通其言，晓其义，懂其象，明其旨，在此基础上，将圣经的故事教义赋予到《易经》发展历史、具体卦爻、数理图像等方面，这不仅仅是文本比较的工作，还是文本融合的学术研究。历史客观而言，耶《易》研究的意义不可小觑，这不仅是基督宗教进行传教的策略转型，带动了基督宗教经典与中国经典文化的内在义理互释，实现了学术传教，白晋及其弟子傅圣泽、马若瑟等人可称之为名副其实的“传教理论家”（Missionary theorists），而且《易经》在欧洲世界更加风靡，成为了最热门的中国话题之一，不仅对欧洲学术界特别是莱布尼茨的学术起到了借鉴和辅助论证的作用，而且对汉学特别是法国汉学的发展提供了充足的原始资料和思想动向。

然而传教士眼里的圣经是“高高在上”的，需要《易经》的“俯首称臣”，这不仅为易学义理本身所不容，也为当时世人及支持白晋《易经》研究的康熙所不容，加上其他传教士的强烈反对，所以这粒种子由于没有历史真实性、内在义理的圆融性和外在教内教外的认可性而无法破土而出，永远埋在了中华大地中，成为历史的遗憾。

作者单位：北京行政学院哲学教研部讲师
联系方式：chenxinyu1986517@126.com

教案中的土地纠纷
——以丰镇教案为例

□刘　元

Abstract：Land disputes played an important role on causing missionary cases. Fengzhen Cases were widely known about; they were complex and were frontline issues of Missionary Cases. From in depth analysis, we can see: the case was heavily determined by Complex Tenancy relationships. The Church tried its best to help Christians get land. It also wished to control the assignment of land. This help by the Church for Christians was guided by principle.

1860 年，基督宗教再次获准进入内地传教之后，教案风起云涌，此起彼伏，遍及全国。引发教案的原因是多重的，有文化冲突、民教冲突、谣言揭帖、土地纠纷等等，但其中土地纠纷引发的教案最多。土地纠纷引发的教案中，丰镇教案以其纠结时间长、涉案人员广泛、土地纠纷的复杂性，位于各教案之首。本文以丰镇教案为中心，对丰镇教案中的土地纠纷进行分析，希望能对认识土地纠纷引发的这一类型教案的原因和特点有所裨益。

一、丰镇教案述略

丰镇教案始于咸丰十一年（1861），终于同治十二年（1873），历经十三年。案情较为复杂，牵涉其中的除教会、教民、地方官员外，还有蒙古地主、蒙官、非教民等等。教案大致可以分为三个过程，这三个过程的界限并不是非常明晰，有时是同时发生的，但也有一个大致上的时间顺序。

（一）1861—1870 年：教民段振举指争荒地案

教案发生地点在山西丰镇厅黄榆窊村[①]。嘉庆二十三年（1818），教民郝

① 黄榆窊村在今乌盟兴和县境内。

朝昇赴此处租地垦荒，道光年间又有教民池进禄、段佑等人来此地谋生，都以租种巴图孟克及其后人承启的田地为生。经过几十年的发展，原先的荒地被“垦荒成熟”，各户“于该处建盖房屋”①，慢慢形成了一个有七八十户人家，三百多人口的，以教民为主的村落。

教民租种的田地共计百余顷，在支付地租的问题上，教民先后两次向卢太（承启的家丁）交押荒钱400串文，并议定每顷每年交地租钱10吊，秋后交纳。如此多年，一直相安无事。但至咸丰九年（1859），有达佐领控诉承启越界私垦，承启则疑惑家丁卢太“原放地租尚有不实”，于是“向各地户加增租资，或另行招种”。但以段振举弟兄为首的地户，“均不肯将地腾退”，于是“各地户摊出地租银二百零三两”，“所有房屋地亩仍令段振举等各地户照旧居住耕种”。段振举等人“深恐日后复有加增租资之事”②，于是赴京呈控。但段振举等租种承启地亩，属于蒙汉私相授受，地方官拒绝受理此案。正当段陷于窘困之时，天主教驰禁，传教士和教民皆受保护。于是蒙古宗座代牧戴世济（Francois-Ferdiand Taglibu）呈请法国全权大臣准行呈明总理各国事务衙门出示公文，将空闲牧场给予教会。段振会（段振举之兄）从西营子教堂借得银两，旋即赴京，经法国驻华公使向总理各国事务衙门告状。总理衙门咨行山西巡抚和察哈尔教统等转饬属下从速查办此案。此案由一场土地纠纷案件转化为教案。

大同知府李汝霖、署丰镇厅理事同知福祥署理了此案。在查明事实之后，令承启将所收203两租银退还教民，仍令教民在原处居住垦种。对此，法使美理登（Bardon de Meritens）通过哥士耆（Kleckowski）进一步提出，教民开垦荒地“自应按照开垦荒地例，每亩完纳一分四厘图课。俟垦成之后，再行升科。此项即由本处地方官征收”。如果教会的要求得到施行，就意味着这批教民将由“私垦民户”变成合法的“升科地户”。③

教会和段振举等人的行为引起地方官不满，因为此案触碰了口外蒙古牧地不准私行垦种的既定法令和制度，如果地方官府给段振举等发给准许住垦

① “中央研究院”近代史研究所编：《教务教案档》第二辑（一），台湾“中央研究院”近代史研究所据抄本影印1974年版，第455页。

② “中央研究院”近代史研究所编：《教务教案档》第一辑（二），台湾“中央研究院”近代史研究所据抄本影印1974年版，第695页。

③ 参见［比］Patrick Taveirne:《汉蒙相遇与福传事业 圣母圣心会在鄂尔多斯的历史1874—1911》，古伟瀛、蔡耀伟译，台湾光启文化事业2012年版，第201—217页。

的执照，便意味着承认其私垦的合法性。总理衙门虽称不能“遥制”此案，但依然授意地方官府处理此案。地方官府在处理案件的过程中发现，地主承启与达佐领正为教民垦种的这块地互讼，产权并不明晰。地方官员告知只有户部公布处理结果，才能处理教民与承启的地亩案。等待户部公布结果，是一年之后了。随即，总理衙门着地方官员为教民办理地照。

但是，先后因冰雪覆地、难以丈量，地主承启迟迟未到一直拖延。至同治二年（1863）八月，教民又以田内禾稼处于收割之际，此时丈量土地有碍庄稼为由，推迟丈量土地。尔后，地主承启提出“（教民租种的土地）曾有与正黄旗牧地毗连，并与佑安寺香火地鄂博交界接壤”。丈量地亩，必须“会同旗员先行分明界址”，否则日后争端不断。同治三年（1864）四月，地方官员会同蒙旗官员、达佐领至黄榆窊村丈量土地时，达佐领百般阻扰。教会与地方官府多次交涉，一直未果。直到同治八年（1869），地方官员都拒绝为教民办理地照。

同治八年，蒙古教区副主教司牧灵（Smoreburg Antoon – Everhard）向法国全权大臣罗淑亚（Count Julien de Rochechouart）禀称：教民“所受教外官吏民等残害，难以枚举，因此无能劝化外教归化。而教内之人尚有居囹圄者，或受酷刑残虐者，故而若人背天主教者，不能尽数”[①]。司主教希望罗淑亚能帮助教民解决丰镇厅地亩案，以维护圣教。当年六月，罗淑亚至晋省游历，途经丰镇厅西营子教堂，被当地教民的贫困所震惊。他询问西营子教堂的传教士该如何解决教民的贫困问题，传教士表示让他帮助教民解决丰镇厅地亩案。回京之后，罗淑亚函致总理衙门，要求迅速处理丰镇厅地亩案。

同治八年十一月，地方官员程豫、承恩、成锦，会同达佐领、佑安寺喇嘛、承启、教民段振举等人，丈量土地，指明边界。令地主承启“将从前得遇押荒钱文，作为地价，写立约据，将地推与段振举等永远管业”[②]。再次经过丈量、刨挖壕沟，至同治十二年（1873）最终升科。教民终由“私垦民户”变成合法的“升科地户”。[③]

---

① “中央研究院”近代史研究所编：《教务教案档》第二辑（一），台湾“中央研究院”近代史研究所据抄本影印 1974 年版，第 446 页。

② “中央研究院”近代史研究所编：《教务教案档》第二辑（一），台湾“中央研究院”近代史研究所据抄本影印 1974 年版，第 446 页。

③ 参见［比］Patrick Taveirne：《汉蒙相遇与福传事业 圣母圣心会在鄂尔多斯的历史 1874—1911》，古伟瀛、蔡耀伟译，台湾光启文化事业 2012 年版，第 201—217 页。

（二）1871—1872年：教民与张理厅村民的土地纠纷

同治十年（1871），大同府知府程豫禀，大青山教民李贤等先后赴张集儿巡检赵梦松处喊告，称其“在青山尾种地，被直隶张理厅万兴张村民人张鹏等勾结四村二百余人，群殴霸地，打伤教民男妇六名口，抢去受伤人二名并牛马等物。”①

地方官府审讯之后得知，教民与张理厅村民在一块与黄榆窊村毗连的田地上存在争议。这块田地有二十多顷，原为达佐领领地。达佐领于同治二年将此地租与张理厅玻璃沟、王茂沟、万兴张村、旧庙沟四村民人开垦，耕种已有几年。但同治九年（1870），达佐领突将田地指给教民，不准民人耕种。民人为继续耕种，出银八百两，并“陆续交给巴图纳逊等小数钱一百余千”，希望重新租回田地。② 但支付钱款之后，巴图纳逊态度暧昧，村民没能要回土地。至春天耕种之际，村民一时情急，殴伤教民王生秀等人。

在审理案件之后，地方官员并未深究达佐领的过错，而是由达佐领的下属巴图纳逊和家丁李福儿承担了该案的后果。巴图纳逊受鞭责，李福儿递解回籍。并将张鹏等民人所交田款追回。

地方官员自认为如此判案“各清各业，两造输服无词”，“可永绝争端”。但并没能解决张鹏等村民的实际生存问题。在结案不到一年的时间，张鹏等人又有“越界填壕，殴伤教士”的行为。③ 在地方官员追查滋事缘由之时，口北道奎斌一语中的，“俾有生路，庶可永息争端”④，提出另拨田地给村民垦种。奎斌的建议受到李鸿章的称赞。最后，办案官员依此思路做出了最后判决：争议地亩仍归教民所有，张鹏等村民补偿张理厅辖区内的一块荒地。

（三）1870—1873年：教民与教会争夺土地的所有权

在教民与张理厅村民土地纠纷案没有完全结案的时候，教会又提出让教民将地全行归入教堂。

---

① “中央研究院”近代史研究所编：《教务教案档》第三辑（一），台湾“中央研究院”近代史研究所据抄本影印1975年版，第429页。

② “中央研究院”近代史研究所编：《教务教案档》第三辑（一），台湾“中央研究院”近代史研究所据抄本影印1975年版，第430页。

③ “中央研究院”近代史研究所编：《教务教案档》第三辑（一），台湾“中央研究院”近代史研究所据抄本影印1975年版，第462页。

④ “中央研究院”近代史研究所编：《教务教案档》第三辑（一），台湾“中央研究院”近代史研究所据抄本影印1975年版，第251页。

教会提出此主张的理由有二：

第一，教民曾向教会借用银两二千二百两，愿意将土地献给教堂以抵还银两。

第二，教会称教民因为畏惧地方官员，也情愿将土地捐给教堂。[①]

但当程豫等人审问段振举等教民时，教民称“（田地）开荒成熟，竭尽辛劳，数十百家藉以仰事俯离，一旦归入教堂，实无生计”[②]在调查过程中，程豫发现教民有借用教堂银二千二百两，是“教民赴京控争是地往返川资，及供应罗使臣两次来丰，及一切零费等项所用。”程豫认为“该教民既有借用教堂之欵，若不及早清结，日后必纠葛。”但教民皆系贫苦民众，实难付清如此巨款。于是，程豫派张皋儿、巡检赵梦松与教士协商，将指给教民的成熟地十一号“估值地价银二千五百两，抵还该教堂垫款，作为本利清结。”[③]教会也同意如此抵还。但正在办理之时，传教士斐尔林敦（Verlinden Remi）又突向程豫索要地照，仍要将田地归入教堂。并称此举是由于“段振举浮开费用，意图吞地，惟求为众教民公平分拨。”程豫称如果教民段振举等人果有浮吞的情形，一定会秉公办理。但此地断不能归入教堂，此地如若归入教堂，教民“数百余口，势必立成饿殍”，“难保不激成事端，致生巨患”。而教会，也会“得陇望蜀，贪求无厌”。且“和约内载，彼国不得侵占中华寸土”，教会“觊觎地亩，争控归堂”，是故违和约。[④]

山西巡抚何璟认为通过此案，或许能让教民不再信教，“从前教民藉教士为扛帮教士资教民幡然悔悟，鹬蚌相持，渔人得利。该教民皆系中华子庶，再得地方官秉公讯断设法抚循，或能从此灰心，不为彼族所用，亦我蒙旗官民之幸也。”[⑤]

基于以上种种原因，地方官员断不肯将地划入教堂。罗淑亚回京之后，

---

① Patrick Taveirne, *The religious case fengzhen district reclamation and missionary activities in Caqar during the late Qing Dynasty*, p.395.

② “中央研究院”近代史研究所编：《教务教案档》第三辑（一），台湾“中央研究院”近代史研究所据抄本影印1975年版，第436页。

③ “中央研究院”近代史研究所编：《教务教案档》第三辑（一），台湾“中央研究院”近代史研究所据抄本影印1975年版，第437页。

④ “中央研究院”近代史研究所编：《教务教案档》第三辑（一），台湾“中央研究院”近代史研究所据抄本影印1975年版，第438页。

⑤ “中央研究院”近代史研究所编：《教务教案档》第三辑（一），台湾“中央研究院”近代史研究所据抄本影印1975年版，第445页。

继续向总理衙门施压，希望能将田地归入教会，早日结案。并派翻译官林椿（Paul Ristelhueber）同总理衙门交涉时称“二十三张约，因大青山地亩花费二千两，天主堂若得此地可以将此款还给。奉教人因榆树窊地亩花费一千两，此款天主堂已经给过。去年因此地亩之案，有地方官暨随从人等寓天主堂内许久，共费用银二千五百两。今年段姓因此案，又花银一千二百两。以上共银六千七百两。”[①]

总理衙门对此进行了驳称：

> 教士不应干预分外之事，前既抗帮教民争产。迨案已断给又欲攘夺教民之产，教士如安本分，似不至此。此案教民段振举二十三家，承种该处地亩有年。如一旦归入教堂该教民岂肯甘心，难保将来不滋生事端。且口外各属，每因争产致酿巨案，教士此等作为，将来遇有意外之事，实非中国所能保护，至该处游牧地亩。向禁开垦，教士亦不得与地方民人勾通，希图私置。想贵大臣亦必以为然也。[②]

为彻底解决案件，程豫会同丰镇厅同知福增，传集教民段振举等二十三家，并教士斐尔林敦当面对质。双方对质的结果为，从咸丰十一年起至今，教民赴京控诉、罗淑亚两次来丰镇的开支、挖壕沟丈地拉号等事，共用银一千七百三十二两，仅借用教堂九百余两，其余银两均系教民自己出资。教会所用银两“不但并无六千余两之多，即前次所称借用教堂之二千二百余两，尚有虚冒”。程豫称，在种种证据之下，传教士“俯首无词，情甘遵照原案，将地归教民等承领垦种，不敢再争。”[③]教民随即按照号数丈明亩数，分别领照承领，办理升科。

但是官府在处理此案的过程中，并没有能将教会和教民钱财上的纠纷完全理清楚。首先，教民购买达佐领的榆树窊等地，向教会借用的银两一千余两，在对质过程中，传教士与段振举等教民均回避了此项费用。在教案办理

① “中央研究院”近代史研究所编：《教务教案档》第三辑（一），台湾“中央研究院”近代史研究所据抄本影印1975年版，第433—434页。

② “中央研究院”近代史研究所编：《教务教案档》第三辑（一），台湾“中央研究院”近代史研究所据抄本影印1975年版，第440—441页。

③ “中央研究院”近代史研究所编：《教务教案档》第三辑（一），台湾“中央研究院”近代史研究所据抄本影印1975年版，第451页。

过程中，招待官员的费用也没有纳入进去。所以林椿提出的六千七百两是有一定依据的。据《比利时传教士在华传教年报（1868—1887）》[*Annals of the Work of the Belgian Mission in China*（*1868-1887*）] 记载，在地方官员的坚持下，多数土地仍然被分配给了段振举等教民。但在程豫作出判决之后，教民还是将地照交给了传教士，土地被传教士租售给教民。斐尔林敦等传教士利用出售土地的三千两为南壕堑教堂建造房屋。[①]

二、丰镇教案分析

土地纠纷案件，在教案中并不少见。但如丰镇教案纠结时间如此之长，涉案人员之复杂，案件之曲折反复，实属罕见。下面具体对丰镇教案进行分析：

（一）租佃关系的复杂是影响结案的重要原因

法国公使哥士耆在交涉段振举田亩案时，曾函致总理衙门称：

> 有山西教民段振会，因租种荒地，业主议欲加增租钱，认教民不愿加租，自定交纳钱粮数目，请为代求总理衙门，行文山西巡抚转饬照办等语。

总理衙门驳之：

> 查各省地丁钱粮，自有定额，岂容该教友擅自定数？今段振会辄敢悬定，显系恃教妄为。推其弊之所极，则霸地抗粮，其势亦将不免。[②]

但此案并非加租与不愿加租的简单纠纷。段振举一案在此地具有一定的代表性，该地长期一直存在土地租佃上的矛盾。

清初，察哈尔部的反清叛乱被镇压之后，半自主体制受到限制，由清政府委派察哈尔都统进行统一管理。清政府在口外沿边地区设立了大量的公共

---

① Patrick Taveirne, *The religious case fengzhen district reclamation and missionary activities in Caqar during the late Qing Dynasty,* p.395.

② 萧一山：《清代通史》卷下（三），商务印书馆（台湾）1963 年版，第 682 页。

牧场。从顺治朝开始，清政府就宣布内蒙古地区实施禁垦，但多流于形式。察哈尔地区更是如此。主要原因是，察哈尔各旗的蒙官、兵丁收入的主要来源是薪饷和放牧，但生计难以维续，于是他们将官牧或自己的牧地都拿来私自放垦、收租，以维持生活。这种不合法的放垦异常混乱：“其初蒙古皆经得价指放地段，有给予文据者，有未给予文据者，有文据系指此地而予以彼地者，迨耕垦成熟，其未经得钱与曾经得钱而又转租他人之蒙员，则又以有碍游牧为辞，与承种者为难，其或率众驱逐，焚毁房舍，劫夺牲畜。弱者饮泣吞声，强者不能甘服，则与后来承种之人互相呈控，或纠众械斗，每每攘争靓衅，缠讼不休，大为边疆之患。”① 这在段振举案中均有反映。段振举垦种的虽为察哈尔贵族承启的私有牧地，但依然为蒙汉私相收受的土地，仍然得不到地方官员保护。在承启要求提高地租，如若不接受，段振举等人虽垦种数十年，仍要遭到驱逐。根据《大清律例》：开垦水田六年，旱田十年，即可升科。② 但这一条例并不适用于察哈尔部土地的开垦。段振举等人在申领地照的过程中，地方官一直拒绝受理此案。因为此案触碰了口外蒙古牧地不准私行垦种的既定法令和制度，如果地方官府给段振举等发给准许住垦的执照，便意味着承认其私垦的合法性。

在案件转化为教案之后，地方官员审理过程中，又发生了一田多租、多售的事情。同治二年，达佐领将其管辖的二十多顷牧地交与张理厅村民租种。在同治八年，地方官府为教民划界时，达佐领收受教民银两，将榆树窊、三保沟一带的牧地私自卖与教民。同治九年，又将张理厅四村村民租种的土地卖与教民。张理厅村民租种的土地同样开垦多年，突将土地卖与教民，自然导致村民与教民之间的激烈冲突，这也是教案宕多年、难以终结的原因。

此外，由于蒙古人长期的游牧生活，造成土地观念淡薄。尽管清政府为蒙古各旗划定了放牧的区域，但在实际情况中，“初虽粗有四至，而向游牧不禁，未经开垦之前，绝无专利，几同公物。即蒙古各员与王公子孙，亦难确定界址”③。当这些放牧土地开垦成农田之后，明确的土地四至和亩数成为必须

① “中央研究院”近代史研究所编：《教务教案档》第六辑（一），台湾“中央研究院”近代史研究所据抄本影印1980年版，第668页。

② 参见张荣臻等点校：《大清律例》，天津古籍出版社1993年版，第10页。

③ “中央研究院”近代史研究所编：《教务教案档》第三辑（一），台湾“中央研究院”近代史研究所据抄本影印1975年版，第258页。

厘清的事情，而他们“从不着实丈量，已成惯例，不过骑马巡视一周，指为十顷则十顷，指为百顷则百顷。”[①] 所以在段案中，土地四至界限的明晰和亩数的丈量，也成为了影响该案结案的重要因素。

（二）教会尽力为教民争取土地和利益

段振举在与蒙古贵族承启、张理厅教民的争讼中，最后都是以胜利告终。这些都与教会的鼎力协助是分不开的。在段振举最初因承启增租而赴丰镇厅告状时，因为租种土地的特殊性，并无地方官员受理此案。正当陷入困境之时，天主教弛禁。教会开始支持丰镇教案中的教民争讼。段振会赴京经法国驻华公使向总理各国事务衙门告状，就是从西营子教堂借得的银两。

在案件开始审理之后，教会为教民获得土地的心情甚是急切。同治八年，蒙古宗座代牧戴世济到任之后，马上呈禀法国全权大臣罗淑亚：

> 镇厅文山，倚势威逼呵呼诓骗教民三人手指押印假结销案。后又驳呈于丰镇厅领地升科，回批升科不能独尔等先行办理，遵守法纪，毋得勾引法国人等盘踞种种，致滋事端。因修士司赴至蒙古地面，查知丰镇厅不但未接公文妥办，反责圣教勾引法国人等违背法纪，至今抗违谕旨，朦胧各宪。现今情因玷污圣教及法国英名，故尔即行禀知全权大臣台前。鉴视如何施行办理。[②]

尔后，罗淑亚亲赴丰镇厅，会见新任丰镇厅同治成锦，要求解决丰镇厅教案。回北京后，又致函总理衙门，要求从速办结丰镇厅段振举田亩案。

同治十年，张理厅村民与教民土地纠纷中，有德玉明（Devos Alfons）神父和同伴杨广道（Jansen Andries）带枪骑马到民教双方争议土地上驱赶张理厅村民，并高呼“奉教者出租种地，不奉者不能耕地”，用马鞭将村民吕明打伤，随后与民众厮打在一起。[③] 在教会的努力下，终于将张理厅村民赶出了争议土

① 王学明：《天主教在内蒙古地区传教简史》，内蒙古政协文史资料委员会编：《沽源文史资料》第 1 辑，1985 年，第 178 页。

② “中央研究院”近代史研究所编：《教务教案档》第二辑（一），台湾“中央研究院”近代史研究所据抄本影印 1974 年版，第 447 页。

③ “中央研究院”近代史研究所编：《教务教案档》第三辑（一册），台湾“中央研究院”近代史研究所据抄本影印 1974 年版，第 251 页。

地之外。

在教会的帮助下，地方政府最终承认教民所承租土地的合法性，地主承启之前向教民收取的押荒粮，即为教民购地之价，此地归教民所有，地主承启完全丧失了土地所有权。教民段振举在法国公使的干预和保护下胜诉，获得了“永远管业”之土地，最终由“私垦民户”变成合法的“升科地户”。此案中的口外教民，借助条约保护，通过“合法”的途径领地升科，为国家的“编户齐民”开了先河。[①] 这一点，如果没有教会的帮助，是断断难以完成的。

（三）教会希望掌握土地的主动权

丰镇教案的特殊之处，还涉及教会与教民的争讼。教会与教民之间的争讼，并不是简单的利益之争，而是教会希望掌握土地的主动权。

教会在传教过程中，不断认识到土地的重要性。汉族农民在蒙古口外生活的处境是比较悲惨的。他们最初是因为灾荒被迫背井离乡，来到蒙古口外租种土地以维持生活。他们风餐露宿，经过多年的辛苦劳作，有了自己的住所，“日增月聚，渐成村落”。但这种生活并不稳定，他们经常会受到官府差役的驱赶、敲诈，蒙官也会索要好处。更有甚者，有的蒙古贵族、蒙古官员会将一块土地同时租与两拨农民，造成农民为争夺土地而打斗。而且他们还要面临土地会被随时收回的危险。

传教士在传教的过程中认识到了汉族农民的艰难处境，而且也了解到土地对农民的重要性。他们逐渐开始购买、租赁蒙古人的土地，吸引穷苦农民前来耕种土地。贝文典（Leo Van den Berg）对这一点曾做过这样的归纳：

> 在教会的支持下，教友团体往北方或西部迁移。由于土地从蒙古王公的手中可以购买或租赁，因此教友村得以建立起来。村子的中心就是教堂，在驻堂神父或传道员的领导下，教友可以每周聚会在一起祈祷、听道理。[②]

教会获得土地，都是为了传教事业，在丰镇教案最后出现了教会与教民争夺土地，但教会并不是为了经济利益，而是希望能掌握土地的主动权，由他们分配土地的租种，形成教会内部的租佃关系，造福更多的教民，吸引更

---

① 参见［比］Patrick Taveirne:《汉蒙相遇与福传事业 圣母圣心会在鄂尔多斯的历史 1874—1911》，古伟瀛、蔡耀伟译，台湾光启文化事业 2012 年版，第 201—217 页。

② 古伟瀛主编：《塞外传教史》，台湾光启文化事业 2002 年版，第 292 页。

多的人入教。这一点从西南蒙古教区主教韩默理（Ferdinand Hamer）所写的一封信可以看出：

现在你会说，买这样一块地将会花销很大一笔钱，我们何时才能收回投资。蒙古人也许不会出售它，但他们会出租一切。只要付给他们年租，比别的县的税要便宜好多的年租。所有这些花销仅仅是5万比利时法郎。到哪儿弄这些钱？你知道，我们有一些奖学基金。为了投资那笔钱，我们在天津买了一间房子，给我们带来了极好的收益。去年房子被征用，我们得到的补偿两倍于我们的投资。我把这些钱放在银行里，等待投资的机会。现在这块地就是机会。耕种者只需付给我们一点点地租，比如收获量的十分之二或者十分之三。这些地租足够偿付蒙古人的地租和学生的奖学金了。同时我们还获得了一些异教徒的灵魂。①

韩默理的信告诉我们，教会获得土地之后，主要是将土地交给教民耕种，收取的地租只有收获的两到三成。土地被作为很好的吸引信徒入教的手段。

蒙古地区的民谣，也反映了这一现象：

天主圣母玛利亚，热身子跪在冷地下，神父！哪里拨地呀？噢来！红盛义去种吧！

你为什么进教？我为铜钱两吊。为什么念经？为了黄米三升。②

蒙古西南教区代牧主教闵玉清（Alfonso Bermyn）也曾碰到过这样的教民：

余外还得上保守书房，学道理，这就不易了，许多在奉教领洗后，承认这个不可避免的上书房是他们最难接受的一点。也难怪这些粗笨的人，手中从来没拿过一本书，单知道养牛种地，专心于日用吃用，这一切占满了他们的脑子；叫他们学习经言要理，那简直如街上的顽童一样，

① Patrick Taveirne:《汉蒙相遇与福传事业　圣母圣心会在鄂尔多斯的历史1874—1911》，古伟瀛、蔡耀伟译，台湾光启文化事业2012年版，第372页。

② 宿心慰：《天主教传入磴口地区述略》，磴口县政协文史资料委员会编：《磴口县文史资料辑》第6辑，1989年，第16页。

> 难而又难了。有半分奈何，可是不来啊！不难懂这样天真的回答：“神甫你看，你也懂的，如果我还有些口粮的话，我决不来奉教。”这是一个保守教友来求哀矜时所说出的真心话。①

地方官员对这种现象也有所认识：“强争越占，有恃不恐，不入教不足以得地，一入教便可以制人。”②

（四）教会对教民的帮扶是遵循一定原则的

在以往的多数教案中，教会都给人留下了对教民一味抗帮的印象。但是在丰镇教案中透露出，教会在帮扶教民的问题上，并非一味抗帮，而是有一定原则和规矩可言的。

教会进入中国之后，他们慰问穷人、病人，并建立了孤儿院、养老院等慈善机构，尽可能地去帮助有困难的民众。一方面，固然是从传教事业考虑；另一方面，也是在实践基督的博爱。但是，教会是有他们的规则的，贫困的人他们可以尽全力去帮扶，但不是无任何原则和限度的帮助。在丰镇教案中，教会在帮助教民获得土地的问题上是真诚的，教会是尽全力帮助的，也希望通过帮助教民得到土地让他们摆脱贫困。

但是，当教民赢得诉讼，获得土地之后，就必须向教会归还官司诉讼中所欠教会的钱款。当钱款无以偿还的时候，教民愿意拿地抵还，教会愿意接收。所以，以此来看，教会与教民争地并不能简单地看作教会与教民争利，而是教会在履行他们的规则——“欠债还钱”，这项规则也一直为中国的传统文化所承认。

教会本是一个宗教场所，重视的是信仰和精神上的皈依。但是由于世俗社会中带有各种目的的人的加入，教会内部也充满了利益之争。很多教民加入教会，本就带着世俗的目的，当他们受到世俗社会打击，会求救于教会；当教民与教会发生利益之争的时候，物质利益也往往被他们放在前面，而忽略了自己的宗教信仰。具体到丰镇教案，段振举等教民为了自己的利益，求救于教会和法国公使，从“私垦地户”变为“升科地户”，获得了合法居住的身份。为了偿还教会的欠款、获得教会的保护，他们同意将土地献给教会。

① 王守礼：《闵玉清传》，高培贤译，内蒙古民委油印本，第97页。

② 中国第一历史档案馆、福建师范大学历史系合编：《清末教案》第3册，中华书局1996年版，第409页。

但当地方官员予以坚决反对之后，他们马上改变了自己的立场，甚至不惜与教会对簿公堂。在面临这些纷繁复杂的利益之争的时候，教会也会在了解地方社会的基础上，建立一套自己的原则，以做到有理有据。

三、结语

因土地问题产生的纠纷，贯穿于整个清末教案。最初是天主教弛禁之后的“给还旧址”，之后是教堂进入地方传教的买地设堂，还有教会购买民间地产、房屋等等。

以土地为基础的经营和管理，使天主教势力迅速发展壮大。传教士在内蒙古地区至1900年以前，已是“除田庐外，其牲畜、杂具等，已殖产达数千金。”[①] 依凭土地和钱财，教会向教民租赁土地，吸引村民奉教，为教民提供生活生产资料、建造房屋，迁移教民集中居住，在蒙古口外地区建立起一个又一个教民村。如三道河子、二十四顷地、小桥畔等等。

但天主教在获得土地的时候，有很多不依条约、不合礼法的情况发生。这使教会在获得发展的同时，也带来了不好的声誉，留下了诸多隐患。在蒙古地方，传教士、教民获取了土地，但与此同时汉族农民失去租种多年的耕地和家园，蒙古牧地范围缩小，蒙官、贵族的权益受到影响。在段案之后，教会的形象受到了一定的打击，所到之处均受到了反对。同治十二年，归化城买地案中，教会在当地设堂受到了地方商民、蒙古喇嘛的一致反对。主要是因为段振举等人与张理厅四村村民的争地案让他们感到害怕。光绪二十四年（1898），传教士戴天禄、杨光等人在小石砭等地的买地设堂被阻，就是因为当地传言“洋人所买地亩甚多，四邻皆被强占”。[②] 光绪二十八年（1902），山西巡抚岑春煊在处理山西教案的时候就提道：

> 口外去岁酿祸之重，实由民教争地争利，积致猜嫌。即如丰镇一厅教士干预租地，如刘拯霖、孟仕仁等案者，固已不一而足。托克托城亦有因水利争讼之案，殊不知地皆教民所种，与教士无涉。而该教民等则

① 傅增湘主编：《绥远通志稿》卷81“天主教及耶稣篇”，稿本，藏内蒙古图书馆。

② “中央研究院”近代史研究所编：《教务教案档》第六辑（二），台湾“中央研究院”近代史研究所据抄本影印1974年版，第737页。

必假所依仗者，冀遂贪夺之私，不塞其源，祸何由息。此后口外遇有民教地案，止准教民具呈，教堂不必干预。庶可以杜无穷之患，收相安之效。大凡争礼争俗，其怨尤浅。至于争利则害有不可测者，此所宜预为之计也。[①]

丰镇教案中，教会参与到当地本已纷乱的土地竞争，使地方的社会秩序进一步恶化。狄德满对这一现象也进行过总结："侵入的基督教不是乡村社会秩序长期恶化的始作俑者，但它却从许多重要的方面强化了这一趋势"[②]。

教会在条约的保护下参与到世俗的土地竞争，在获取信徒的同时也触及到了部分人的利益。1924年，在中国天主教第一次主教会议上，传教士干涉词讼、通过给世俗政权施压获得利益受到普遍的批评，这也是教会对晚清传教中出现的问题的一次反省。

作者单位：湖北大学历史学院
联系方式：liuhui3223242@163.com

① 中国第一历史档案馆、福建师范大学历史系合编：《清末教案》第3册，中华书局1996年版，第234页。

② 狄德满：《义和团民与天主教徒在华北的武装冲突》，《历史研究》2002年第5期。

协和万邦：宗教对话、文化交流、理论研讨

圣神或圣灵的译名再探

□赵建敏

Abstract: In Chinese translation of the Holy Spirit, Sheng Ling（圣灵）is normally used by the Protestant Christians, and Sheng Shen（圣神）by the Catholic Christians. However, which usage is most appropriate in the context of Chinese language is something that needs to be explored. This short paper is going to consider this question.

基督信仰中三位一体的第三位在中文中有的翻译成圣神，有的翻译成圣灵。也常有人在辨析究竟该翻译成圣神还是圣灵。外文中的用法我们暂且不去管他。对此，笔者做了一点小小的研究，基本的想法是撇开教派间先入为主或者习以为常的习惯，仅就纯粹汉语言文字的基本用法以及第三位在三位一体中的本性来做个探讨。"圣"字是个形容词，因为没有什么异议，所以也就撇开不谈了。于是，探讨自然而然就集中在"灵"和"神"两个字上了。本文的探讨由这两个字的词源追溯、词义分析、词组使用以及三位一体之第三位的本性四个方面来进行。

一、由词源历史来看

汉语文字一般来说最早是甲骨文和金文。甲骨文是刻在龟甲兽骨上的，金文是铸在青铜器上的铭文，所以又称钟鼎文。当然，后来又发现了陶文，就是烧制在陶瓷器具上的一些符号，但陶文还没有发现成文的篇幅，只有单个的符号，因此一些学者不认为陶文是文字，只能说是文字的原祖。就甲骨文和金文来说，它们基本属于同一时代，都是殷商时期的东西。一般认为甲骨文比金文略早，但也有人认为金文比甲骨文略早，因为金文比甲骨文更具象形，还有人认为它们是同一体系，只不过因为文字用途、使用场合、制作方法不同而有所不同，甲骨文被认为是俗体字，金文被认为是正体字。

无论如何，汉字最标准最统一的字体是公元前二百年确立的小篆。小篆又称为秦篆，是秦始皇统一六国后，施行“书同文，车同轨”策略，由宰相李斯负责，废除六国各自的异体字，以秦国的篆体字为基础创制出的一套统一的文字格式。小篆字体象形，笔画圆润，结构方正，造型优美。东汉许慎《说文解字》收小篆九千多字，成为今日理解文字古义的基础读本。

灵字的词源：（小篆），靈（繁体字），灵（简体字）。《说文解字》解释说：靈，靈巫，以玉事神。从玉，或从巫。早期金文是“雨”下面三个“口”，表示巫师念念不停地祭祷求雨。有的金文在其下再加“示”强调祭祀求雨，有的金文则下加“玉”字，表示用玉器祭祀，有的加“心”字，表示要用心祈雨，有的金文则加“巫”字，强调巫师求雨。小篆和繁体字的“灵”字，一目了然，采用了雨字下加“巫”字的字形，强调巫师的祈神求雨。简化字以“彐”（雪字）代替“雨”，以“火”字代替“玉”字。古时，人称跳舞降神的巫师为灵。《说文解字》解释说：巫，祝也。女能事无形，以舞降神者也。现今仍有巫女、巫婆的称呼。

神字的词源：（金文），（小篆），神（旧体字），神（简体字）。《说文解字》解释说：神，天神引出万物者也，从示申。金文、小篆、旧体字，包括简体字，从示字偏旁非常显明。《说文解字》对“示”字解释说：示，天垂象，见吉凶，所以示人也。从二。三垂，日月星也。观乎天文，以察时变。示，神事也。凡示之属皆从示。，古文示。“二”则是古文的“上”字。由古文的示字“”也不难看出。“示”字意思是上天要借日月星而揭示给人的一切，“示”涉及所有有关神或上帝之事。“申”字的甲骨文或者写成，似开裂的闪电，人们认为应当是“电”字的本来字体。古人认为雷电由至高无上的人格化的天公操纵。金文加示字偏旁而成为“神”字。小篆则将写成，后来演化成“申”字。

显然，就汉字词源来说，“灵”字本义与巫师、巫术、降神祈雨相关。“神”字本义与上天、至高无上的人格之神相关。

二、由词义分析来看

（一）“灵”字词义的分析

依照《辞源》（商务印书馆）对“灵”字的解释，主要有八种词义。（1）女巫。屈原的《九歌·东皇太一》中有“灵偃蹇兮姣服，芳菲菲兮满堂”。此处的“灵”即女巫。本句描绘了女巫的傲慢骄横妖冶粉饰。（2）神灵。屈原的《九歌·湘夫人》有“灵之来兮如云”。此处之“灵”即为神灵之意。（3）灵魂。《大戴礼记·曾子问》称“阳之精气曰神，阴之精气曰灵”。死者亦称“灵”或“灵魂”。如汉东方朔《七谏·哀命》有“何山石之崭岩兮，灵魂屈而偃蹇”。今日亡者停尸或放骨灰或放遗像供人凭吊之处仍称为灵堂。死者入殓后的棺材称为灵柩。供奉的牌位称为灵位。运送灵柩或骨灰的车称为灵车。停放尸体的床铺称为灵床。（4）人的精神状态。如用灵性或性灵指称人的天赋才智。类似的还有灵感、灵爽、机灵等。（5）指应验或灵验。如天气预报很灵验；这种药很灵（验）；这方法很灵（验）；成语有灵丹妙药。（6）福。如《后汉书·邓禹传》说：“既至，大会群臣，赐束帛乘马，宠灵显赫，光震都鄙。”（7）善或美好。如汉扬雄的《太玄经》说：“藏心于渊，美厥灵根。”“灵”指道德的善。（8）机敏、灵利。很明显，就词源所列“灵”字的主要八个词义来说，都是与人或人的秉性相关。

《新华字典》（商务印书馆 1980 年版）将“灵”字的词义概括为五种并举例说明。（1）有效验：这种药吃下去很灵。（2）聪明，机敏：这个孩子心很灵。心灵手巧。耳朵很灵。（3）敏捷的心理活动：灵机。引申为活动迅速：这架机器很灵。（4）旧时称神或关于神仙的。（5）属于死人的：灵柩，灵床。转义为装着死人的棺材：移灵。《新华字典》第四个词义似乎应当是指《词源》所列的女巫、神灵或灵魂的含义。这里也很显明，除了引申出来的“机器活动迅速”的词义外，“灵”字的主要词义仍然与人或人的秉性相关。

（二）“神”字词义的分析

《辞源》对“神”字的解释主要有五种词义并举例说明。（1）天神，神灵，《周礼·春官》称：“以祀天神。”有时也指人死后的魂灵。如屈原的《九歌·国殇》：“身既死兮神以灵，子魂魄兮为鬼雄。”（2）指事理玄妙，神奇。《易·系辞》:“阴阳不测之谓神。”（3）指人的意识和精神。荀子的《天论》:“天职既立，天功既成，形具而神生。”（4）指表情气色。如神色紧张。（5）指人像。如对人的画像十分传神。显然，“神”字的词义仍然以“天神引出万物者”为主。

《新华字典》将“神”字的词义概括为三种，而且举例说明。（1）指称天地万物的创造者和所崇拜的人死后所谓的精灵。例如，无神论，有神论，不信鬼神。引申词义有高超而不平凡，如神医；不可思议，特别希奇，如大显神通。（2）心力，心思，注意力：劳神，留神，聚精会神。（3）神气、表情。如神色，神气活现。这里所列词义，主要还是以天地万物创造者和人的精神为主。

三、由常用词组来看

“灵”字组成的词组与“灵”字的词义基本一致。

与鬼魂精灵相关：例如，精灵，灵魂，以告先帝之灵等。

与人的禀赋和死人相关：例如，机灵，灵巧，心灵手巧，灵活，灵敏；灵床，灵车，灵柩，灵棚，灵幡，灵位，移灵等。

与事情的效验相关：例如，灵敏度，灵效，灵药，灵验，灵妙等。

“神”字组成的词组与“神”字的词义基本一致。

与天地万物创造者相关：例如，有神论，神魂，神明，神殿，神圣，神思，神学等。

与人的精神及其状态相关：神采，神情，神色，聚精会神，神智清醒，心旷神怡等。

与事情的玄妙神奇相关：神奇，神速，神医，神效，神机妙算等。

四、由三位一体之第三位的本性来看

就基督信仰的基本教义来说，三位一体的三位，无大无小，无先无后，同是一个创造万物的创造主、至上神。三位在位格上虽有分别，但在性体上却同一。换言之，第一位是这个至上神，第二位是这个至上神，第三位也是这个至上神。三位在位格上的分别是这同一个至上神的内在关系。无论如何，大家都认信这第三位也是这个至上神。如此说来，第三位也是神，也是万物的创造主。因此，当我们用圣神或圣灵指称三位一体之第三位时，我们所指称的就是这个至上神。

由上文对“灵”字和“神”字的词源追溯、词义分析和词组使用来看，“神”字的原初词义及其后续的词义发展和词组使用，都主要指向至上神并且与至上神相关联。即便后来词义的转用，也主要与人的精神状态相关联。反之，“灵”字的原初词义及其后续的词义发展和词组使用，却主要指向人、人的禀赋或死人。即便“灵”字后来的词义转用，也从未指向至上神，而是指向精灵鬼怪或事情的效验。

故此，笔者认为，依照汉语言文字传统和习惯，用“圣灵”来指称至上神三位一体之第三位不太适宜，用“圣神”来指称至上神三位一体之第三位才比较合适。

作者单位：天主教与文化研究所
联系方式：catholicstudy@shangzhi.org

浅论苏雪林文学创作中的天主教思想

□田宇阳

Abstract: Catholicism has had a significant impact on Chinese contemporary literature. For example, among contemporary writers, Su Xuelin's literary works include many catholic thoughts. She is greatly influenced by Catholicism and has deep grasp of Catholic thought. She agrees with Catholic thinking on original sin, suffering and salvation, expressing her devotion and respect to the mother and goddess. All these Catholic thoughts are clearly manifested in her literary works.

苏雪林（笔名绿漪）一生跨越两个世纪，是我国现当代文学史上一位创作成果颇丰的作家。苏雪林早在五四时期创作就崭露头角，在她一生长达七十余年的创作生涯中，留下了许多脍炙人口的作品篇章。苏雪林接受过天主教的正式洗礼，是一位名副其实的天主教徒。天主教文化对苏雪林的文学创作有着很深刻的影响，在她的文学作品中，就时不时地流露出了一些天主教的思想和元素。本文主要以苏雪林的长篇小说《棘心》及其一些散文为出发点，探讨苏雪林文学创作中蕴含的天主教思想。

一、原罪与苦难

原罪观是天主教的基本教义之一。天主教认为："人处于有罪状态是与生俱来的，原因是人类始祖亚当在诱惑下违背天主命令、偷吃禁果而犯下罪，此罪传给后世子孙，绵延不绝，故称'原罪'。"[①] 所以，在天主教看来，人类祖先亚当、夏娃犯下的罪通过一代代的遗传便成为了全人类的罪。也正因为人生下来具有原罪，所以人们身上背负着各种各样的苦难，比如死亡便是原

① 任延黎：《天主教知识读本》，宗教文化出版社 2000 年版，第 56 页。

罪所导致的最直接的后果。

苏雪林出身于安徽旧式的一个中国家庭中。在她的早年，就有亲戚向苏雪林介绍天主教的好处，她还跟随亲戚到上海参观了徐家汇天主教堂，被天主教教堂宏伟壮丽的建筑所吸引，从那时起，她就与天主教结下了不解之缘。她生长的大环境也是国家处于内忧外患的时期，因此在她的文学作品中时常流露出了原罪与苦难观。

例如，在苏雪林的散文《中年》中，作者对中年这样的一个人生阶段进行了认真详细的分析和描述。比如人到了中年便“血气渐衰，腰酸背痛，各种病痛乘机而起。”[①] 记忆力开始衰退，这对于他们学习新事物、新知识是一个严重的阻碍。作者在文中还直截了当地写道：“世界是苦海，人是生来受罪的。”[②] 集中体现了天主教精神的原罪思想。

苏雪林虽然承认人生下来具有原罪，要受到各种各样的磨难，但是她却不主张为此消沉，这在她对待“死亡”的观念上有着很明显的体现。诗人朱湘的离去在苏雪林看来是一件很伤心和遗憾的事，可是，换一种角度来看，作者又认为朱湘的离去对于诗人朱湘自己而言是一种解脱。作者在《我所见于诗人朱湘者》里写道：“太美满的生活环境从来不是是人之福，‘诗穷而后工’不是吗？他觉得有一种人的手招着：来呀。但是你想得到我，须抛弃你现在所有的一切，好像富人进天国必须舍施他的全部财产。”[③] 由此可知，一方面苏雪林对朱湘所遭受的苦难给予了很大程度上的同情。而另一方面，苏雪林又认为生活的苦难使得朱湘创作出了很多优秀的诗歌，诗人的不幸在一定程度上是文学界的大幸。与此同时，苏雪林对于自己的死亡也持有一种淡然的态度。她在《当我老了的时候》里写道：“垂死的心灵，担荷不起情谊的重量，他们是应当原谅的。灵魂早洗涤清洁了，一切也更无遗憾，就这样让我徐徐化去，像晨曦里一滴露水的蒸发，像春夜一朵花的萎自枝头，像夏夜一个梦之澹然消灭其痕迹。”[④] 由于受到天主教思想的影响，苏雪林对于自己的死亡毫无担忧，从她优美的文字里流露出的是一种达观的人生态度。

① 苏雪林：《苏雪林散文选集》，百花文艺出版社 2004 年版，第 276 页。

② 苏雪林：《苏雪林散文选集》，百花文艺出版社 2004 年版，第 284 页。

③ 苏雪林：《苏雪林散文选集》，百花文艺出版社 2004 年版，第 235 页。

④ 苏雪林：《苏雪林散文选集》，百花文艺出版社 2004 年版，第 321 页。

二、对母亲的赞美和尊敬

在天主教会中，人们对圣母玛利亚的敬礼特别地隆重，对她的祈求特别地热切，圣母玛利亚在信徒的心中是一位“天上的母亲”。[①]这种思想在苏雪林的文学作品中表现为对母亲的赞美和尊重。

苏雪林在她的自传体小说《棘心》中，就流露出了对母亲的赞美。小说《棘心》的扉页中就写下了“棘心夭夭，母氏劬劳”这一句赞美母亲辛劳的话语，并且还交代了写这篇小说的目的，那就是：“我以我的血和泪，刻骨的疚心，永久的哀慕，写成这本书，纪念我最爱的母亲。”在小说中，作者对母亲的细致体贴和任劳任怨的性格进行了细致的刻画：“要问母亲是怎样伺候这位婆大人呢……日常琐碎的工作无尽无休，也够把人磨得头发都开花。婆婆一下床，媳妇便捧着洗脸水、面巾、牙刷、皂角团子，服侍她盥洗以后，又要替他梳髻……”[②]母亲对祖母无私地付出，不仅没有换回祖母的疼爱，反而时常会因为有一些细小的照顾不周而备受责骂，可是母亲对这些责骂总是逆来顺受，毫无怨言。这在小说的主人公杜醒秋看来有点痛心和惋惜，但更多地加深了醒秋对母亲的赞美，并且这种赞美已经和天主教的一些教义联系在一起了。在《棘心》中主人公这样赞美母亲：“她母亲并不是宗教家，但她德行之醇厚，和宗教家原无多大的分别。就以她爱人一点而论吧，那种牺牲克己的精神，也可以赶上医院那群修女了……咳，母亲真是一位天生的圣徒呀！”[③]由此可见，在苏雪林的笔下，母亲善良的品格已不知不觉和天主教的教义产生了关联。苏雪林对母亲的赞美也体现了她对天主教的肯定。

苏雪林受“五四”新文化运动思潮影响很深，但由于她出生于传统思想浓厚的旧家庭，所以在她的身上很好地体现了新旧思想之间的矛盾冲突。所以她既大胆地去读书、去求学、去追求自己的爱情，同时她也受到传统封建思想的压制，出于传统的孝道和对母亲的尊敬，对她母亲的要求几乎是样样遵守，这集中体现在她对婚姻的态度上。

苏雪林受新女性思潮的影响，内心有一种主动追求爱情的精神，可早有“父母之命，媒妁之言”的婚约，因此她出于对母亲的尊敬和孝顺，不让母

---

① 任延黎：《天主教知识读本》，宗教文化出版社 2000 年版，第 54 页。

② 苏雪林：《绿天·棘心》，江苏文艺出版社 2010 年版，第 116—117 页。

③ 苏雪林：《绿天·棘心》，江苏文艺出版社 2010 年版，第 192—193 页。

亲担心和受指责，只好放弃主动追求爱情的思想，这在她的一些文学作品中有着很明显的体现。例如在小说《小小银翅蝴蝶故事之一》中，作者以蝴蝶自比，当别人问她为什么能够对一个从未谋面的未婚夫这样忠诚的时候，她回答道："我们的婚约，是母亲代定的。我爱我的母亲，所以也爱他。"① 将作者对母亲的尊敬表露得一览无余，她毫不怀疑母亲为她安排的一切。对于别人的热烈追求，她也有过心动，甚至想向家里人提出解除婚约，可是一想到她的母亲，她也只好作罢。在《棘心》中就有这样一段心理描写："假使她真的这样一干，那引起来的反对，是可想而知的，夫家的责言，乡党的讪笑，她都可以不管，只是她的母亲，她的严正慈祥的母亲，哪能受得住这样打击？"② 这一段自白的描写把作者对母亲的关心和尊敬展现得淋漓尽致。在《棘心》的结尾处还写道我劝母亲皈依天主教，还给她举行了一个简单的洗礼，并为她取名为玛利亚。小说的主人公醒秋和她的母亲最后都皈依了天主教，使得家庭里潜伏的危机变故得以化解，天主教的洗礼还让母亲那饱受磨难和打击的心灵得到了安慰。这样的叙述描写表现出了作者对母亲的深爱、尊重以及对天主教的认同。

三、爱与救赎

天主教认为人生下来就有原罪，所以人要受到各种苦难的惩罚。但这并不意味着人们就没有获救的希望。就像耶稣死后第三日复活，人们也有获救的希望：只要人们能够真诚地信仰天主，用天主教的行为法则来约束自己，这样便能洗脱身上的罪恶，使灵魂进入天堂。

天主教宣扬一种博爱的精神，主张爱天主和爱一切周围的人等，并且这种爱是一种永远付出、不求回报的爱。在苏雪林的文学作品中，赞扬了很多具有这种博爱精神的天主教信徒，其中最突出的就是修女。在小说《棘心》中，白朗女士是主人公杜醒秋最为尊敬的修女之一，她对醒秋皈依天主教起了非常重要的作用。在醒秋看来，"白朗是一位很奇特的人，她无论什么小孩都爱，她是一切小孩的母亲。她在里昂各校授课，据说有八百余学生，但

① 苏雪林：《绿天·棘心》，江苏文艺出版社 2010 年版，第 29 页。

② 苏雪林：《绿天·棘心》，江苏文艺出版社 2010 年版，第 158 页。

八百学生个个得到了白朗完全的爱情。她对于她们的爱抚、温柔、亲密、扶助，不是世间数字可以计尽，世间尺度可以测量的。她的一颗心，括尽了普天下母亲的爱。"[①] 这种无私的爱一直影响着醒秋观念，以至于主人公觉得中国之所以贫穷落后是因为传统私立观念过于发达，缺少天主教这种无私博爱的精神。"若有白朗、马沙般抱彻底牺牲主义者一万人，加之以学术，使他们以身作则，服务社会，中国将来定会转弱为强。"[②] 由此可见，在作者苏雪林看来，天主教博爱的精神，应当为整个中国社会所倡导。

苏雪林早年的生活颠沛流离，面对着国家的衰败和生活的磨难，作者没有思想寄托，只有靠信仰天主教来使自己得到救赎和解脱。在散文《炼狱》中，作者叙述了她在避难时期遭遇的各种苦难，敌机的轰炸随时会使她身首异处。然而作者早有思想准备，真到那时她会"感谢这炼狱的最后一把火。它把我们的灵魂澈底净化了。我们现在可以超升天堂了。"[③] 在苏雪林看来，她的避难不是单纯意义上的逃避，而是一场自我的灵魂救赎。在小说《棘心》中，当主人公杜醒秋对远在千里之外的母亲病重而手足无措时，她只能够皈依天主教，在圣母像面前祈求母亲身体能够得到好转，恳请天主的宽恕而使母亲的灵魂得到救赎。在苏雪林看来，信仰天主教可以使人们增强面对困难的信心。在《棘心》中就有这样一个情节：白朗女士对醒秋因信仰天主教而受到人身攻击而备感自责，怕她背不起这沉重的十字架，而醒秋却说："我们交个朋友，尚需有始有终，何况对天主呢？我是要终身忠于天主的了，白刃可蹈，信仰不可改……"[④] 对天主的信仰可以让醒秋甘愿遭受同学的不解和报复，这样无私无畏的信仰精神也正是作者所钦佩和赞赏的。作者还在其散文《青年》中写道："像基督教就说凡是热心爱神奉侍神的人，受苦一生，到了最后的一刹那，灵魂便像蛾之自蛹中蜕出……栩栩然飞向虚空……出入水火，贯穿金石，大千世界无不游行自在。"[⑤] 可知，苏雪林在天主教的光环下对苦难和生死问题看得十分淡然：既然人的灵魂能够获得天主的救赎，那么人生在世所受的苦难也就不足为惧。

① 苏雪林：《绿天·棘心》，江苏文艺出版社 2010 年版，第 201 页。
② 苏雪林：《绿天·棘心》，江苏文艺出版社 2010 年版，第 219 页。
③ 苏雪林：《苏雪林散文选集》，百花文艺出版社 2004 年版，第 345 页。
④ 苏雪林：《绿天·棘心》，江苏文艺出版社 2010 年版，第 278 页。
⑤ 苏雪林：《苏雪林散文选集》，百花文艺出版社 2004 年版，第 274 页。

总之，苏雪林的思想和文学创作都受到了天主教的影响，在她的文学作品中有很多不自觉的流露。也正是在天主教文化的影响下，苏雪林笔下的散文和小说才具有一种直面苦难而又洒脱的个性，并且散发出一种博爱的精神。有原罪就必然存在着救赎的出路，苏雪林依靠皈依天主教而获得救赎，这也使她的文学作品具有独特的思辨色彩，散发着感性与理性相互交融的光辉。

作者单位：湖南大学中国语言文学学院硕士生
联系方式：tianyu199@188.com

基督宗教文化与莫言的小说创作

□刘绍凤

Abstract: MoYan’s Christian sense is not only related to Christian consciousness, but also to the real experience of life. First, the experience of childhood hunger is his original sufferings. Secondly, his mother’s compassion, tolerances, love and sacrifice for the poor and the world as a Christian are deeply imprinted in his mind and influence his writing. This is evident in three areas: one is in the use of Christian object and words, and the other is the writing of love, the last is the promotion of repentance and forgiveness.

“五四”以来，一些作家的文学作品与基督教文化意识及精神资源都有着不同程度的关联，他们以基督教的博爱思想、牺牲精神、人道主义、原罪批判、终极关怀、救赎色彩等塑造文学形象，反观和体认世界。莫言是其中一位善于广泛采撷域外文学营养的作家，其作品内含丰富的基督教文化符号及精神意识。目前学术界对莫言小说中基督教文化的研究多集中在《蛙》这部作品中的“自省”、“忏悔”和“赎罪”主题，只针对莫言的《蛙》论述其基督教意识是不够深入与全面的，莫言很多作品都有基督教意识的存在。本文将全面深入探讨莫言小说创作与基督教文化的关系。

一、妙用基督教会物象言语

在物体方面，教堂里悬挂着的“天使”画像，砖砌台子上吊着的“了不起的大英雄大善人基督耶稣”（《丰乳肥臀》）雕塑不时被提及。“做礼拜”、“祷告”行为，十字架、圣经、教堂等教会物体也渲染了小说中浓郁的基督教氛围。诸如“赵甲的手已经烧焦了，几乎捏不住滑溜溜的刀柄了。他低声地祷告着：兄弟，闭眼吧……”（《檀香刑》）这些祷告意味着他笔下的人物在心有所忧无处排解时倾向了“上帝”。通过对其作品文本文字的查找发现仅提及“教堂”一词的：《丰乳肥臀》84次，《四十一炮》2次，《天堂蒜薹之歌》2次，《蛙》2次，《檀香刑》1次，《生死疲劳》1次。“就算是老兰的三叔吧——因为接下来我看到的情景与老兰讲述过的一模一样——与那个嘴角上生着黑痣的美丽女子，对，就是沈瑶瑶，在一座巍峨教堂的金色大厅里举行西式的婚礼。……但就在此之前十分钟，在通往教堂的道路上，一个白发苍苍的老者，在他的轿车里，被一梭子弹打烂了胸膛。刺鼻的硝烟，直冲到庙堂的前厅。大和尚，您又在施展幻术吗？”（《四十一炮》）“黑衣人甲：这就叫忏悔吧？附近有没有教堂？黑衣人乙：沿河往东走二十里，有一座刚刚修复的天主教堂。”（《蛙》）可见“教堂”在其笔下是婚姻的殿堂、罪恶的见证，也是忏悔的归宿。“上帝”、“牧师”等形象出现得也不少。“上帝”一词在《丰乳肥臀》中出现27次、《酒国》9次，《食草家族》6次，《生死疲劳》5次，《四十一炮》2次，《蛙》2次，《檀香刑》1次：“你的眼睛里放射着感人至深的色彩，只有能与上帝对话的人眼里才有这种色彩。……我们在音乐里陶醉在河里漂流在蜘蛛丝上跳舞，我们见到了上帝。见到上帝之前我们先看到我们的尸体随着河水漂游而去……”（《酒国》）“……瓦罐早丢了，铁笊篱也扔了，嚎哭着乱跑，我可怜的母亲。就在她最绝望的时候，上帝派来了救星。他就是那个赊小鸭子的人。”（《丰乳肥臀》）莫言笔下的上帝与恶魔相对，至高无上神圣万能，或冷眼看世间百态或解救苍生于危难之中。“牧师”一词单在《丰乳肥臀》中出现就达78次。牧师在中国当代文学作品中的形象大致可分为四种：虚伪可耻的洋人传教士，为非作歹的恶霸基督徒，本性仁厚懦弱的平民化牧师，具有殉道精神的理想基督徒。莫言笔下的马洛亚牧师属于仁厚懦弱的类型，他有着“湛蓝色的、迷途羔羊一般的永远是泪汪汪的、永远是令人动心的和蔼眼睛”，脸上挂着的总是“表示友好的、悲天悯人的微笑”，经常伸出的是“粗大的脏手指画着毛茸茸的胸脯”的十字，说的是“完全高密东北乡化了的土腔洋词：‘万能的主啊……’”（《丰乳肥臀》）马洛亚牧师从遥远的瑞典到高密东北乡本是传播上帝的福音，但与具有救赎意识与殉道精神的基督徒不同，他没有为上帝伟光正的事业献身，而是选择扎入底层：与回族女人生出来的是有着浓重汗毛和蓝眼睛的“杂种”后来继承其业做了牧师；与上官鲁氏享受伊甸园式爱与欲欢愉后的结晶是患有“恋乳症”的被学者誉为每个中国当代知识分子灵魂深处都住有的“上官金童”。

莫言的母亲是位虔诚的基督徒，莫言敬重爱戴其母亲，至高无上的主耶稣基督在其笔下如同母亲一样能给不幸的人带来勇气和力量，让迷失的人找到正确的前进方向。但不能不指出的是，莫言笔下的基督教已是中国本土化了的基督教。《檀香刑》中孙丙为神化义和拳借中国的“玉皇大帝”和西方的“上帝”托身为“岳飞”摆下了“神坛”：“各位乡民听着，本帅受玉皇大帝旨意，前来执掌神坛，聚众练拳，不日就要与那洋鬼子开战。洋鬼子都是那金兵转世，尔等都是我岳家军的传人。想那洋兵，装备着洋枪洋炮，甚是锐利，尔等素日不习武功，如何能够抵挡？上帝令我，将神拳传与尔等，练了神拳，刀枪不入，水火无侵，成就金刚不坏之躯，尔等可愿听某将领？”（《檀香刑》）《丰乳肥臀》中难产的上官鲁氏不仅向观音菩萨祈祷，也向万能的上帝祷告，求自己的祖宗保佑，甚至向天公地母、黄仙狐狸求助：“老天爷啊，让我死吧，我受够了……天主啊，圣母啊，布下你们的雨露阳光，拯救我的灵魂吧……她在绝望中满怀希望地祈念着，祈求着中国至高无上的神和西方至高无上的神，心灵和肉体的痛苦似乎减缓了许多。她想到红头发蓝眼睛、慈父仁兄般的马洛亚牧师，在春天的草地上他说中国的天老爷和西方的天主是同一个神，就像手与巴掌、莲花和荷花一样。”（《丰乳肥臀》）可见佛教的“玉皇大帝、菩萨”、基督教的“万能的主、上帝”，道教的“天公地母、黄仙狐狸”及儒家思想的“祖宗”糅合在了一起，在高密东北乡这块土地上统治着下层老百姓的思想。“民间是一个藏污纳垢的地方，是精华与糟粕并存的空间。中国乡土民间长期处于相对原始的小农社会阶段，乡土农民的思想意识相对保守落后，他们身上保留着许多因对自然、对社会的认识和理解不够而产生的习惯性观念。这种观念往往与一些宗教观念相互杂糅、渗透，形成一种根深蒂固的生活态度。”① 费尔巴哈在论述基督教的本质中指出上帝不是别的，就是人本身，人深陷囹圄便在内心进入无限之中，因此而向神寻求帮助，即宗教就是人本学。《檀香刑》中的孙丙、《丰乳肥臀》中上官鲁氏与牧师马洛亚，这些人物脑子里既有中国的老天爷、祖宗又有西方的天主、上帝。跪拜、祷告、拜祭是比较接近天老爷、上帝及祖宗的方式，在乡下，庙堂里

① 梁小娟、陈祖如：《偏离于民间立场之外——评莫言长篇小说〈生死疲劳〉》，《西安电子科技大学学报（社会科学版）》2010 年第 6 期。

有香烟缭绕的观音像、如来佛祖像供人拜祭，保佑人们添丁发财、出入平安；在城市，有基督教堂、道观供人做礼拜、烧香；每年清明节，扫墓拜祭祖宗，保佑一家大小。可见，莫言笔下基督教中的上帝、佛教中的菩萨、天老爷于他于大部分中国人而言，何尝不是承载着信念的抽象物而已。

二、书写伊甸园式的爱与欲

据《旧约·创世记》记载，上帝首先创造了亚当，夏娃是上帝取亚当之肋骨为其造的配偶，是其骨中的骨，肉中的肉，结合后方为一体。亚当和夏娃在偷吃“禁果”前，赤裸着美妙的形体，品尝着可口的果实，或款款散步，或悠然躺卧，信口给各种各样的动植物取名，随心而起随性而发，在伊甸乐园中过着幸福的生活，直至受魔鬼撒旦诱惑偷吃了禁果后能知羞耻善恶，从而犯下原罪被上帝逐出伊甸园。圣经作为一部生命之书，一方面指出“不可奸淫”，一方面又直面人之恶，上帝最杰出的选民之间也会存在挥之不去的性欲冲突。人性的深刻和复杂，非道德可判断。“书写伊甸园式的爱与欲”在本文论述中是指莫言坚持大方艺术地表现其作品中的情爱部分。莫言认为长篇小说中性爱是几乎不能缺少的，但在当代文学史上却一直受到极不公正待遇，中国人对性心理、性生理讳莫如深，中国社会在性方面的愚昧导致了变态疯狂和道貌岸然，“一是可能出现极端的色情描写来发泄被扭曲了的情欲；二是出现带着口罩接吻的爱情描写。这两种现象都是不正常的，前一种是真堕落，后一种是假正经。”[①] 莫言倡导解放思想，放眼现实生活，书写“下到生活的蛮荒里，去搜寻一下桑间濮上的爱情”的伊甸园式的爱与欲，而非“吟唱既符合现时道德又符合传统道德的小夜曲，而不敢描写掩藏在道德唾骂中的恶之花”，道德化的虚假的爱情描写阉割了爱情本身所具有的蓬勃生命力，只剩下“图画中的人不食人间烟火，男的如天父，女的似圣母，他们怀抱中的婴儿，不但体无血污，而且没有肚脐眼”（《难忘那带着口罩接吻的爱》）的高温灭菌的爱情图画。

莫言是兼顾爱情偏重爱欲的代表，他在《漫谈当代文学的成就及其经验教训》一文中指出，少年时代阅读“文革”前十七年文学长篇小说（《吕梁英

---

① 莫言：《小说的气味》，当代世界出版社 2004 年版，第 150 页。

雄传》、《林海雪原》、《烈火金刚》、《红旗谱》、《三家巷》、《青春之歌》、《山乡巨变》、《苦菜花》等）对他及家人的影响，认为这些长篇小说在关于男女爱情方面的描写是其取得辉煌成就的重要组成部分。书写伊甸园式的爱是莫言少年读小说时所“企盼”也是他在作品中所践行的，目的之一是要颂扬爱欲里显示的原始生命力和野性力量。因此从他《红高粱家族》开始，《丰乳肥臀》、《四十一炮》、《蛙》、《生死疲劳》等都投入了自己炽烈的爱情观于人物中，很少让笔下的人物爱而不成，几乎每个男女都能找到他们心仪的归属并走向结合。《红高粱》中九儿脱离她的麻风病丈夫和土匪余占鳌发展了乱世情缘；《白棉花》中方碧玉背叛未婚夫与知识分子李志高在棉花堆里产生了炽烈的爱情；《四十一炮》中父亲与野骡子的私奔、老兰与母亲及其他乡里媳妇的暧昧；《丰乳肥臀》中母亲与多个男人特别是与传教士马洛亚的欲缘；七个女儿与不同男人的爱欲纠葛等；哪怕是《生死疲劳》中的蓝解放和庞互助，事隔几十年，莫言还是让这两个有情人睡在了同一条炕上。不仅是人，莫言也极其魔幻地书写了动物的情欲纠葛：《生死疲劳》中西门闹在世时的多妻，转世为驴时与小母驴月夜下智斗双狼后的浪漫结合；为猪时有种猪的骄傲风范；为狗时更是统领了一个城市的同类，发情时节从容不迫交配的动物情欲。也正因为他这种随缘而起随性而发的“伊甸园式”爱情观，使他的作品里充斥了乱伦、偷情、强奸、恋乳癖、性疯癫、性变态、色诱等系列性爱乱象。①《十诫》的其中一条是“不可奸淫”，统而观之可以认为婚姻之内的性欲是值得赞美的，但婚姻之外的性欲就是人性的错误。“性”是莫言笔下男人与女人联系的一架桥梁，是生活的一部分动力，但过度纵欲则会成为坟墓。他善用诱人偷食禁果的撒旦精神，让男女之间的非正常关系的结合表现得落落大方，但最终却以悲剧收场，恰如伊甸园里的亚当与夏娃，犯下“原罪”后迎接的就是人生的苦难与救赎。

圣经指出，这世界上的情欲都要过去。爱情是人生的一种追求，但爱情也常常是竹篮打水一场空，使人痴迷容易失性忘乎所以最后毁灭自己。《红树林》从男性的角度去写女人，而“男性对女性的第一态度就是性爱”，里面的主人公林岚为了性爱而生为了性爱而死，一生都被性爱问题围困着，“在欲火

① 田文兵：《个人情感与民族叙事的融合——论莫言〈丰乳肥臀〉中情爱书写的文化隐喻》，《海南师范大学学报（社会科学版）》2012 年第 3 期。

如炽的红树森林里，烦躁不安的叙述，宛若一匹东奔西突的马驹……”（《红树林》卷首语）；《四十一炮》中母亲因为与老兰的暧昧给父亲戴上绿帽子最终死在父亲手下；《丰乳肥臀》中的八个姐姐先后因为情爱而成了男人和历史的牺牲品：母亲与其姑父于大巴掌所生的大姐，追随土匪沙月亮过起戎马生活，最后为了生存不得不装疯卖傻，与司马库发生关系后嫁给孙不言，最后又爱上鸟儿韩，可谓一生情欲不断，最后在搏斗中打死孙不言被处决；母亲与其姑父所生的二姐不顾司马库已有三房太太而执意跟随，最后死在独立纵队的割据战中；母亲与土匪密探所生的三姐爱上了鸟儿韩，在他被抓到日本后发疯成了鸟仙，哑巴孙不言奸污了她，本应枪毙，但刑场上三姐表现出来的“顺奸”意味使孙不言得以释放，两人纵欲无度，最后因练习飞翔摔死在悬崖下；母亲与江湖郎中所生的四姐在生活最困难时期为了救全家卖身入妓院，饱受男人欺凌，落下一身病，返乡后受批判导致旧病复发而死；母亲与杀狗人所生的五姐，执意跟了爆炸大队蒋委员，虽风光无限最后却也在“文革”中自杀身亡；母亲与智通和尚所生的六姐，因爱上美国飞行员巴比特，婚后第二天就成了俘虏，逃亡后被一寡妇诱到山洞和巴比特同归于尽，结束了年轻的生命；母亲被四个败兵强暴后所生的七姐，早年被卖给了俄罗斯人做养女，最后被打成右派，因饥饿成为了炊事员的“性俘虏”，最终因暴食生豆饼而死；母亲与传教士所生的八姐生来失明，在生活最困难时期因不忍心拖累母亲而投河自尽，她是八个姐姐中唯一没有被男人玷污的女人，却也终究摆脱不了原罪的诅咒。八个姐姐，有七个不同的父亲，不管上官鲁氏是出于什么样的目的，在男性世界这个被摧毁了的伊甸园里，她犯下“不贞洁”之罪与不同的男人生下不同的女儿，这些女儿带着“原罪”的符咒，纷纷在她面前死去，这是对一个母亲撕心裂肺的惩罚。莫言笔下的人物尽情享受爱欲后恰与亚当与夏娃偷吃禁果被逐出伊甸园犯下原罪的结果一样以悲剧收场，但正是这些突破才子佳人和道德束缚的爱情书写模式使其作品少了些迂腐之气而添了民间性情。

三、宣扬忏悔宽恕情怀

忏悔意味着“承认、认罪”，宽恕意味着“宽容、原谅”。在中世纪基督教会中居于最高权威地位的古罗马神学家奥古斯丁在其《忏悔录》中特别强调个人的内心斗争和良心的作用。通过向上帝忏悔和反省，接受良心的谴责与惩罚，净化灵魂的自我，做到安贫、温良、慈惠待人。奥古斯丁的《忏悔录》与后来的卢梭、托尔斯泰的《忏悔录》一起并称为“世界三大忏悔录”，三者的书籍均强调了自我忏悔的重要性。社会伦理学家据此设计了忏悔 / 宽恕机制，即真相→忏悔→道歉→宽恕→和解→共同追问和制度矫正。忏悔是加害者自我救赎的必由之路，宽恕是对忏悔的善良回应。莫言在多篇创作谈中均言及了基督教中“罪感、忏悔、博爱、宽恕、救赎”意识对其影响并将之贯穿于创作中。他曾表示希望用自己的书表现寻求救赎的意识。在针对《蛙》的访谈录中，莫言认为里面“蝌蚪”的形象有他的影子，对蝌蚪毫不留情的剖析，是对自己卑微、阴暗的想法的大胆坦露。忏悔的背后是宽恕，莫言在作品中重点突出了宽恕。基督教宣扬原罪说，苦难不可避，因此必须忍让、顺从、仁爱、牺牲，甘心受苦，净化灵魂。《生死疲劳》虽披着佛教的“轮回”外衣，但作为叙事线索，西门闹的几世轮回为驴为马为猪为狗为猴，最终放下了仇恨转世为人，表达的是基督教的“有罪、受苦、灵魂净化、精神解脱”的内核。《丰乳肥臀》则以惊人的敏感，对处在社会下层的被欺凌与被侮辱者施以无限关切，描述他们的种种苦难与不幸。“这部书的腹稿我打了将近十年，但真正动手写作只用了不到九十天，那是 1994 年的春天，我的母亲去世后不久，在高密东北乡一个狗在院里大喊大叫、火在熊熊燃烧的地方，我夜以继日，醒着用手写，睡着用梦写，全身心投入三个月，中间除了去过两次教堂外，连大门都没迈出过。”[①] 上官鲁氏因受重男轻女、传宗接代等封建制文化的压迫而不得不到处向男人“借种”，生下了八个女儿和一个儿子，作为妻子、母亲、丈母娘，她一生悲苦，虽如此，受压迫的她依然忍辱含垢，以高傲的蔑视对待欺凌与损害，用“博爱、宽恕”溶解心灵的痛苦，善良与执着始终如一：“人们呐，你们要与人为善，哪怕他是你的仇敌……人们呐，你们要忍耐，就像主教导的那样，‘有人打你左脸，就把右脸也伸过去。’无论碰到什么样的不平事，也不要口出怨言，如果你遭了罪，就是你命中该遭此罪。即便饥饿你的胃，疾病你的身，也不要出怨言。今生受苦，来世得福。你得咬着牙活下去。主耶稣不喜欢自杀的人，他们的灵魂将不得救赎。”（《丰乳肥臀》）向死而生，在光芒的背后把握生命，当人觉悟到生命无常之时方能认清自己本性，人生得到彻底解脱。“在创作《丰乳肥臀》时，我去过

① 莫言：《小说的气味》，当代世界出版社 2004 年版，第 190 页。

两次教堂。小说中的上官金童也去过两次，他在走投无路时投向了上帝的怀抱，我不是基督徒，但我对人类的前途满怀着忧虑，我盼望着自己的灵魂能得到救赎。我尊重每一个有信仰的人，我鄙视把自己的信仰强加给别人的人，我希望用自己的书表现出一种寻求救赎的意识，人世充满痛苦和迷茫，犹如黑暗的大海，但理想犹如一线光明在黑暗中闪烁，其实每个人都在寻找自己的上帝，有的人的上帝在天上，有的人的上帝在心中。”① 莫言让具有崇高的牺牲精神、伟大的宽恕情怀和平等的博爱胸襟的上官鲁氏信仰了上帝，心灵得到救赎，安详度过晚年，寿终九十五。同时也让上官金童奏响教徒们颂扬苦难的悲悯歌：“主啊，我们的在天之父，我们沐浴着您的光荣，您的血浇灌着玫瑰和蔷薇，让我们呼吸着神的馨香，我们的罪被洗了，我们心安宁……阿门！阿门……”（《丰乳肥臀》）把风烛残年献给上帝在教堂里当差洗脱一生罪孽。

《蛙》暴露了“文革”时期互相揭疤的问题：小说中的姑姑曾经是卫生系统“白求恩战斗队”的发起人之一，对曾经保护过她的老院长毫不客气地揭发，对自己的同事更是狗咬狗般残酷无情，但莫言却让蝌蚪这个知识分子站在他的角度，以一个比喻宽恕了这些在动乱年代犯下错误的人：特殊的环境需要特殊的人物也造就特殊的人物，特殊的环境能把人变成野兽，在一个吃人的环境里，如果你不参加吃人，很可能就要被人吃掉，甚至是被自己的同事吃掉，这不是民族、人种和老百姓的问题是政治家的问题。他认为人互相揭短甚至无中生有是因为需要这种方式来保护自己，就像一个走夜路的人之所以高歌是因为心中惧怕。《蛙》同时揭露了强制执行计划生育直接导致的人命惨剧，但莫言没有一味批判而是用悲悯之心看待这些政策的执行者，从政治角度宽恕了这些政策给下层百姓带来的血泪史：我不抱怨姑姑，我觉得她没有错，尽管她老人家近年来经常忏悔，说自己手上沾着鲜血。但那是历史，历史只是看结果而忽略手段的，就像人们只看到中国的万里长城、埃及的金字塔等许多伟大的建筑，而看不到这些建筑下面的累累白骨。在过去的二十年里，中国人用一种极端的方式控制了人口暴增的局面。实事求是地说，这不仅仅是为了中国自身的发展，也是为全人类作出了贡献。毕竟，我们都生活在这个小小的星球上。地球上的资源就这么一点点，耗费了不可再生。从

① 莫言：《小说的气味》，当代世界出版社 2004 年版，第 68 页。

这一点来说，西方人对中国计划生育的批评是有失公允的。（《蛙》）此外，莫言在《蛙》中所选取的倾诉对象杉谷义人，是一个侵略过中国、屠杀过中国百姓的军官的后代，而叙事者“我”——蝌蚪本身也是一个中国军人的后代，这两个人的互诉衷肠意味着对战争仇恨的消解。“在人类文化发展的任何一个历史环链中都有一个恒定的、超越一切时空的价值标准，这就是以人性与人道主义为底线的人文价值标准。”① 在小说中，充当着忏悔者的蝌蚪的信，道出了人们对于一个时代历史的反思和宽恕。

综上，21 世纪的文学作品需要更清醒的深度反思，对旧观念旧体制的审视与剖析，对民族文化历史积淀的推究拷问，写别人没写过、想写不敢写，从而触及问题本质，深入到民族文化土壤根基，从文化高度对当前社会问题和民族性格进行独特思考。莫言是一个与基督教有渊源的作家，童年饥饿的经历以及成年后的参兵入伍及至走进作家行列，作为经历过中国五六十年代饥饿期、困难期、六七十年代“文革”期和八九十年代改革开放时期，以至现在所处的新世纪的作家，莫言作为“过来人”和“当下人”的深刻生命体验融入具有基督教信仰的母亲带来的基督精神，他对底层民众的解读展其独特之处，不少作品背后有对人性的叩问，作品中散发出“有罪”、“忏悔”、“赎罪”意识。分析基督教文化与莫言的小说创作有利于从更宽广的范围理解一个民族过去所蒙受的苦难及当下自我反思和未来对人类前途的展望，这也正是其价值所在。

作者单位：湖南大学中国语言文学学院
联系方式：shaofengalice@qq.com

① 丁帆：《重回“五四”起跑线·自序》，人民文学出版社 2004 年版，第 4 页。

20 世纪二三十年代新教乡村建设的理念探析

——以《教务杂志》为中心

□高　宁

Abstract: Christian groups made a great contribution to the rural reconstruction movement which sprang up in 1920s to 1930s.This not only met the actual demand of rural China, but also benefited to the ultimate goal of "the Christian Occupation of China" . The Chinese Recorder, as an influential missionary publication in China, aimed to serve the missionary, and the articles published on it comprehensively reflected the Christian missionaries' attitudes and perceptions of rural reconstruction. Representing thoughts and ideas of the mainstream churches and missionaries, the Chinese Recorder made clear both the first phase of the concept of Christian rural reconstruction and its development.

20 世纪二三十年代，中国兴起了一场乡村建设运动，"参加这一运动的学术团体和教育机构达 600 多个，建立各种试验区 1000 多处"①，可谓"轰轰烈烈"，新教团体也采取各种措施参与了乡村建设。与其他团体不同的是，新教团体的乡村建设不仅满足了中国乡村的实际需求，而且有利于新教实现"中华归主"的终极目标。作为在华传教运动的英文刊物《教务杂志》，它目的是为传教士服务，刊载的文章较为全面地反映了新教传教士对乡村建设的态度和看法，代表了主流教会和传教士的思想与认识，为我们深入探析新教乡村建设理念提供了宝贵的资料。

一、《教务杂志》创办的缘起

鸦片战争之后，来中国的传教士越来越多，他们在传教的实践中遇到了

① 郑大华：《民国乡村建设运动》，社会科学文献出版社 2000 年版，第 3 页。

诸多问题，尤其突出的就是与中国文化的格格不入，这使他们开始更多地关注到了中国背景文化的问题。为了营造文化氛围，也为了将中西方文化互相介绍，新教的文化事业逐渐成为新教在华传教的重要组成部分。

伴随着传教活动的深入，越来越多的传教士们意识到，除了面对各种中国人的刊物外，他们更加需要一份属于自己的刊物，这样不仅可使各地同伴了解彼此的工作，而且可以借助这一平台互相交流在中国工作的认识与情况。1867年，美国美以美会和北长老会资助美以美会传教士裴来尔在福州通过卫理公会书局出版了《传教士记录》（*Missionary Recorder*）的英文月刊，主要针对在华外国传教士。这个月刊可以视为《教务杂志》的源头。《传教士记录》杂志的名字几经更改，主编也几度易主，最终在20世纪20年代以后杂志封面上印上了中文刊名《教务杂志》。该杂志的编辑者资料中乐灵生牧师的内容保存最好。他于1912年接任编辑职务，在这个位置上服务了25年。《教务杂志》诸多的作者中教会背景的占大多数。[①]

《教务杂志》作为来华传教运动的英文刊物，主要是为来华传教士服务。它的栏目多样，有编者手记、新闻杂记、传教士志、最近出版物等，覆盖范围广泛。《教务杂志》作为一份英文刊物，主要面对能懂英文的那部分中国信徒，当然这样的信徒在中国是极少的。正因如此，《教务杂志》成为传教士圈内写作阅读的刊物，传教士在不同历史时期真正关心的问题会在杂志中得到反映，也成为我们从传教士圈内话语来解读传教士思想观念的重要途径。

二、新教乡村建设理念

据笔者目前统计，1920年至1937年间《教务杂志》有一百二十余篇文章或报道涉及新教乡村建设的问题。仔细翻译研读这些文章我们能够从中了解新教教会、传教士们对于乡村建设理念的发展情况。

（一）早期乡村建设

据1920年新教中华续行委办会进行的调查，20世纪初期，中国已吸引

① 张先清：《史料与世界——中文文献与中国基督教史研究》，上海人民出版社2007年版，第251页。

了全世界四分之一的传教士，[①] 由于城市开放较早及传教方法等的局限，各差会势力主要集中在大中城市。驻地在农村地区的非常少，并且 24% 的受餐信徒居住在大城市，其余的居住在远离教堂的农村地区。[②] 显然，差会很少考虑到乡村教会对于“中华归主”的重要性。我们从《教务杂志》中也可以看出，1920 年以前讨论乡村、农民的文章是非常少的。

1920 年代后，受 19 世纪末 20 世纪初美国兴起的社会福音与农业传教运动的影响，很多教会人士认识到了乡村的重要性，基督教会的宣教政策也开始向农村倾斜。1920 年后《教务杂志》刊登的关于农村农民文章数量明显增多，从这里我们也可以直观地看出传教士开始关注教会乡村化，因为中国农民占人口的大多数，只有基督化乡村才能基督化中国；再者，农业是乡村传教的重要工具，重视农业农民可以将新教和农民的日常生活联系起来，达到“中华归主”的目标。

当然，不了解农村根本谈不上传教到农村，20 世纪 20 年代，《教务杂志》刊登的关于农村的文章主要论述中国农村现状及存在的问题，如农村失业问题、借贷问题、教育问题、宗教问题等。“在中国北方农民的懒惰是司空见惯的，尤其是冬季，这种懒惰使农民收入减少，赌博也是收入减少的原因之一”。[③] “中国农村借贷的农民很多，据统计有约 45% 的农民借钱生活。如果教会想要扩大影响，就必须解决农村的农业问题，就像帮助城市解决工业问题一样。”[④] 教会如何解决这些问题，《教务杂志》也提到了一些，比如“教会需要在农业及相关方面训练牧师和神职人员，以使他们能适应农村工作。教会要着力注重农业学校的发展，使农民们有可以学到农业知识的学校”。[⑤]

《教务杂志》讨论的另外一个主要问题是教会牧师角色的转换。新教乡村建设的成功与否，和牧师与教会的角色转换有着密切关系。教会的乡村化主要体现在转变教会的职能，将农民崇拜的教会变为服务乡村的教会。可以说，要转变教会职能首先应对农村工作者及牧师进行训练。《教务杂志》上就有

---

① 中华续行委办会调查特委会：《中华归主：中国基督教事业统计 1901—1920》，蔡咏春、文庸、杨周怀、段琦译，中国社会科学出版社 1987 年版，第 88 页。

② 中华续行委办会调查特委会：《中华归主：中国基督教事业统计 1901—1920》，蔡咏春、文庸、杨周怀、段琦译，中国社会科学出版社 1987 年版，第 91 页。

③《教务杂志》，1923 年 6 月，第 319 页。

④《教务杂志》，1923 年 6 月，第 320 页。

⑤《教务杂志》，1923 年 6 月，第 321 页。

许多文章涉及乡村工作者、牧师角色转换的问题。如许多作者提到对教会乡村工作者的意见，他们认为“应该开设教义学习的课程；对于接受成员入教会的洗礼仪式需要更加简单；对于做礼拜的服务工作不仅应丰富多彩更应简洁；乡村工作者在农村传道可以用诸如游戏的方式，很多团体在晚上聚会都可以充分利用游戏的方法；在所有的教堂及会面的场所装饰一些便宜但寓意美好的新教图画是很好的选择，可以烘托氛围；可以运用中国的曲调来唱赞美歌”。①

对于在农村布道工作，《教务杂志》也涉及不少，“在乡间，做崇拜的地方可以让所有的基督徒都看得见，当然选择这种地方时尽可能取得所有的信徒的支持；做传道工作的牧师们不应将教义老是挂在嘴边，而应该处处引导；教堂和学校应该在牧师的带领之下友好的结成团体，这将会提供给人们切实的工作，并且是影响年青一代及他们家人和社会的非常好的机会”。②

另外，《教务杂志》还涉及了农村教堂及组织原则一类的问题，“自助原则（self-help principle）对于宗教组织的发展是根本的原则，在中国基督教历史上几乎被忽略了，这个原则应被用到团体中，用到组织活动中来”。“在大家强烈需求或者主办之下发展一个组织，如果大家愿望不明显，组织的发展是失败的。也就是说我们必须从最底层的乡村教会教堂做起”。“活动会保证成员对组织忠诚，组织没有活动来激起大家的兴趣将会是一个失败的组织。乡村教会比城市教会有更独特的机会来组织活动让成员保持忠诚，例如，乡村教会可以在农业改善上做工作，像教育和医疗工作一样，农业传道能够贴近农民，传播福音，也可以实现教会自养”。③ 乡村工作者应接受的课程训练，如牧师应学习公共卫生知识，传教时不应将神学放于首位，在农村多进行展览工作等，并适时举办各种速成班、暑期班为教会培训农业人员，如“介绍改良粮种，鼓励信徒们介绍给邻居；向团体介绍防治植物病虫害的方法，鼓励信徒们展示给他们的邻居；介绍农村信用合作的方法，鼓励信徒们组织一个这样的合作社并将不是信徒的农民也组织进来；讲授地主和佃户的正确关系，在日常生活中教会信徒在一定程度上将这些方法付诸实践；介绍改良蚕蛹及如何养蚕的方法；介绍一些娱乐的方法，包括在教会及在家；介绍一些

---

①《教务杂志》，1929 年 1 月，第 57 页。

②《教务杂志》，1924 年 4 月，第 267 页。

③《教务杂志》，1927 年 7 月，第 404 页。

公共卫生健康知识；提议并且甚至参与修路；组织农村妇女们学习美化家庭的活动，解决农村妇女的各种问题，诸如怎么更好地养育孩子；组织成人学校，力劝信徒们参加”[①]等。

教会也非常重视农业工作在教会中小学的地位。教会学校的学生经常利用寒假放假的机会，冒着严寒，踩着厚厚的积雪来乡村传道，对他们来说这次经历至关重要，可以将学习应用于实践。[②]学校教育中的农业教育也是至关重要的，“什么样的农业工作能够被成功的介绍进农村学校？在改进农业的过程中老师能做多少？引进农业教学工作使学校的经济负担加重怎么办？”[③]教会工作者进行了很多实验得出了许多有意义的答案：首先进行田野工作，选择了一个镇做实验，并准备大量的前期工作。将本地农村存在的问题及如何解决提前调研。准备进行新工作的设备，选择学校职员。工作应进行有计划的组织，怎样使家长上午愿意将孩子送到学校来，下午学生帮家长做农活？再者，举办展览活动。比如到了棉花采摘的季节举办一个展览，向村民展示棉花增收的成果，同时也展示学校的工作。进行借贷实验。[④]总之，学校应在农村举办并服务于农民生活，不能距离市中心太远；老师的农业训练虽然可以不多但一定要爱农村工作；学校应该有一个小型的农村，利用它来种植各种作物提高产量；根据农村的情况学校的课程最好是半天或者开夜校；在周日工作中老师不仅指导学业而且带领大家做礼拜；修建的学校能够成为在其他地方复制的样板。[⑤]

芮思娄（John H.Reisner）、卜凯（J.Lossing Buck）等著名传教士都在《教务杂志》上刊文为新教乡村建设提供方法。如巡回布道，农村工业的发展，还经常介绍各地建立的新教农业组织及召开的会议。《教务杂志》还介绍以教会大学为中心的农业推广，比如金陵大学、岭南大学的农业推广。

（二）新教乡村建设理念的发展

随着时间的推移，新教乡村建设积累了一部分经验，已不能像20年代初那样思考看待乡村建设了，他们需要进一步理解农村人的想法，了解乡村社

---

①《教务杂志》，1927年7月，第405页。

②《教务杂志》，1928年5月，第300页。

③《教务杂志》，1924年12月，第801页。

④《教务杂志》，1924年12月，第801页。

⑤《教务杂志》，1924年12月，第804页。

会，传真正的新教。

随着社会的发展，中国人的生计问题得到了一定改善，新生活运动开始，政府取消了一些税种，减轻了农民的负担，银行也开始给农民贷款，[①] 充分了解了中国人之后，传教士们发现中国人勤劳坦诚，聪明机智，并不是他们想象的样子。在这种情况下，教会关于农村建设的会议多了起来。

《教务杂志》报道的几次会议非常重要。1928 年世界基督教协进会在耶路撒冷召开会议，号召教会界发起一场世界性的乡村运动，大会讨论的主题主要有新教与其他宗教的关系，教会如何应付农村问题、种族纷争等。耶路撒冷会议的一个重要成果就是提出了“建造乡村文明”的口号，强调了乡村的“基督化”。中华全国基督教协进会对这次会议非常重视，多次开会讨论议题。会后，包德斐作为乡村工作顾问，到世界各地巡视。1930 年 11 月包德斐访华，在与中国教会乡村工作者交流后，他提出了“乡村牧区”的计划。[②] 简而言之就是在一个村或镇等比较合适的单位，应该建立一个服务社区的教会，它满足当地农民生活的各种需要，如教育、卫生、宗教、娱乐等等。基督宗教最终目标是在地上建立天国，而天国是由一个个社区组成，农村在中国是最基本的单位，因为中国大部分村庄自给自足，本身就是一个单位（unit），并且对教会的自立自养，对教会的本色化有一定促进作用。《教务杂志》详细介绍了包德斐的理念，并大篇幅介绍河北通县潞河[③]、河北昌黎教区的“乡村牧区”实验。[④]

到了 1930 年农村工作已经有了一定基础，又有所进步，但是“仍未至登峰造极之时期”[⑤]。1930 年基督教协进会开始的“五年布道奋兴运动”找到了突破点，提出了六大工作计划，即宗教教育、基督化家庭、识字运动、扩大布道、受托主义、青年事业为六大工作计划，农村成为工作的重点区域。[⑥]1930 年和 1933 年在河北定县召开两次识字运动和乡村讨论会。文字是传播知识的工具，也是寻求知识的钥匙，对教会而言，识字也有宗教教育的目的，教会希望教友们都能读圣经，得真理，所以识字运动是通向农村工作便利的方法。

---

①《教务杂志》，1936 年 12 月，第 733 页。

②《教务杂志》，1930 年 4 月，第 234—238 页。

③《教务杂志》，1935 年 8 月，第 503—504 页。

④《教务杂志》，1932 年 8 月，第 518—519 页。

⑤ 周明懿：《五年来教会之乡村工作》，《中华基督教会年鉴》第 11 期，第 133 页。

⑥《教务杂志》，1930 年 1 月，第 18—22 页。

为推进识字教育，基督教协进会分别于 1930 年 4 月和 1933 年 4 月在河北省定县召开了识字运动研究会，向平民教育促进会学习经验。

三、小结

基督宗教乡村建设理念对中国基督教运动的影响是非要重要的。把基督宗教教义应用到乡村社会来，体现了基督宗教对下层民众实际生活的关怀。以前基督宗教将重点放在传教和“引人归主”、“灵魂得救”方面，对农民实际生活的关怀不够，乡村建设理念的发展促使传教士不再只是关注“引人归主”，也开始更加关注农民的生活。

乡村建设理念的发展改变了基督宗教以往只重视城市的传教策略，教会开始认识到了占中国 80% 的乡村人口对于实现“中华归主”的重要性，开始重视乡村、农民。它开创了新的传教方法。之前基督宗教传教的方法主要是医疗和教育，提出这一理念之后农业传教成为又一重要的传教方法。当然，教会本身存在一些问题，社会环境也非常恶劣，大大制约了教会想要实现的目标，但乡村建设理念的发展仍然为教会在农村的发展及实现教会本色化做出了不可磨灭的贡献。

作者单位：河北师范大学历史文化学院
联系方式：gaoning1102@163.com

惠我无疆：天主教社会理论与实践研究

福音与医疗：近代中国天主教的医疗救助，以石龙麻风病院为个案

绥远地区天主教文化的传播

福音与医疗：近代中国天主教的医疗救助，以石龙麻风病院为个案①

□康志杰

Abstract: The hospital for lepers at Sheklung, Guangdong Province, was run by the Catholic Church in the early 20th century and was ranked as an important lepers' hospital in terms of size and influence in the world. At its peak, it used to house 3, 000 patients but has not been listed in any Chinese reference book and has not been a subject of scholarly research. This article tries to analyze more deeply the history, the features of this charity organization and the role it played in modern China. In addition, it will discuss the responsibility and effect of Catholic social welfare in contemporary society, using materials published in English and Chinese. Helping lepers, building shelters and a hospital for them and letting this vulnerable group feel the true love and warmth of the world became a centerpiece of the Catholic missionary work in China only after 1840. As the number of missionaries entering the Chinese mainland was very limited before 1840, work concerning leprosy was not fully developed earlier. This public welfare service began to impact Chinese society at the beginning of the 20th century. One of the most representative charity institutions was the Leprosarium which was located in Sheklung, Guangdong Province. This article will analyze the concept and characteristics of Chinese Catholic philanthropy using this hospital as a case history.

帮助麻风病患者，建立麻风病人收容所及医院，让这个弱势群体真正感到人间的真情和温暖，是天主教在华传教事业中的一项重要内容。1840 年之

① 本文为香港亚太研究所南中国项目（Hong Kong Institute of Asia-Pacific Studies South China Programme）“西方宗教传入华南乡村社会研究”阶段性成果。

前进入中国内地的传教士人数非常有限，关注麻风病患者的事业尚未全方位展开。这项公益事业真正对中国社会产生一定影响，是在进入20世纪之后，其中最具代表性的慈善机构是位于广东石龙的麻风病院，本文即以此为个案进行讨论，进而分析中国天主教慈善事业的理念和特色。

一、石龙麻风病院之缘起

（一）广东“风人”状况

广东是麻风病人较为集中地区，《广东新语》有关于麻风病人的详细记录，兹录如下：

> 粤中多疯人。仙城之市，多有生疯男女，行乞道旁，秽气所触，或小遗于道路间，最能染人成疯。高、雷间，盛夏风涛蒸毒，岚瘴所乘，其人民生疯尤多，至以为祖疮弗之怪。当墟妇女，皆系一花绣囊，多贮果物，牵人下马献之，无论老少估人，率称之为同年，与之谐笑。有为五蓝号子者云：垂垂腰下绣囊长，中有槟门花最香，一笑行人齐下骑，殷勤紫蟹与琼浆。盖谓此也。是中疯疾者十而五六。其疯初发，未出颜面，以烛照之，皮内赤红如茜，是则卖疯者矣。凡男疯不能卖于女，女疯则可卖于男，一卖而疯虫即去，女复无疾。自阳春至海康，六七百里，板桥茅店之间，数钱妖冶，皆可布畏，俗所谓过癞者也。疯为大癞，虽由湿热所生，亦传染之有自。故凡生疯，则其家以小舟处之，多备衣粮，使之浮游海上，或使别居于空旷之所，毋与人近，或为疯人所捉而去，以厚赂遗之乃免。广州城北旧有发疯园，岁久颓毁。有司者倘复买田筑室，尽收生疯男女以养之，使疯人首领为主，毋使一人阑出。则其患渐除矣，此仁人百世之泽也。
>
> 山海多劫质，盗得人，则窒其耳目，灌以蜡膏系之，遣疯人往候赎者于野。赎者至，亦复窒其耳目，束缚以归，既定要约，先纳花红手帕，次输金帛，乃使疯人导所释者于野，委之而去，疯人往往得厚利。或州县有司催粮，亦辄使疯人分行乡落，其人粮未尽输，则疯人相率饮食寝处于其家，日肆骂詈，以秽毒薰染之，使之亦成恶疾。盖有司以疯人为

爪牙，盗贼以疯人为细作，其为无而有用如此。疯人最为人害，家有庆吊，则疯人相率造其门，叫呼骂詈，大得财物酒肴而后去，其首者名曰亚胡，以钱行厚与之，使还分给，则亚胡以一花篮悬系门首，其曹辈见之，弗复至矣。广中丐者，惟疯人最恶，每行乞，男妇三五与俱，人不敢以疾声厉色相待。其为盗贼作耳目，山海间多倚任之。欲除其患，惟在收养园中，使毋他出，然疯人亦不欲他出也。①

屈大均（1630—1696）是明末清初著名学者、诗人，与陈恭尹、梁佩兰并称“岭南三大家”，有“广东徐霞客”的美称，曾对岭南文化以及风俗习惯做过深入的研究，其所著《广东新语》中关于麻风病的起源、特点、病人的处境有详尽的描述，通过上文，我们可以发现，广东麻风病人有以下特征：

其一：广东由于气候湿热，“风涛蒸毒”，成为麻风病高发之地；如有人染疾，家人一般实施隔离。虽有麻风病院，亦有人施善救助病人，但无法改变麻风病悲惨的现实。

其二：麻风病人受社会歧视，生活没有保障。由于患者较多，有不法之徒利用人们害怕接触麻风的心态进行犯罪活动，进而扰乱社会秩序，更有麻风病人结成丐帮，打家劫舍，获取不义之财，甚至出现“有司以疯人为爪牙，盗贼以疯人为细作”变态的社会行为。

关于广东的麻风病，近代第一位来华新教传教士也关注这一社会现象，他说：“大麻风在中国是最可怕的不幸疾病。患大麻风者注定会病死，即使复元了，仍会被亲属永远抛弃。这一类的病人很多，成群地聚集在街头和大路上。在广州的欧洲人聚集的附近就可见相当多的大麻风患者。在冬天的寒夜里，许多大麻风病人常常冻死在街上。他们中间即使有人恢复了健康，可是由于中国人的迷信观念，也不被容许过平常人的生活。他们甚至无法找到工作。”②

---

① 屈大均：《广东新语》卷七“疯人”，中华书局2006年版，第244—246页。

② “东印度公司的外科医生李温斯东撰写的有关中国穷人状况的报告（1819年，澳门）”，此报告寄给马礼逊参考，作为备忘录（报告曾寄给在麻六甲出版的英文《信息》）。报告载［英］马礼逊夫人编：《马礼逊回忆录》（*Memoirs of the life and labours of Robert Morrison*），顾长声译，广西师范大学出版社2004年版，第157页。

（二）教会关注麻风患者

由于麻风病人较多，自天主教传入广东之后，就有传教士就在这里服务病患，并建立服务机构。康熙十八年（1679），方济各会卞芳世神父在广州城外创建一座麻风病院；[①]“康熙二十二年（1683）利安定神父升任省会长，由山东来广东……派伏鲁莺神父（Joannes a S.Frutos）在广州城外为麻风病人修一专用圣堂。”[②]

来自欧洲的传教士不仅为麻风病人服务，更有为病患献出生命者，在广州传教的耶稣会神父储斐理[③]即是。其传记曰：“储斐理神父在给一批新教友施行圣事，并给好多位望教者付洗之后，人们告诉他在一个偏僻的地方有一所麻风病人集中的住院，其中有教友也有教外人，却没有人去关心他们。储斐理神父毫不犹豫地就赶去那里帮助这些可怜的人们，给予他们宗教方面的安慰鼓励；但时隔不久，他在那里染上了一种绝症，短短几天就夺去了他的生命。”[④]

清初以来教会服务麻风病人的善举因为禁教而中止，晚清以后，教会再次开启拯救麻风患者的爱心活动，如在“距石龙车站不远有一村落名罟鱼州，疯人众族而居于斯者四十余家，已三百载矣。尝遭水灾，近十五年始由广州巍主教损资修复之，村中有教堂及教士住宅，是一九〇一芒神父所建，后毁于匪。”[⑤]但晚清反洋教运动曾殃及天主教开办的慈善事业，一些教会慈善机构遭到毁坏，同治十年（1871），麻风病人的房屋被反教者焚烧。[⑥]社会的动荡以及民众对天主教的误解时常导致天主教开办的慈善机构中止工作。光绪十年（1884）7、8月间，广东掀起反洋教高潮，多地发生烧抢教堂事件，在这场波击二十余州县、持续两月的反教风波，东莞石龙罟渔州亦未能幸免，且非教运

---

① 参见李少峰：《方济各会在华传教史》，罗光主编：《天主教在华传教史集》，台湾征祥出版社1967年版，第79页。

② 李少峰：《方济各会在华传教史》，罗光主编：《天主教在华传教史集》，台湾征祥出版社1967年版，第79页。

③ 储斐理（P.Philippe Cazier，1677—1722），1711年来华，1722年6月13日卒于广州，其服务的麻风病院应在广州附近。

④［法］费赖之：《明清间在华耶稣会士列传1552—1773》，梅乘骐、梅乘骏译，天主教上海教区光启社，1997年，第753页。

⑤ 马小进：《宗教·教堂一》“天主教”部分，1936年木刻本。原件藏广东省档案馆，全宗号：9，卷宗号：1—8，第1921页。

⑥“中央研究院”近代史研究所编：《教务教案档》第三辑（三），同治十年——光绪四年，台湾“中央研究院”近代史研究所据抄本影印1975年版，第1674页，“总署收两广总督瑞麟函·粤东城内外匪徒施放药粉已获犯正法现匪徒敛迹东莞石龙教堂被毁已派员查办”。档案记曰：同治十年（1871年）“八月初六日两广总督瑞麟文函称……东莞县城及该县属石龙地方，教堂被匪拆毁，并将麻疯病洲教民房屋焚烧，麟已派员会同地方文武妥为查办。”

动殃及无辜的麻风病人，两广总督李瀚章行总署文对事件有较为详细记录：

前县王令煦会同陆路提标后营丰游击寿禀报……罟渔洲即麻疯园地方多系疯病贫民，有已入教或未入教者。光绪十年该处滋事，教民畏避他方，近已陆续回居住，在罟渔洲侧附近海旁盖有篷寮二十余座，小艇二十余只等语，卑职伏查贫病无依之人，归为可怜，无论民教，自当一体抚恤，该罟渔洲疯疾贫民，县中向有额设口粮，正额二百三十五名，日给银一分，加额一百名，日给银五厘，递年分季散给。俾资养赡在案，至该处民教果有从前被毁屋业，现在尚未盖复，如系契据确凿，旧基可凭，尽可自行查回盖复居住，似可无庸出示晓谕。①

事后，总署给法国公使的信函也明确表示给予"销案"，文曰：

（光绪十八年，1892年）三月十六日给法国公使李梅照会称，光绪十八年三月十二日，准两广总督咨称，东莞县属之石龙罟渔洲，即麻疯园地方教堂及教民房屋被毁各案，前接法国于署领事来文，业据前署东莞县田令郅轩查明，同治十一年一案，早经筹赔了结，光绪十一年一案，系中法失和时事，均应毋庸置议，现据署知县董汝砺禀称，石龙罟渔洲即麻疯园，询扰该处教民佥称，与地方居民久已相安，原日屋宇地段并无被人占居，现仍暂居蓬寮小艇。未及盖屋居住等语。所有麻疯园教堂先后被毁各案，早经办结，为此咨复等因前来。查东莞县教案，据粤督咨称，早经议结，现在民教相安，相应照会贵大臣查照销案可也。②

晚清教案导致石龙"麻风病园"被毁，病患无家可归，暂居"蓬寮小艇"，新的房舍尚未修建，广西南宁又发生了令世界为之震惊的恶性事件。

1905年，巴黎外方传教会传教士周怀仁在南宁城外的大坑边收治麻风病

---

① "中央研究院"近代史研究所编：《教务教案档》第五辑（四），光绪十三年——光绪二十一年，台湾"中央研究院"近代史研究所据抄本影印1977年版，第2198—2199页，"总署收两广总督李瀚章文·南海县丽山乡竹迳墟等处教民控案已札饬该县会同教士妥商速结东莞县属石龙罟渔洲各案早经办结"。

② "中央研究院"近代史研究所编：《教务教案档》第五辑（四），光绪十三年——光绪二十一年，台湾"中央研究院"近代史研究所据抄本影印1977年版，第2199页，"总署给法国公使李梅照会·东莞县属石龙罟渔洲教案粤督查复早经议结请予销案"。

人，并成立了邕城麻风收容所，[1]但由于病患太多，教会以及社会开办的收容机构无法满足需求，到处流浪的麻风病人引起社会的恐慌，1912年，南宁发生了屠杀了麻风病人的暴行。刽子手们挖出很长很深的沟，投入浸有煤油的木柴，然后将抓获的麻风病人残忍地推到沟内，将病人枪杀或活埋。而在惨案发生前，广西主教刘志中[2]（Monsignor Ducoeur）提出了管理这些病人的建议，但地方政府对此并没有留意和回应。[3]

石龙“麻风病园”被毁以及南宁屠杀麻风病人的惨案，促使天主教会思考如何帮助这些被遗弃的病人，石龙麻风病院在这种形势下应运而生。

二、孔好古神父筹款建立石龙麻风病院

（一）孔好古神父的伟大善举

石龙麻风病院的创建人是孔好古（Conrardy，1841—?），这位比利时籍神父第一个工作地点是旁地治利（Pondicherry，印度东南部联邦政府直辖区），之后转到美国奥勒冈（Oregen）工作了十二年，1908年到广东传教，此时孔好古的身体状况非常糟糕，严重的哮喘病折磨着他，但他不顾自身的病痛，立即开始了寻找麻风病人的工作。神父时常穿行在广东狭窄的小巷，一旦发现病人就给予救治，他给病人包扎伤口，给死去的人施洗，但这种工作方法的效果并不明显，面对广东一省至少有15000人[4]庞大的患者群体，恰逢广西南宁发生屠杀麻风病患者的恶性事件，孔好古认为建立一个大型麻风病院势在必行。

不久，孔好古神父买下东江岛的一块土地，此处在连接广东与香港的铁路旁。神父在小岛上修建房舍、买地及造屋共花了75000美金。[5]因为新修建

① 邕城麻风收容所于1905年开办，1912年，因广西地方政府下令将一地区散居的麻风病人全部屠杀焚烧，此机构停办。参见郭卫东编：《近代外国在华文化机构综录》，上海人民出版社1993年版，第340页。

② 刘志中主教1910年11月22日任广西监牧。

③ 关于南宁屠杀麻风病人的情况，详见 Rev. Gustave Deswazié, P.F.M., “Even as a Leper…”, *in Catholic Mission*, May, 1925, p.110。

④ See“Children of Darkness”, in *Catholic Mission*, August, 1925, p.218.

⑤ See“Children of Darkness”, in *Catholic Mission*, August, 1925, p.219；Rev. Patrick Joy, S.J., “ Them Also Must I Bring”, in *Catholic Mission*, No. 9, 1928, p.272. 孔好古神父在小岛上为病人和修女修建了房屋，而他自己住在一个简陋的小屋子里。

的医院距离石龙镇不远，因而得名“石龙麻风病院”。

医院初建之时，“孔好古神父不会说一句中文，但他不需要语言和装扮，所做的是发自内心的服务，面对溃疡的伤口，孔好古神父在这里生活了16年，他坚持不懈地祈祷，学习中文教义问答，特别是他们知道如何去做。”[①] 为了医治病患，孔好古还研究医学，学习医学课程。

筹办规模庞大的麻风病院是中国公益事业的划时代事件，孔好古神父的伟大善举收入青史。著名教会历史学家赖德烈的著作写道：

> 年届六旬的孔如古（Conrady 孔好古？）神父开始筹集资金在广州开设一家麻风病收容所。后来，政府石龙（Sheklung）的麻风病人收容院托给孔如古神父及其助手……宗座代牧向加拿大蒙特利尔（Montreal）的圣母无原罪修女会（Sister of the Immaculate Conception）请求援助。一八一四年，孔如古神父去世，但是继任者已经作好了准备。[②]

拯救生命的行动不仅感动了历史学者，也沉淀在基督徒的集体记忆里。直到今天，一些香港教友还能回忆起石龙麻风病院的创办经历及孔好古神父的感人故事：

> 石龙麻风病院成立于1907年，位于东江下游的两个江心小岛。很多病人遭亲人遗弃，政府也派军人荷枪实弹驻守各要道，防止病人进入市集。可见，病人不但要承受肉体上的痛苦，其心灵之伤痛更是难受。
>
> 自创院之始，多位负责人每因工作过劳或感染麻风而病死，如创办人比利籍江神父，就因染上麻风病致死。1947年，明之刚接手管理病院，便似是抱有殉道的决心。他十分同情病人，亲近他们，为他们洗脚换药，不怕脏臭，不惧传染。他不但照顾病人的身体，还医治他们的心灵，让他们在可怕的疾病中仍然有尊严地过活。[③]

---

① Rev. Gustave Deswazié, P.F.M., “Even as a Leper…”, in *Catholic Mission*, May, 1925, p.111.

② Merel 的记述，见《传信部年鉴》（卷七十六，第 83 页）等文献；转引自［美］赖德烈（Kenneth S. Latourette）：《基督教在华传教史》（*A History of Christian Missions in China*），雷立柏等译，香港道风书社 2009 年版，第 475 页。

③ 参见林雪碧：《明之刚神父小传》，见夏其龙编：《内外纵横太古楼》，香港中文大学天主教研究中心，2012 年，第 24 页。文中所说“创办人比利籍江神父，就因染上麻风病致死”，江神父应为孔好古神父。

（二）孔好古的后继者

“孔好古神父老了，一位32岁的志愿者，来自法国北部图尔宽（Tourcoing）的古斯塔夫（Gustave Desmazieres），接替了孔好古神父，此后，他将把他的一生奉献给了麻风病人。”①

石龙麻风病院建立是病患者的福音，“在中国，麻风病令人恐惧、害怕，但在天主教博爱的历史上，关爱这些病人，已经在中华民国福音传播史上形成动人的篇章。这些人是那样的悲惨，他们被人从他们的住处和村子里赶出来，所有的人都回避他们，如果不依靠乞讨、抢劫，他们就无法生活。他们唯一的出路，就是进入这个麻风病聚居地！”②

石龙麻风病院为救治病患作出不懈的努力，这所近代中国最大的麻风病院拥有男女医院、教堂以及配套设施，有数名中外神父以及修女在此服务。1949年，石龙麻风院的病人分几批转至东莞泗岛、金菊农场等处，医院工作中止，旧址被政府挪作他用。

三、石龙麻风病院的运行模式及特点

（一）经济：政府资金不足，教会鼎力相助

石龙麻风病院由天主教会创立，政府出资开办，运作过程中逐渐形成了自身的一些特点。初创伊始，基础建设费由美国资助，建设项目有男女医院、教堂、神父修女的宿舍等。1913年，石龙麻风病医院正式成为官方开办的机构。“政府在合同上写着：在这里一天付一位病人10个铜币，不再提供任何费用，对于这项伟大的工作，也不追加任何维护费。然而这一点经费，意味着病人不至于饿死。”③

“一位麻风病人一年的生活费是20美元”④，这个标准显然难以维持病人的基本生活，由于资金存在缺口，“孔好古曾到欧洲、美国，为麻风病人寻找资

① Rev. Patrick Joy, S.J., “Them Also Must I Bring”, *in Catholic Mission*, No.9, 1928, p.281. Tourcoing是法国北部－加来海峡大区北部省的一座城市，面积15.19平方公里。

② Rev. Gustave Deswazié, P.F.M., “Even as a Leper…”, in *Catholic Mission*, May, 1925, p.110.

③ Rev. Gustave Deswazié, P.F.M., “Even as a Leper…”, in *Catholic Mission*, May, 1925, p.111.

④ “Children of Darkness”, in *Catholic Mission,* August, 1925, p.218.

金，甚至还曾向教宗寻求援助。”[①]政府能够按照合同提供经费是正常年份，如果遇上战争，拨款常不能到位，导致医院借债度日，服务麻风病人多年的古斯塔夫在文章中写道：

> 我到这里已经12年了，过这样的单调生活我不后悔，公共设施与成功的期待还有差距。1921年，收容所有1050人入院，9年来政府保证了他的承诺，准时每月送来经费。但是由于国内战争，一切开始发生改变。近两年广东成为战场，持续的战争从第一年可怕地延续到下一年——石龙成为战争的第一个受害者。财政支出全部给了士兵，没有一点留给其他的工作。[②]

文中所说的“近两年广东成为战场”指的是广东军政府与军阀陈炯明之间的战争，这场战争“已经消耗掉物质储备和责任意识，特别是对这类慈善事业。”[③]战争导致资金短缺，麻风病院举步维艰，政府欠款达6万美元之多。[④]在此服务的神父只得依靠外援来解决病患的生活。

作为近代中国最大的麻风病院，动荡的社会使医院历经了坎坷与磨难，由于政府资金常常不能兑现，依靠外援也是维持这家慈善机构的一条途径。古斯塔夫的文章还记载了这样一件事：

> 一天早晨，修女来到我这里，说：“神父，有买衣服的钱吗？我们可怜的妇女和小姑娘急需要衣物，如果我们不能给她们衣服，她们不可能进教堂。”接着，一批丰盛的捐赠品邮寄到这里——我们中国的修女买了棉花，织了150套衣服给我们的女病友。我们最敬爱的Holy神父，今年初寄给我们50000法郎，这笔钱，足够我们买600病人5个月的粮食。这事仅仅只有天主知道。这个礼物对我来说，意味着天主的祝福，意味着天主的鼓励。[⑤]

---

① Rev. Patrick Joy, S.J, “ Them Also Must I Bring”, *Catholic Mission*, No. 9, 1928, p.281.

② Rev. Gustave Deswazié, P.F.M. “Even as a Leper…”, in *Catholic Mission*, May, 1925, p.111.

③ Rev. Gustave Deswazié, P.F.M. “Even as a Leper…”, in *Catholic Mission*, May, 1925, p.113.

④ Rev. Gustave Deswazié, P.F.M. “Even as a Leper…”, in *Catholic Mission*, May, 1925, p.111.

⑤ Rev. Gustave Deswazié, P.F.M. “Even as a Leper…”, in *Catholic Mission*, May, 1925, p.113.

对于麻风病人来说，石龙医院为他们提供了栖身之地，但生活非常清苦，由于资金缺口太大，“一位病人每天有一磅米饭、一盎司咸鱼和一份蔬菜，整年都是如此，从1月到12月31日，整年没有肉吃。”[①]古斯塔夫在回忆中说：“要想提高这些可怜人的身体素质，需要大量的营养品，而对于这些人，不可能有更多的主食，我们每四天给他们一罐牛奶或一点通心粉。阴凉的树木对于南方中国炽热的阳光来说是宝贵的财富，为了保证病人每天能够煮这些食物，一位病人一天接受十盎司的木柴。当然，这还不够，你无法想象病人的衣服及卧具有状况，去年，我给每位病人一件棉衬衣和一条裤子，但无法提供寝具。”[②]生活虽然清苦，但相比那些流浪街头，或被人驱赶，甚至被捕杀的病患者来说，石龙麻风病院患者是幸运的。

（二）信仰生活：精神慰藉成为有效的治疗手段

石龙麻风病院虽然是政府主办，但日常工作的运行完全由天主教会负责，岛上建有教堂，宗教活动是病患生活中的重要组成部分。据统计，至1925年，“医院已经收留了三千多病人，医院没有抛弃一位，他们全部接受了洗礼。”[③]在基督徒中，“其中有三百五十名非常虔诚，他们过着热心的宗教生活，每天参加弥撒，他们中有些不能行走，需要别人的帮助，用小车载着，或用担架抬着到教堂。我们早晨念经、祈祷，然后是弥撒，弥撒奉献之后，病人们大声祈祷，还有一些特别的感恩祷告。弥撒之后接下来是为援助者和死去的病人祈祷，学习教理教义，每天晚上也祈祷。所有能够工作的人必须工作，这里的生活是充实的。”[④]

服务于病患的神父、修女显然人手不够，为了补充传教资源，新继任的北海主教俄永垂（Auguste Gauthier）曾向孔好古和达米安（Damian）两位神父提出从病患者中挑选传教人员的意见：“你知道对我最重要的是什么吗？我最想要的是在麻风院中有一位神职人员，我打算从病人中挑选一些人，教他们基础拉丁语，教他们所需要的神学知识。这些经过培训的病人能够帮助其他的人，让更多的麻风病人信仰耶稣基督。这样一种英雄行为由周神父承担了。周神父

① Rev. Gustave Deswazié, P.F.M., “Even as a Leper…”, in *Catholic Mission*, May, 1925, p.112.

② Rev. Gustave Deswazié, P.F.M., “Even as a Leper…”, in *Catholic Mission*, May, 1925, p.112.

③ Rev. Gustave Deswazié, P.F.M., “Even as a Leper…”, in *Catholic Mission*, May, 1925, p.112.

④ Rev. Gustave Deswazié, P.F.M., “Even as a Leper…”, in *Catholic Mission*, May, 1925, p.112.

是石龙麻风病院的中国神父，他对他的同胞，那些基督徒和非基督徒所做的一切常人无法理解：他接受这些病人，给他们包扎伤口，与他们聊天，把他们当作正常人看待——周神父所做的一切，表现出崇高的精神和同情心。”①

服务麻风病人者必须具有基督的博爱胸襟，孔好古神父的接班人古斯塔夫接任北海主教一职，“在主教任命的仪式上，主祭大主教问接受圣职者：以天主圣神之名，你能够谦恭、仁慈地面对穷人、陌生人所有的需求吗？这个问题需要主教候选人古斯塔夫作出回答。‘我会的。古斯塔夫坚定地回答道。’这位前任神父在殖民地的工作，用他的亲身实践证明，他有效地行使了一位牧者的职能，管理好他的羊群。”②

这是古斯塔夫接受主教任职时的一个场面，从中可以看到：“谦恭、仁慈地面对穷人、陌生人所有的需求”是一位神职人员的最基本的生活方向和工作目标。

在石龙，还有一批默默奉献的修女，这里的“女病人直接由法国—加拿大圣母无原罪修女会（French-Canadian Sister of Immaculate Conception）管理，一位中国修女和她们一起工作，并给她们无偿的帮助，特别是加拿大的修女在学习中文的时候。”③ 修女们主要负责照顾女病人和孩子，“她们的工作已经达到极限——她们把她们的一切奉献给了麻风病人。”④

对于石龙的麻风病人来说，信仰生活点亮了他们的人生之路，每日的弥撒礼以及念经祈祷，使他们在与天主的交流中获得了生存下去的勇气。由此看来，宗教慰藉对病患者无疑是一服良药。

四、结语

世界最大的麻风病院位于夏威夷的摩洛开岛（Molokai），传教士达弥盎（Joseph de Veuster，1840—1889）“把成千患绝症的人聚集在一起。”⑤ 石龙麻

① Rev. Patrick Joy, S.J., “ Them Also Must I Bring”, in *Catholic Mission*, No. 9, 1928, p.281. 主教提出这些意见的时间是 1925 年。

② Rev. Patrick Joy, S.J., “ Them Also Must I Bring”, in *Catholic Mission*, No. 9, 1928, p.272.

③ Rev. Patrick Joy, S.J., “ Them Also Must I Bring”, in *Catholic Mission*, No. 9, 1928, p.281.

④ Rev. Gustave Deswazié, P.F.M., “Even as a Leper…”, in *Catholic Mission*, May, 1925, p.113.

⑤［法］穆启蒙（Rev. Joseph Motte, S.J.）:《天主教史》第 4 册，侯景文（Joseph Tarc Hou, S.J.）译，台湾光启出版社 1966 年版，第 216 页。被誉为“麻风人的传教士”的达弥盎，本名若瑟·德·邬斯特，达弥盎是其会名。

风病院的规模世界第二，亦是近代中国最大的麻风病院，地点在东莞石龙镇附近的一座小岛上，住院病人最多可达一千多人。

为什么在石龙建立大规模的麻风病院，其中既有历史的必然，也有偶发事件带来的机遇。广东是麻风病患者较为集中的地区，这家为麻风病患者服务的大型慈善机构，为解决患者病痛，让每一位患者活出人性的尊严，而且为了提高服务水平，积极寻求与政府的合作。

根据文献记载：“（1913 年）中国政府要求传教士管理、负责石龙所有的麻风病人，一家中国报纸报道说：麻风病人将迎来真正的转机。”[①] 因此，这家大型慈善机构是政府与宗教团体进行合作的一个典型，虽然其间由于各种复杂的因素政府资金无法到位，但通过教会的努力，医院仍能保持正常的运作。

在人类文明的进程中，天主教会是“慈善事业的创造者”[②]。创办、组织、参与各类慈善公益事业，是天主教发展的动力和方向。中世纪，教会开办过医院、麻风院、安老院、孤儿院，且组织宗教团体义务看护病人，赎回奴隶，解救人类灵魂和肉身上的一切痛苦。[③] 其中关爱麻风病患者，是教会的一个重心。因为“抛弃这些可怜的人不是天主的目的，天主的仁慈通过神父表现出来。”[④] 因此，对于政府而言，宗教是慈善事业的丰富资源，调动宗教团体参与公益事业，并进行联手合作，将会是社会的福祉。

石龙麻风病院具体工作由天主教会承担，院内的宗教氛围浓厚，服务于麻风病人的神父、修女，把疗身与疗灵相结合，用博爱精神点燃病患的生命之光，与病人建立深厚的情谊。[⑤] 在医治病患的过程中，神父、修女担任起沟通者（Communicator）、安慰者、辅导者（Counsellor）和教育者（Educator）等多种角色；对于病患来说，宗教礼仪（祈祷、念经、领受圣体等）的生动场景重新点燃生命的希望，礼仪不仅具有道德教化和心灵慰藉的功能，同时帮助病患认识自身存在的价值。

---

① Rev. Gustave Deswazié, P.F.M., “Even as a Leper…”, in *Catholic Mission*, May, 1925, p.111.

②《宗座驻华代表蔡宁总主教告全国神长书　论公教医药事业问题》,《教务丛刊》(*Collectanea Commissionis Synodalis*), Januarius, 1937，第 94 页。

③ 参见《宗座驻华代表蔡宁总主教告全国神长书　论公教医药事业问题》,《教务丛刊》(*Collectanea Commissionis Synodalis*)，Januarius, 1937，第 95 页。

④ “Children of Darkness”, in *Catholic Mission*, August, 1925, p.219.

⑤ Rev. Patrick Joy, S.J., “Them Also Must I Bring”, No. 9, 1928, p.272. 耶稣会神父帕特里克（Patrick Joy）在文章中说“患者希望圣洁的神父不要离开他们。”笔者曾在 2012 年 2 月前往东莞金菊福利院寻访到健在的石龙麻风病人，他们至今能说出在石龙麻风病院工作的中外神父的名字。

通过照顾、抚慰、医治麻风病人来昭示天主教信仰的真谛，对石龙麻风病历史深有了解的耶稣会神父的回忆能够印证："当我们阅读了红十字会中的两位麻风病人在帮助更为严重的病人；当我们听说麻风病患者参加圣餐礼和圣体游行，病人平静地离开这个世界；当我们看到一千多麻风病人与基督在一起，证明天主教信仰不会摒弃这些可怜的人；我们也开始认识到基督宗教是我们以前从未认识到的一种方法。"①

石龙麻风病院表现出身体的医治及心灵的慰藉同步进行的特征，融汇了全人关顾（holistic approach）和全人医治（Wholistic Care）的理念，以达到关爱生命、敬畏生命之目的，进而展示"宗教应该担负的根本任务就在于丰富和完美人性。"②

透过石龙麻风院的开办历程，可以发现：宗教团体参与慈善事业，与政府联手合作，将有利于吸引各种社会资源的介入；作为一种非营利机构，在"行政机制"和"自治机制"的双重支配下，资源依赖于体制内和体制外双重渠道，进而获得不断发展的动力。

2012年2月26日，中国政府六个部门联合发布《关于鼓励和规范宗教界从事公益慈善活动的意见》文件，③文件的颁布透露出国家希望藉此进一步调动宗教团体服务社会的信息。政府的意图十分清楚，即"鼓励和规范宗教界从事公益慈善活动，引导宗教与社会主义社会相适应"。因此，通过对石龙麻风病院这一个案的研究可以发现：政府调动宗教资源参与慈善公益事业，对于营建良好的社会秩序具有重要意义，对于构建和谐社会，亦具有一定的启示价值。

附录：关于对健在的石龙麻风病患者的调查

由于资料的局限，石龙麻风病院1949年之后的情况不甚清楚，笔者寻访到当年在石龙麻风病院接受治疗、至今仍健在的两位老人，通过调查，了解石龙麻风病院解体的基本情况，以作本文的补充。

---

① Rev. Patrick Joy, S.J., " Them Also Must I Bring", in *Catholic Mission*, No. 9, 1928, p.281.

② [日]池田大作、[英]B. 威尔逊：《社会与宗教》，梁鸿飞、王健译，四川人民出版社1991年版，第246页。

③ 制定此项文件的六部门是：国家宗教事务局、中共中央统一战线工作部、国家发展和改革委员会、国家民政部、国家财政部及国家税务总局。文件内容见 www.gov.cv/zwgk/2012。

访问人：

康志杰，女，湖北大学政治系教授

李展球，男，香港天主教神圣修院硕士研究生

受访人：

陈当，女，91岁（1921— ），10岁患病，大约在1932年住进石龙麻风病院，后石龙麻风病院撤销，1990年转入东莞金菊福利院，已经复院。因曾患麻风病，双手双脚残废，鼻子曾溃烂，面部变形。

刘增，男，92岁（1920— ），石龙麻风病院撤销后，转入金菊农场福利院，一只眼睛完全失明。

访问时间：2012年2月20日上午

地点：广东东莞金菊福利院（位于东莞樟木头镇）

据受访人陈当和刘增回忆，1949年，石龙麻风病院大约有五六百病人，1953年有二三百病人转往台山大衾岛，从石龙转出是政府的决定，具体原因不清楚。陈当于1955年迁出。

石龙麻风病院设有教堂，有法国修女、法国神父服务。法国神父叫明之刚，[①]明神父后到香港工作；中国神父姓张。在石龙，神父和修女对病人很好。

陈当17岁康复，说明石龙麻风病院的救助水平和能力。陈当康复后，院方曾通知其家人，但家人拒绝接受（不相信其康复的事实），所以陈当一直生活在麻风病院。

石龙麻风病院距离石龙镇3公里，当地人又称之为“新洲”，1949年之后，原来的病人陆续迁到泗岛麻风病院、金菊农场福利院。原旧址大约在1976年改为劳改农场。

原石龙的麻风病人都是虔诚的教友，能熟练地背诵天主教、圣母经、光荣经，宿舍大门上贴有反映天主教信仰的对联：“左手富贵，右手长寿”。此句来自《圣经·箴言》3章16节：“祂右手有长寿，左手有富贵。”

现在金菊有一百多位麻风病患者，其中十九位是天主教徒。福利院给信徒安排了祈祷室，广州石室天主堂的神父以前曾抽空看望他们，神父姓王，但近两年

① 明之刚（Fr. René Chevalier, 1909—1981），巴黎外方传教会神父，后转往香港传教，在香港同样关注社会服务工作，经常组织救济运动，帮助穷困者、病患者解决生计问题。

没有来了。他们很希望见到神父。

金菊福利院的麻风病人现在每人每月有六百元生活费，在特定的节日还有相应的补充（如麻风节补充二百元），他们物质生活基本没有问题，但缺乏精神的关爱。因此访问期间，陈当和刘增老人非常开心，因为平时很少有人与他们沟通和交流。

作者单位：湖北大学
联系方式：kzjwh@hotmail.com

绥远地区天主教文化的传播

□刘春子

Abstract: Roman Catholic incoming Mongolia Yuan Dynasty, so Catholic culture began to enter Suiyuan area. Catholic missionary activity and the Catholic culture are inseparable. In order to expand the scope of mission and improve the efficiency of preaching, missionaries introduce reform of land, irrigation, new species, the establishment of schools, hospitals and charitable institutions in Suiyuan. The undertook social and cultural development, which indirectly led to the fusion of Mongolian, Arabic, Russian and other languages literature. The paper focuses on the interaction of the Catholic culture and the local culture and the modernization process of Suiyuan.

"元室鼎盛，造成古往今来绝大之帝国，沟通欧亚交通之大道，天主公教遂乘此交通之便，东来传教，盛极一时，当时蒙古王公，以及庶人，信奉天主公教者，为数甚多。且居于'河套'地带者，亦复不少。惟只靠史书之残缺记述，姑难拟定其当在现今之某城某邑也。迨元朝国运改替，此辈蒙古教友，岂相率他徙，而不知所向欤？抑因无司铎之训导，而忘公教之真传耶？不能断定。无论如何，不久蒙古地区的天主教，已经中断。"① 此处的"河套"地带亦是绥远地区的一部分。因此天主教文化进入绥远地区亦在元朝。只是当时尚无"绥远"之名，其地域大致相当于西蒙古地区。

元朝时罗马天主教的传入与当时的政治、宗教、文化等各方面条件是分不开的。但本文更重在探讨天主教文化与当地文化之间的相互作用。早在 1245 年教宗英诺森四世（Innocent IV）在里昂召开宗教会议时决定派遣使臣前往蒙古，于是向蒙古大汗致书。4 月 16 日意大利方济各会会士柏

① 徐宗泽：《中国天主教传教史概论》，上海土山湾徐家汇圣教杂志，1938 年，第 130 页。

朗嘉宾（Jean de Plan Carpin, 1182—1252）代表教宗的专使首次出访蒙古。柏朗嘉宾由里昂出发，横穿欧亚大陆，于1246年2月进入蒙古地区，先会见蒙古军统帅成吉思汗之孙拔都说明来意，拔都派人将教宗文书译成蒙古文、阿拉伯文、俄文。7月22日拔都将柏朗嘉宾一行送到上都和林附近的行宫暂住。8月24日他们参加了元定宗孛儿只斤贵由汗的即位大典，受到皇太后及信仰景教徒的大臣们礼遇。不久，贵由汗召见柏朗嘉宾。拔都将教宗文书译文转呈贵由汗，其后又命人在哈答、八剌、镇海三位大臣面前将教宗文书翻译两次，其主旨意在劝可汗信教、罢兵，并谴责蒙古士兵滥杀无辜。此处的教宗文书内容包含了天主教定义、教义、教理等内容。虽然这篇教宗文书内容不是很长，但在有限的文字里将罗马的天主教传播于蒙古的上层人士，仍延续了罗马天主教在上层传播的特点。既然有教宗的文书，相应的就有蒙古上层人士回信。由于语言不通，翻译就成了必须。天主教在传播过程中间接地带动了蒙古文、阿拉伯文、俄文等语言文献的融汇。

11月11日，镇海等三大臣将贵由汗给教宗的回信逐字向柏朗嘉宾解说，然后命柏朗嘉宾将其拉丁文逐字向他们解说，以免误会，最后又将回信译成阿拉伯文作副本。11月13日，贵由汗在回信上用玺，交付柏朗嘉宾。柏朗嘉宾即于当日启程回国。贵由汗致教宗英诺森四世的回信如下：①

“天主之气力，全人类之皇帝，极其明确真诚地致书大教宗。你等会议，你教宗及全体基督徒愿与吾人讲和，并遣来使臣。此点业经来使奏闻，信札中亦有申述。你等如若希望与我们讲和，为缔结和平事，你教宗及诸王公显贵应毫不迟疑地前来朝见我。届时将会听到我们之答复和要求。你在来信中称，我等应该领洗，成为基督徒，我们对此仅给以简单之回答：我们不解，为何我们必须如此。再者，你在来信中称：许多人，特别是基督徒，其中尤其是波兰人、摩剌维亚人和匈牙利人，惨遭杀戮，你们对此深感惊骇。我们对此亦给予同样之回答：我们对你等的话亦不解。然而，对下述问题，我们认为无论如何不能缄默不言，必须予以答复。你们说，由于成吉思汗与汗们不服从天主之命，不听从天主之教训，召开大会，杀害使臣，故天主决定殄灭他们，把他们交到你们手里。其实，倘若不是天主所使，凡人如何可以这

① ［韩］李宽淑：《中国基督教史略》，社会科学文献出版社1998年版，第29页。

样处置他人呢？你们认为，只有你们西方人是基督徒，并且蔑视他人。但是你们怎样知道天主究将加恩于谁人乎？我们崇拜天主，仰承天主之气力，从东到西，摧毁了整个大陆。若不是由于天主之气力，人们又能有何作为？倘若你们渴望和平，希望把你们之幸福托付给我们，你教宗应该立即亲率基督宗教显贵前来朝见，缔结和平，仅在此时我们才能知道，你们确实渴望与吾人讲和。倘若你不遵从天主及我等之命令，不接受来此朝见之谕旨，届时我们将认为你们决意与我们为敌。彼时将如何，我们不知，天主知之也。首任皇帝成吉思汗，第二任皇帝窝阔台，第三任皇帝贵由汗。——达达汗致教宗书内容如此。”

“其实，……，我们崇拜天主，仰承天主之气力，从东到西，摧毁了整个大陆。若不是由于天主之气力，人们又能有何作为？”从此部分回信中，如果按教理分析，我们不能断定蒙古上层对天主的信仰，天主教文化在其价值观中有不同的表现方式。虽然教宗与蒙古上层人士之间的往来书信于彼此两国并未产生实质性的影响。但为后期传教士来蒙古地区进行文化交流奠定了基础。如后期柏朗嘉宾一行于 1246 年 11 月 13 日动身，1247 年返回里昂向教宗复命并写了《蒙古史》一书，向西方介绍东方的地貌民情。同理，使臣们的到来也向东方介绍了西方。早期天主教在蒙古地区的发展仅限于此。

直到 18 世纪末天主教在蒙古地区有初步的发展。在《塞外传教史》中这样描述西湾子：“出了张家口境外，沿清水溪向东北走，便进入大东沟。这道沟原是通往多伦的一条古道，这里云山绵延，沟壑深阔，居民稠密。进入黑山嘴子，距张垣市约百里处，山岭更形险峻，溪流则渐缓渐细，绕过此地后，突见前方山谷向西蜿蜒曲折，圈成一个半圆形，隐约的山麓河畔烟树缭绕，西湾子即坐落于此，据称西湾子以溪水抱村向西作湾而得名。”按此村形势，背山面水，跨东西一条大路，路旁土屋瓦舍夹杂着几家商铺客店，全村大半隐处于山下七道沟壑中，居民习穴居古风，穿土为窑，满汉二族杂处。村子四周附近为荆榛丛莽之山，可供本地的木材和燃料。沟壑中水田肥沃，农业赖以丰裕，所以地面繁荣、土产富庶。除有向善好义之士及习俗淳厚之风外，又加上天主教文化的熏陶，使本村成为远近争相前来之地，聚落日渐发展，天主教在此根深蒂固开花结果，一片欣欣向荣，最后且成为公教一个重要的发祥地。

西湾子村落

西湾子附近的石灰岩窑洞民宅

约文[①]：

立献归正堂原基凭据：文约人张明显同族侄国赞相暨族孙人等，缘西湾子首先奉教，实系张姓故曾祖根宗。自奉教之后，劝勉地户民人奉教者渐渐广多，并无念经公所。于乾隆年间原筑建公所四间，东西房四间。至乾隆三十三年，严查邪教，将公所入官改庙。次年二月内，仍由张天达递呈奉官断回，将房屋仍交张姓收管。彼时缘人少势孤，将公所房屋折毁，另将自己住房院东空院一处仍将东西厢房四间盖起。俟后平定之年，再盖念经公所。后至于嘉庆元年六月内，张国后、张国柱、张国信三人将旧堂原料盖起北大堂三间，住房一间，其工费钱款亦系由众教友摊认交付。又至嘉庆十年，因本村教友众多不能容纳，将旧房折毁，添买砖瓦木料盖新房五间。至道光十五年，仍嫌窄小，拆毁重修大堂房屋十间，东界不够，占用何永信奉献地基数丈，并未受价。又十七年间修盖更衣所，又从何法圣名下买其后院空地一段，价钱壹拾千文，俱无地铺等事。恐其后人不知堂地情由，特立此奉献凭据，永远存照证用。

道光贰十陆年（一八四六）四月初四日立

从此，天主教传教士以西湾子为根据地开始在蒙古地区开展传教事业。其中一项主要工作就是学习中文、蒙古文、满文，以备对蒙古地区进行考察，了解蒙古民土人情，向蒙古人传教。如秦噶哔神父就选定一本天主教要理教材来学习蒙古语口语和文字，同时边学习边以西湾子为中心游历至绥远地区。

西湾子当时建立了蒙古教区最大的教育机构，有能容纳三十多位修生学习的修道院，并附有男女小学校各一所，其中女校有学生六十余名，年龄在八至十三岁。学校有男女教员数人，另有一些教员专门负责去邻近村落教村民粗识文字。西湾子还设有印字局一所，以用于刻印课本。贞女院负责管理一所育婴堂，是天主教在内蒙古设立的第一所育婴院，在 1836—1846 年这十年内，共收养二百二十三个婴儿。不论传教成果如何，在当时，西湾子当地培养的修士、修女被分派到绥远地区，继续以这种学习方式开展工作。他们在学会语言的同时，也从吃、穿、住、行上逐渐融入到当地社会中。

① 古伟瀛主编：《塞外传教史》，台湾光启文化事业出版 2002 年版，第 15 页。

西湾子的修女。在旅途中修女们着男装，到达目的地则全换回修会会服

在传教的同时，传教士们积极关心修道院、孤儿院的有关教务，其中较有贡献的是努力铲除妇女缠足陋习，提倡婚姻自由，并主张设立教会学校，天主教各项教务迅速发展的同时，当地的百姓也开阔了眼界。如罗马式的西方大教堂建起时，也间接地让村民领略到了西方式的建筑之美。

除了这些表面的工作外，传教士为了教务发展，主动与农牧民接触，特别是将先进农具、种子带入当地。三盛公教堂即是个典型的例子，因三道路河附近土地肥沃，传教士便将蔬菜、瓜果引入，华莱士（蜜瓜）就此引入了绥远地区。

二十四顷地的教堂创办“育婴院 4 所，收养女婴 456 人”[①]。并修建要理学校，之后建立小学。传教士们还在小巴拉盖修围堡、圣堂，并开设育婴院，设男女养老院各一所。1905 年建立公学院一处，招收学生 20 余名。自 1901

① 包头市民族事务委员会、政协东河区文史资料委员会合编：《包头宗教史料》，1990 年，第 192 页。

年至1910年此村新增之信徒1500多名。[①] 儿童也随之增多，特设立男、女初级小学各一所。

二十四顷地总堂和附近各堂传教士们一边传教，一边开展慈善事业。庚子赔款后，各地弃婴不断增多，二十四顷地的育婴院已不能容纳，遂扩建育婴院，增设房屋数十间，可容纳四百余人，此时是育婴院最盛时期。

1918年，二十四顷地教堂还成立了男子安老院，专门收容残废、无依无靠的人，每年收养近三十人，每到夏天，发放一身单衣，冬季发一套羊皮皮衣和毡袜一对，保障他们的基本生活。

除此之外，教堂还广施救济。1910年，天旱欠收，民不聊生，教堂开仓放粮，大施赈济。1916年，地方干旱、匪患不断，民生穷迫，各地乡民苦不堪言，纷纷避难于二十四顷地教堂。为此教堂建房数十间，免费为逃难者提供住宿。

1917年，绥远地区鼠疫大作，二十四顷地村有村民染疫，同时传染村中他人，有十三人染疫而死。对此，教堂严加防范，将死者之衣物、用具和房屋全部焚烧，并严禁全村居民出入往来，以防传染，有效地控制了鼠疫的蔓延。

1922年，萨拉齐县保卫团与哥老会暗中勾结，连同各区，忽然哗变。由

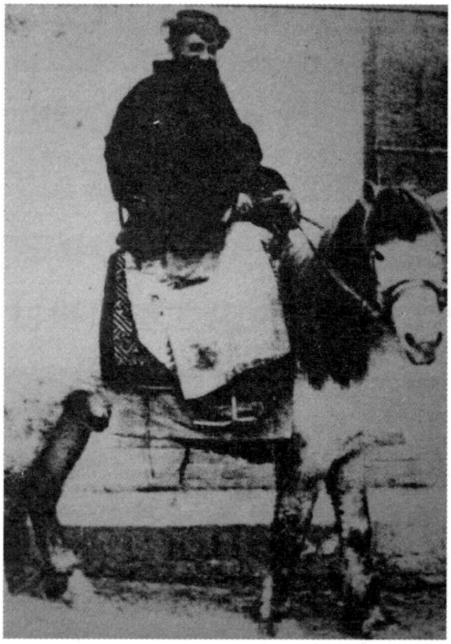

旅途中的传教士

① 包头市民族事务委员会、政协东河区文史资料委员会合编：《包头宗教史料》，1990年，第195页。

县城内逃来二十四顷地之公务人员的妻室甚多，教堂尽行收容安置。[①]1928年各地大旱，土匪横行，民间积粟尽被糟蹋，造成严重灾荒。饿死人民甚多，卖妻卖女者比比皆是，逃往山西者也不绝于途。二十四顷地因有天主教堂竭力救济，全村信徒，虽有饥饿之感，但无人亡、流徙之痛。[②]

1933年黄河水猛涨，二十四顷地东、西、南三面的田禾都被水淹。金家圪堵、五把树村的村民受灾严重，生活困难，于是二十四顷地教堂放粮赈济，使两村的村民得以生活。

对于教育事业，二十四顷地也很重视。1914年，二十四顷地就成立了一所初级小学，次年扩建并增加了设备，正式命名为二十四顷地初级小学，起初只招收男生。1916年新建女子小学一座，专门招收女生。值得一提的是二十四顷地教堂为全面提高信徒的教育程度，特开办了幼儿园。一方面可以补救家庭教育之不足，另一方面可以改进学校教育之基础。二十四顷地的儿童入学年龄较其他乡村的早，在当时也是一件进步的事情。而且村里的儿童都有机会入学，邻村的儿童也有来入学的。

1922年，归绥天主教堂大兴土木，耗资5万现洋兴建圣堂，同时在新城西门外建立公教医院一所。医院设有内外科、眼科、产科、小儿科、电疗室、X光科、化验室、换药室、消毒室等，有床位120张，附有图书馆、暖气锅炉房等，医疗设备齐全，是当时方圆五百里内唯一的现代化医院。归绥公医院门诊每星期平均接待200人，住院病人经常保持在100人左右，最多时达到130—140人。归绥公医院对染疫的病人和负伤的士兵均免收治疗费。医院有时还派修女们去监狱、难民所免费为病人诊疗。归绥公医院另设两诊所，一处在医院附近，一处在归绥旧城，后者由修女负责，免费诊疗。两诊所日均接诊量有百人。医院还附设有男女护士学校，培养护理人员，为归绥、热河、宁夏等地诊所服务。[③]

1924年后，传教士们在归绥市旧城水磨街九号购新建哲学修道院一座，共培训学生120多人。1929年大饥时期，来教堂求赈的人络绎不绝，传教士们施赈救济，从不令求赈的人空手而去。同年，舍必崖教堂收留弃婴150多人。从1900年至1937年，舍必崖育婴院共收留弃婴600多人。据称，1939

---

① 天主教内蒙古呼和浩特神哲学院：《天主教内蒙古传教简史》（内部资料），第63页。

② 天主教内蒙古呼和浩特神哲学院：《天主教内蒙古传教简史》（内部资料），第63页。

③ 宝贵贞、宋长宏：《蒙古民族基督宗教史》，宗教文化出版社2008年版，第287页。

天主教堂育婴院儿童合影

年伞盖教堂收留孤儿 21 人，孤寡老人 6 名。

二十三号教会的分堂有二道河、窑子沟、大库联、张皋、薛家洼、兴胜庄、长胜夭子、包家营、班定营、陶卜夭子等地，都开办了小规模学校，招收村里的学生，免收学费，供给书籍文具。二十三号地的育婴院在灾荒时期收养婴孩 200 多人。教堂还为村民建筑粮仓一处，方便村民秋天储粮，到春天凡需要食粮与籽种者，可以向粮库借贷，同时用还回来的粮食换回牛羊，救济无依无靠的穷苦者。当时黄传真司铎任本堂，他还出资开办牛奶厂，养奶牛近百头以帮助穷人。在他任职期间，大力改善办学条件，扩建学校、宿舍，办学条件良好，村民的孩子纷纷入学。教会还开办了家政学校，共招收学生 55 人，学习缝纫、裁剪、印染、种植、饲养、卫生知识等，受到村民的好评，如兴和县城内的信徒请求窑子沟的传教士在当地兴建教堂，1920 年教堂落成，并开办育英学校，学校管理严格、师资力量雄厚，学费较底或免费，成为当地一所有名的学校。到 1927 年，兴和县城内信徒达 600 多人。

玫瑰营教堂附设要理学校、育婴院、养老院、学校、诊疗所。玫瑰营诊疗在当地很有名，平均每年诊治病人近 2 万人次。

1930 年，玫瑰营教堂开始修建修道院，8 月由平地泉修道院迁返玫瑰营修道院，并正式开始招生，共设三个班，即七班、六班、五班。修道院从六班开始设置中学课程，教授拉丁语；从四班开始学英语。玫瑰营教堂在修道院建成后，为了培育公教青年，又成立了文化学院、女子师范学校。教会在教堂院东 100 米处买了一处房院，共有正房八间，作教室、办公室用，东西两侧有配房，西房作饭厅、自习室，东房作宿舍。1930 年秋季共招收 20 多名来自玫瑰营、平地泉、官村的失学青年入学。同年还建立女子师范学院，又称作玫瑰营五校。闻讯报名的学生共有 30 多人，第二年又成立一个年级，招收学生 20 多人。两年后，由于资金困难，学校无奈停办。

当时，各大小堂口都设立教会学校，玫瑰营、官村、平地泉、大六号、凉城等地的教会学校课程设置规范，按规定小学课本授课的同时，还穿插些宗教课和经言要理课。而在复活村、教堂地、麻盖村等小堂区的学校主要教授经言要理课。教会学校还编印《袖珍圣教日课》、《圣歌选集》、《经文摘要》、《要理问答》、《简言要理》等书籍。

集宁教堂 1937 年后修建平兰中学，招收学生。罗马传信大学硕士生刘国恩司铎任校长兼集宁本堂，辅仁大学毕业生庞世宏任教务主任。学校的学制与课程设置全面，管理正规。

1948 年，教会为了提高小修道院的教学质量，将小修道院的高年级学生迁到平兰中学合并上课。学生每日去平兰中学上课，早晚不误宗教生活，每晚与星期日学习拉丁语和其他宗教课，共有修生六十多人。

天主教在绥远地区的传教活动，以贴近当地民众生活传播福音为特征。为消除民众疑惧情绪，扩大传教范围及提升传教效率，传教士及教务人员在绥远地区改造土地、兴修水利、引进物种，还设立学校、医院及慈善机构。教士们的努力不仅促使天主教在绥远地区得以广泛传播，也在客观上推动了绥远地区社会文化的发展，改善了当地民众的生活，为绥远地区的现代化进程贡献了自己的力量。

作者单位：内蒙古社会科学院
联系方式：425432344@qq.com

征稿启事

《天主教研究论辑》由北京天主教与文化研究所主办，并得到英中文化交流协会（Culture Exchange with China）机构和当代中国出版社支持。

本论辑暂定每年一辑，为天主教（基督宗教）与文化研究的学术性刊物。论辑所设栏目名称均取自《诗经》或《尚书》，以示中西文化交流之鹄的。栏目内容包括天主教神学研究、天主教本地化研究、圣经研究、天主教伦理道德探讨、天主教社会学理论与实践、天主教法学理论、天主教礼仪探讨、天主教神学家研究、基督宗教历史研究及文献发掘、宗教对话等。欢迎海内外和教内外学者就相关题目来稿。

稿件要求及审校：

1. 稿件长短不限，但一般以 7000—15000 字为宜。

2. 来稿请用 word 格式或纯文本格式发送电子邮件给编辑部。

3. 译文请寄原文复印件或电子邮件，并负责稿件的版权责任。

4. 稿件注释请采用脚注形式，引文请注明出处。

5. 稿件请附 300—500 字的英文内容提要及英文题目，并附作者简介。

6. 论辑以学术评委制对来稿进行评议和选用。来稿将由编辑部送交两位相关学术评委审校。

7. 所有寄送本论辑稿件一经本论辑发表均由本论辑拥有版权，无本论辑书面许可不得转载。未经本论辑采用稿件将由编辑部通知作者，作者可自行处理。

8. 本论辑一律不退还稿件，请作者自留底稿。

9. 编辑部有对稿件进行删改的权力，重大改动将事先征得作者同意。

10. 稿件一经采用即付稿酬并赠送本期论辑两册。

北京天主教与文化研究所
《天主教研究论辑》编辑部
地址：北京市西城区前门西大街 141 号
邮编：100031
电子邮件：catholicstudy@shangzhi.org